世界咖啡馆

研讨教学法

The World Café

中山大学出版社
SUN YAT-SEN UNIVERSITY PRESS

·广州·

图书在版编目（CIP）数据

世界咖啡馆研讨教学法/王永民著．—广州：中山大学出版社，2023.6
ISBN 978 - 7 - 306 - 07759 - 2

Ⅰ．①世…　Ⅱ．①王…　Ⅲ．①教育培训—教学法—研究　Ⅳ．①G4

中国国家版本馆 CIP 数据核字（2023）第 042299 号

SHIJIE KAFEIGUAN YANTAO JIAOXUEFA

出 版 人：王天琪
策划编辑：翁慧怡
责任编辑：翁慧怡
封面设计：曾　婷
责任校对：刘　丽
责任技编：靳晓虹
出版发行：中山大学出版社
电　　话：编辑部 020 - 84111996，84113349，84111997，84110779
　　　　　发行部 020 - 84111998，84111981，84111160
地　　址：广州市新港西路 135 号
邮　　编：510275　传　　真：020 - 84036565
网　　址：http://www. zsup. com. cn　E-mail：zdcbs@ mail. sysu. edu. cn
印 刷 者：佛山市浩文彩色印刷有限公司
规　　格：787mm×1092mm　1/16　17 印张　333 千字
版次印次：2023 年 6 月第 1 版　2023 年 7 月第 3 次印刷
定　　价：68. 00 元

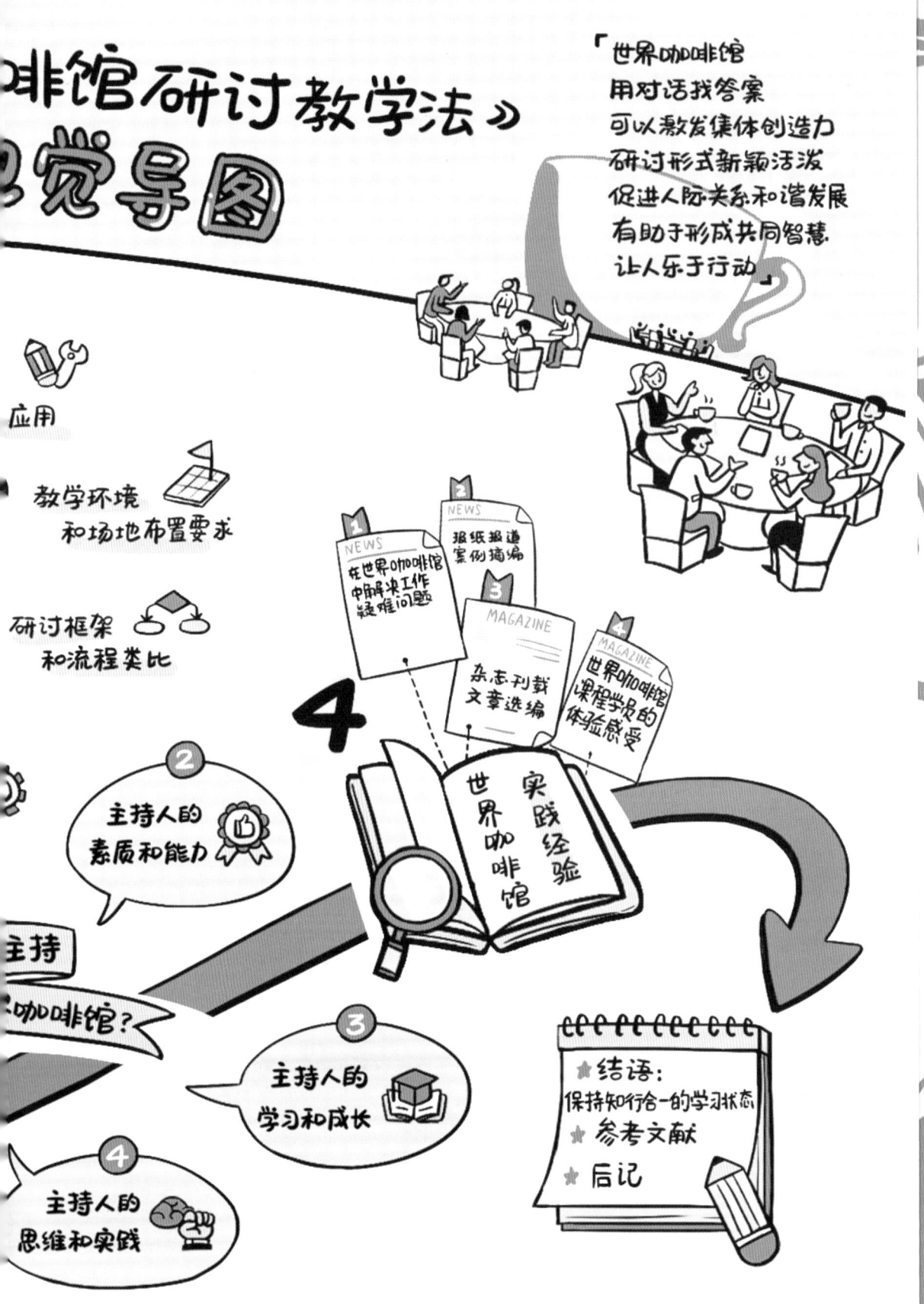

课堂别开生面

　　王永民博士的《世界咖啡馆研讨教学法》出版了。这本书介绍了一种饶有趣味的教学模式，这种教学模式的名字叫作世界咖啡馆。我第一次听说世界咖啡馆，就是永民告诉我的。他当时已经担任广东省税务干部学校的校长了，有一次谈到干部培训的话题，他兴致勃勃地向我介绍什么是世界咖啡馆，以及怎样运用这种模式组织学习，说效果很好，学生很喜欢。我当时大概说了一些鼓励的话，但是并没有特别留意。没料到几年过去了，永民不仅把世界咖啡馆坚持了下来，还根据自己的实践体会和理论研究把它发扬光大了，进而又写出了一本专门研究和介绍它的书，这就让人刮目相看了。因此，当他希望我能为这本书写个序言时，我没有推辞，因为这的确是一本值得阅读的书。

　　看永民这本书的书稿时，我特别关心一个问题，为什么世界咖啡馆能受到学生的欢迎，能产生良好的学习效果。阅读之后，我产生了一些看法，或许可以回答这个问题。

　　一是世界咖啡馆符合、满足人们的交流需要。学习和研究免不了要做孤独的思考，但是，个人思考的成果总是倾向于让别人知道，或者通过发表文章，或者通过在某种场合发表意见，让人了解自己的看法和主张。喜欢有伴、渴望交流，可以说是大多数人的心理取向，而世界咖啡馆正与此相契合。世界咖啡馆的一般模式是把参加学习的成员分成若干小组，围绕主题和相关问题进行3轮以上的对话研讨，每一轮结束时，组长仍在原来的小组，其他成员则轮换到别的小组，继续讨论，这样至少进行3轮，然后所有成员集中在一起报告研讨成果，之后再进一步深入讨论。从这种组织方式可以看出，世界咖啡馆为参加学习的成员提供了交流的平台和交流规则，是一种以交流为纽带建立起来的集体研讨教学模式。每个成员都是交流的主体，都可以平等、充分地发表见解。在交流中，成员的主体意识、学习兴趣、表达欲望都被激发出来了。

　　二是世界咖啡馆在组织学习中贯彻问题导向。交流并不总是能产生良好效果的，漫无边际地说不行，自说自话也不行，必须要有交流的主题，大家围绕主题和由主题衍生出的问题进行交流讨论才能有效率、出成果。世界咖啡馆是把问题导向写进了规则的，强调以提出和解决真正重要的问题为目的来进行讨论。对于提出问题和确定议题这一项，能采用多种渠道进行，可以在学员中征集、筛选，也可以由培训的需求方根据培训需要而提出来，或者由施教机构提出来。在主题和相关问题的导向之下，经过多轮的研讨，问题的层次、侧面都被揭示了出来，更为正确的看法、更好的解题方案也就水到渠成了。

三是世界咖啡馆重视场景布置，营造了适合学习研讨的环境。顾名思义，世界咖啡馆这种教学模式在场景布置上借鉴了咖啡馆的形式，摆放若干小桌，四五人围桌讨论，有咖啡和茶点，也可以有音乐和植物，环境宜人。场景布置虽然是外在元素，但是对人的影响是不言而喻的，庄重的会场让人正襟危坐，广场音乐会令人手舞足蹈，世界咖啡馆这种环境容易使学员放下紧张和拘束，敢于、乐于发表意见，在放松的氛围中融入讨论。环境布置其实是带有某种仪式感的，在不同的仪式环境下，人们会考虑"在这个场合我怎样做才合适"，从而进行自我调整，使自己适应环境、进入角色。因此，世界咖啡馆这种场景布置，起到了通过外部环境鼓励学生主动参与学习的作用。

世界咖啡馆被永民办得有声有色，与他秉持的办学理念密切相关。永民在办学中特别注重四个方面。

第一，目标管理。甫任校长，他就提出了一年打基础、两年上台阶、三年出成果的阶段性发展目标，结果还未满三年，在接受国家税务总局的教学评估时，学校就进入了全国前列，这其中他做出的努力和拼搏可想而知。

第二，创新教学。以高质量为前提，实行教学方式方法的改革，如推行研讨式、案例式、模拟式、体验式教学，打造世界咖啡馆、卓越成长工作坊、科学思维方法工作坊，建设系列精品课程。教学方式方法的创新，弥补了传统教学的不足，使培训变得生动活泼起来。

第三，优化环境。建设园林式校园，按不同功能设置各具特色的教学场所，为学员提供良好的学习环境，使学员能够在优美环境中享受学校的管理和服务。恩格斯曾经说过，交响乐培养了能够欣赏它的耳朵，雕塑艺术培养了能够欣赏它的眼睛。优美的校园和具有特色的教学场所，对学员产生了美的熏陶，提升了他们的审美能力。

第四，塑造文化。在办学中，广东省税务干部学校提出了"博学、善思、知行"的校训，确立了"为税务发展立心，为干部成长立言，为教育培训立功"的理想追求，在管理中聚焦于"用心、赋能、创造"。这一系列学校文化和精神的凝练，使干部职工和广大学员耳濡目染、浸润于心，明确了应该提倡什么、追求什么，知道了应该怎样管理、如何学习。

永民在管理上强调"用心、赋能、创造"，我最欣赏的是"用心"二字。世界咖啡馆办得好，学校办得好，归根结底在于用心。用心才能想得到，用心才能做得好。我曾经在一个大学的图书馆里看到，阅览室里所有的座椅，两侧的扶手都短了一截，想想我就明白了，这样设计座椅的款式，是为了在读者入座和离开时不用把椅子拉来拉去，既使用方便，又避免了噪音。还是在这个图书馆，我看到阅览室中间区域的书架都只有半人高，这个也容易明白，这是为了方便读者在上面填写卡片、写点儿什么，同时也使得阅览室更加明亮通透，因此不惜浪费空间。这个图书馆的管理者能想到这些，能这样去设计，就在于用心。永民的世界咖啡馆教学，所提出的办学理念和实施的办学举措之所以能获得成功，就是因为他有强烈的事业心，用心去想，用心去做。

由于工作的需要，在我写这个序言时，永民又有了新的岗位。我相信，以他的事业心和责任感，在新的岗位一定会有新的作为。

梁庆寅
中山大学教授

芥子纳须弥的世界咖啡馆

看完王永民校长的《世界咖啡馆研讨教学法》一书的初稿，我暗自感叹：王校长的收纳能力真强，什么东西都能装到他的世界咖啡馆里。佛家说芥子纳须弥，王校长的世界咖啡馆装满了他对多种教育理论的理解、践行和发展。

实践是检验真理的唯一标准，实践也是发展真理的唯一途径。王永民老师把世界咖啡馆作为他的蜂巢，像辛勤的蜜蜂一样到处采蜜，把各种教育理论消化吸收，转化成"咖啡"味的蜜。单就世界咖啡馆而言，不过是诸多学习方法中的一种，难能可贵的是，王永民老师能够借术悟道，把世界咖啡馆当成他悟教育之道的法门，边实战边悟道，最终呈现给读者的是对各种教育理论的独到的理解。他用实践来消化大师们的理论，对建构主义教学主张、布卢姆（Bloom）的教学目标分类理论、库博（Kolb）的经验学习圈理论、柯氏四级评估模型等都有其个人独到的理解。理论永远都是原则性的和指导性的，只有在实践中进行适应性改造和创造性发挥理论才能解决实际问题。解决实际问题的最佳实践又会成为发展理论的经验基础。印象深刻的还有书中的很多基本知识和工具的整合发挥与创新应用，如九宫格与金字塔原理的组合应用、用魔方六面隐喻引导技巧、用欣赏式探询为世界咖啡馆增添一点积极心理学的元素等，从中不难感受到王永民老师所涉之广及所用之活。这些创新和发展很大程度上得益于他的上进好学和勇于实践。这一点我很有共鸣。我的课堂也力求"己所不用，勿施于人"，唯有自己验证过的真知才值得传授给别人。在应用知识的过程中，不断复盘反思，持续做适应性改造和创造性发挥，时间长了必然能发展出自己的主张和体系。

我跟王永民老师有多年的交情，他也参加过我的课程。印象最深的是他第一次坐在我的课堂上却一直在摆弄手机。我当时对他很有意见，心想听课应心无二用，一边听课一边玩手机怎么能有收获呢？一下课，我看到他的微信留言才知道我误解他了，原来他把我讲的每一句话都在手机里打字记录了下来，一堂课足足记录了近万字。我当时就被他的学习精神感动了。过了一段时间，他又兴奋地向我分享他在自己的课堂上用我倡导的理论收到了很好的教学效果，还问了几个实践中的困惑，我就知道他在努力践行所学。我也很荣幸地看到，他的书中多处显现出对我倡导的教学理论的践行和发展的痕迹，这对我而言也是一个很重要的反馈和激励。

"人能弘道，非道弘人。"理论躺在书本上永远创造不了价值，唯有积极践行，才能创造价值，才能检验理论的真伪，才能与时俱进地发展理论。尼采说，只有行走得来的思想才有价值。王永民老师把自己实操过的300多场世界咖啡馆主题活动所消化的理论与知识、所悟的体会与经验一股脑地汇集在本书中，可谓行走得来的思想汇总，可以说做到了唯精唯一、至微至广。用建构的观点看，书的意义不在内容本身，而在于开卷所引发的思考和启发，相信本书对同样积极上进又锐意践行的你会有很大的启发，不仅有助于教学实践，还对修身治学很有裨益。

田俊国
北京易明管理咨询公司创始人
原用友大学校长

世界咖啡馆：一种催生集体智慧的学习方式

世界咖啡馆（The World Café）是近年来流行于国际社会的团队学习方法，不仅能强化人际关系，也能提升人们共同打造未来的能力。

世界咖啡馆旨在用对话找答案，能够分享思想和催生智慧，帮助人们体验集体的创造力。

世界咖啡馆是一种研讨式教学模式，也是开展会议讨论的高效方式，更是一种解决问题的有效方法。

世界咖啡馆由美国国际组织学习协会的华妮塔·布朗（Juanita Brown）博士和她的伴侣大卫·伊萨克（David Isaacs）在1995年共同创造。世界咖啡馆作为学习型组织重要的学习工具，已经被世界上众多企业、行政机关以及教育培训部门等各类组织广泛应用。

2004年，在昆明第一届企业高阶主管论坛上，世界咖啡馆被正式引入中国，随后在我国的一些部门和行业开始得到了应用。2014年，世界咖啡馆作为研讨式教学方法开始在全国税务系统的教育培训工作中得以推广和应用。

世界咖啡馆是创造集体智慧的汇谈①方法，每次围绕一个主题或者相关问题进行研讨，在研讨的过程中汇集大家的思想和智慧，发现问题的共性，寻求问题的解决方案并达成共识。世界咖啡馆是一种扎实好用的学习方法，能集思广益，创造出众人认同的结论，因此，得出的结论较有可能被采纳并付诸行动。

世界咖啡馆有七个原则：一是为背景定调，明确研讨目的、参

---

① 汇谈"对应的是原版英文书中的词语 dialogue。dialogue 一般可以翻译成"对话"或者"会谈"，笔者根据《世界咖啡馆》原版英文书籍的上下文意思，将其翻译成"汇谈"，更多地强调的是一种把小组研讨的智慧成果汇集起来的意思。

加人数以及参加会议的地点等；二是营造出宜人好客的环境空间，提供一个热情的、安全的、人性化的环境；三是探索真正重要的问题，特别是对于参与者而言最重要的问题；四是鼓励大家踊跃贡献己见，鼓励每个人有意义地参与并且有实在的期望；五是交流与连接不同的观点，鼓励发表不同的观点并且探究不同观点的相互联系；六是共同聆听其中的模式、观点及更深层的问题，在所有参与者的观点和激情的共鸣中出现大家认可的集体智慧；七是集体心得的收获与分享，将团体的共同智慧显性化。

世界咖啡馆一般要求与会者分成若干个小组，每个小组 4～5 人，展开 3～4 轮对话；小组对话完成后全体汇谈并研讨总结。每一轮结束时，一个人作为组长留在原座位，其他组员分别到其他小组继续进行讨论。3 轮或更多轮以后，所有小组集合在一起分享并探究讨论的成果。

世界咖啡馆强调平等而公开的对话，是解决工作难题和共性问题的有效方法。世界咖啡馆通过精心设计的提问、严谨的对话流程以及对话中的催化和引导，使每一次学习都富有成果，真正解决了研讨中的针对性和实效性问题。

世界咖啡馆有必要也能够在教学、会议和各类研讨解决问题的过程中发挥更大的作用！

●世界咖啡馆名字的由来

"The World Café" 这个英文名字是由创造者华妮塔和大卫确定的。"The World Café" 的研讨模式从 2004 年引入中国，直至 2014 年，都被中国内地称作"世界咖啡"。2014 年 1 月，在西安召开的全国税务系统校长培训班上，我首次接触了这种研讨教学模式，认为这种模式效果非常好，于是着手计划在干部教育培训领域推广世界咖啡馆。我用了三个月的时间，从 2014 年 3—6 月，看了"The World Café"的英文原著，请教了几位国内翻译专家，首先确信的一件事是，当时中国内地的"世界咖啡"这个翻译显然是不贴切的，应该翻译成"世界咖啡馆"，因为"The World Café"中的"Café"是法语单词，意为"咖啡馆、小咖啡屋"，当然也有喝咖啡的意思，但是更多的时候是指一个喝咖啡的地方。在《剑桥法英字典》里，用英语解释法语单词 Café，第一条就是 "a restaurant where simple and usually quite cheap meals are served"，意思是指 "一个简单的通常提供简便饮食的饭馆或者餐馆"。中国港澳台地区则将 "The World Café" 翻译为 "世界咖啡馆"，这样是比较贴切的。由此，在中国内地，在上课和推广世界咖啡馆这种教学模式时，我开始称其为 "世界咖啡馆"。中国内地还有人把这种研讨模式叫作 "世界咖啡屋"，大体说来，"世界咖啡""世界咖啡屋""世界咖啡馆" 是一回事，但 "屋" 在汉语里更多的是指一个相对私密的空间，"馆" 则更多地表示一个包容的对外开放的空间，所以，从规范角度讲，还是用 "世界咖啡馆" 作为正式的翻译更为妥当。

在设计和推广世界咖啡馆的过程中，我致力于教学方法的改革创新，把世界咖啡馆教学法作为研讨式教学法的一种，重新修改和细化了世界咖啡馆的流程。在国家税务总局的大力支持下，从 2014 年 6 月开始，我一直坚持在全国税务系统推广世界咖啡馆教学法，现如今，世界咖啡馆的研讨课程已经在全国 20 多个省份的税务系统开设，深受学员的欢迎和喜爱。实践证明，世界咖啡馆能够将大家的思维和智慧集中起来解决工作中的各种疑难问题，是解决工作难题和共性问题最有效的方法之一。世界咖啡馆通过精心设计的提问、严谨的对话流程以及对话中的催化和引导，促使每次学习研讨的成果都丰硕喜人，真正解决了成人教育培训的针对性和实效性问题。

我所做的一些努力是：第一，给 "The World Café" 正名，将中国内地的 "世界咖啡" 改称为 "世界咖啡馆"，并着力实践和推广；第二，将世界咖啡馆本土化，即结合中国的文化和实际情况，特别是成人教育培训的特点，将世界咖啡馆的流程和道具要求等进行了本土化改造；第三，扩大世界咖啡馆的影响。2014 年 6 月，我第一次上世界咖啡馆课程，之后在全国多地推广和普及了世界咖啡馆课程，截至 2023 年 3 月，我自己已经开设了 300 多场世界咖啡馆课程活动。世界咖啡馆这种教学形式可以说在税务系统已经得到了普及。2018 年，我将世界咖啡馆课程课件在国家专利版权局进行了注册。注册世界咖啡馆课程课件，更多的是为了提升世界咖啡馆的知名度和影响力,便于教育培训行业更好地推广和宣传世界咖啡馆课程。这么多场世界咖啡馆课程活动,每一场都非常成功,这是世界咖啡馆本身的魅力所致。世界咖啡馆是创造集体智慧的汇谈方法,重在用对话找答案,体现的是集体的创造力。世界咖啡馆的优点就在于通过集体的汇谈,让我们能够站在他人的角度思考问题,在寻找答案的过程中体现出对他人意见的尊重和珍惜,从而不断地激发新的创意和智慧,最终达成彼此的共识。世界咖啡馆强调合作,认为只有合作才能共赢;世界咖啡馆鼓励大家展开对话,通过对话一起分享智慧,进而让行动发生。

●世界咖啡馆是一种鼓励对话的文化

管理学大师彼得·M. 圣吉(Peter M. Senge)说:"世界咖啡馆对话是我所见过的最能帮助我们体验集体创造力的一种方法。"对话共同创造了组织价值和社会价值。对话可能是我们人类在处理眼前挑战时所能派上用场的最佳利器。对话对世界的未来有举足轻重的影响。世界咖啡馆倡导的是汇谈文化,它就像是一种平等、公开的广场式集体对话。只要我们在集体对话时能改变对一件事情的看法,就有机会影响那件事的未来,不管那件事所牵扯的层面是大是小。只要我们勇于在生活和工作中去推动对话和一致的行动,我们就会有力量改变现状。

德国哲学家卡尔·雅思贝尔斯(Karl Jaspers)在《历史的起源与目标》一书中谈到,公元前500年前后,世界范围内集中出现了一些不平常的历史事件:在中国,老子和孔子非常活跃,诸子百家思想出现;在印度,出现了《奥义书》和佛陀释迦牟尼;古希腊出现了苏格拉底、柏拉图、亚里士多德等文化巨人,这一人类文化突破时期,被称之为轴心时代(Axial Age)。东西方文化和哲学的奠基人几乎同时在中国、印度和西方这三个互不知晓的地区发展起来,并且影响到了现在。这些伟人留给后人的伟大思想基本上采用对话的形式被记录了下来,他们在世时几乎只述不作。《金刚经》和《论语》分别是释迦牟尼和孔子的弟子根据他们的对话记录而得来的。《道德经》在本质上也是一本对话体作品,只不过老子在记录时将提问者的身份及其所提问题省略了，只是给出了他的答案。书中记载的主要内容是关于士、王、圣三类人问的问题的答案。老子最后把答案概括总结梳理，提炼成了一本我们现在看到的《道德经》。苏格拉底的教育方式就是提问和对话，引导其他人自己想出答案。他同样只述不作，他的弟子柏拉图有"对话录"系列著作，里面记载着苏格拉底的大量思想精华。

对话有一种生生不息的力量，对话传递观点，而我们的观点决定我们的作为。对话是人类用来创新和统一思想、协调合作、团结行动的核心工具和要素，是人类用来创造和维持甚至改造现实生活的关键手段和方法。我们想想，自古以来，有多少新的观念和社会创举，不都是在广场、殿堂、教室、衙门、教堂、寺庙、咖啡馆甚至客厅、起居室里萌芽并蔓延开来的吗?! 仔细反省后，我们还会发现，其实任何一个社会变迁或变革的过程，都是从对话开始的，从孔子与弟子的对话到百年前南湖红船上的对话，只要对话，无论是公开的还是私下的，无论男女长幼，他们的声音就会被听见；他们彼此分享希望和梦想，想在自己在乎的事情上有一番作为，并成为志同道合的伙伴，而后言语转化成行动，人们开始改变，开始追随他们，开始用行动追逐梦想，小团体慢慢变大，之后发现变革和改革并不是遥不可及，同时也发现社会真的因为他们最初的对话而在数年后发生了深刻的变革甚至翻天覆地的变化。

世界咖啡馆强调对话，认为平等而公开的对话是解决共同问题的最有效的方法。对话是用来发掘自我所学、与同事分享所学，并在分享过程中为组织创造新知的一种方法。对话可以创造有形成果（譬如新的观点），也可以创造无形成果（譬如信任、尊重和归属感）。我们强调不分阶级，大家平等对话，所产生的思想是大家共同认同的集体智慧且都应遵守，相信这种对话催生的思想会自然而然地影响大家以后的行动和实践。

世界咖啡馆是一种扎实、实用和灵活的对话方法，可用于处理棘手但重要的问题，它能创造出众人认同的结论，因此比较有可能付诸于行动。世界咖啡馆可以消除人与人之间的隔阂，释放集体智慧，以利于行动的布局和展开。世界咖啡馆对话可以带我们进入新的领域，只有在我们组成一个团体的时候才能进入这个集体智慧汇集的领域，光靠个人是无法进入这个新领域的。

在世界咖啡馆，人们好像又回到了一个喜欢一起共事的世界，人们可以靠同步对话来碰撞出共同的见地与行动。在世界咖啡馆，工作和生活被重新赋予新的意义与可能的发展轨迹。于是，我们的未来被新希望重新点燃。

●对话产生思想和行动

在人与人的交往中，你给我一个苹果，我给你一个香蕉，等于还是一个苹果和一个香蕉；但你给我一种思想，我给你一种思想，那就是两种思想；而这两种思想碰撞交融，有可能催生出第三种、第四种，甚至更多的思想。咖啡馆对话就像一场百家宴，每个人都贡献一道自己的拿手菜，每位成员都带着自己所贡献的观点，集体智慧便会更丰富。

每当知识相互连接时，就会自动合并产生新的知识。只要一个人有想法，就会激发出更多的想法，彼此一直连接，就会产生更多的知识。当人们觉得可以在某种程度上借由自己的贡献创造出新的知识时，他们就会变得兴奋起来。他们感受得到那股创意的能量在堆积，于是他们开始行动。

世界咖啡馆就像是一种网络式对话，只不过规模小了一点，针对我们真正关心的问题，可以利用它来集结智慧，共同打造我们的未来。只要我们愿意投入，成为对话中主动的参与者，就会有更高的概率"做出对的选择"。

对话就是行动。不管你在思考什么，不管你有何感想，除非表达了出来，否则不能成真。只有说出你的想法才能被人听到，别人才能感受到它的存在，进而变成大家共同的想法，产生后续行动，这个想法才有可能生根发芽，开花结果。对话也是一种深度的思考行为，可以帮助我们扩展意义，将分散在个体中的智慧汇集起来重新梳理整合，变成大家都认可的集体智慧。对话是我们迈向圆满与完整的方法。只有集体的力量才能成就伟大的事业，伟大的事业需要伟大的目标，伟大的目标确实需要我们坐在一起对话才能树立，而统一思想我们才愿意投入，才乐意成为主动参与者。人们相信他们创造的东西，对话就是创造大家共同认可的思想的一个必要途径。对话本身就是行动，行动也需要对话保持协调一致的前进方向。

世界咖啡馆到了中国后，这十多年来，我们又用更符合社会发展实际与潮流的做法为它增添了光彩，将它的团队学习功效又放大了若干倍。在了解世界咖啡馆后，我们更需要行动。只要我们投入其中，真正重视对话，推动真正的对话，世界就会因对话而获得更好的改变。

●世界咖啡馆是研讨式教学模式的新探索

世界咖啡馆是一种特别适用于成人教育培训的学习方法。成人教育培训应该"以学习者为中心，以绩效为基础"。以教师为中心和以内容为基础必然导致信息单向的灌输和传播，只有以学生为中心和以学习成效为基础才能实现培训学习的目的和改变学习者的目的。世界咖啡馆以学员集体研讨为主，其研讨结果由学员共同得出和获得，学习成效易于检验。

成人学习有"自愿、经验、自主、行动、实用"五个关键原则。自愿是指成人对知识需要的态度，要让人自愿学习就要关注学习者的需求。经验是指承认成人已经拥有丰富的经验，并且还可以用这些经验去促进学习。自主是指成人教育培训需要为学习者创造一个动态的环境，任其自由进步和发展，如果成人在学习中占据主导地位，那么就能达到最好的效果，因为成人喜欢自己做决定，喜欢积极参加学习活动并为之努力。行动是指要告诉学习者所学的内容可以立即运用到工作中去，为他们提供工作方面的支持。实用是指学习或者研讨的内容要和工作或者生活紧密关联，教育培训要确保新知识能够应用于工作。世界咖啡馆学习方法满足以上五个关键原则。在世界咖啡馆，问题是课程大纲，学生是主体，老师是引导者。世界咖啡馆以学员集体研讨为主，学员是自愿自主地学习，并且学生的学习思考和讨论建立在自己以往的经验基础之上，整个讨论围绕着学员本人关心的真正重要的工作问题进行，学习思考和讨论的成果由学生集体研讨得出，学生很容易将其自觉地运用到实践中去，学习成效便于检验，学习成果也容易成为学生的自觉行动。

正如我国台湾地区译者高子梅翻译的《世界咖啡馆》一书中所述："世界咖啡馆让我们重新认识了那个我们早已遗忘的世界；在那个世界里，我们知道只要共同交谈，就能找到必要的智慧来解决问题。"① 世界咖啡馆是一种扎实、好用和可以变通的方法，容易释放集体智慧，可用来处理组织和个人都关心的重要问题。我们认为，世界咖啡馆只要坚持以下三项要求，教学的针对性和实效性就能得到切实的保证。

首先，要认真准备世界咖啡馆的课程。世界咖啡馆有别于传统的授课形式。世界咖啡馆改变了单向的讲授或者讲授加问答的教学模式，世界咖啡馆只有主持人和会员，所有的会员既是老师又是学生，大家平等交流，真诚对话，畅所欲言。这样的课程需要营造一个轻松宜人的空间，需要模拟真实的咖啡馆场景，需要圆桌，需要桌布、纸张、彩笔等道具，需要咖啡和茶等饮料，目的是让大家一进入咖啡馆就能放松精神、敞开心扉。前期大量的准备工作需要做到细致入微、一丝不苟，并且要尽力使世界咖啡馆简洁美观，让进入世界咖啡馆的人耳目一新，这种先入为主的场景需要精心筹划和布置。除了世界咖啡馆的布置，更需要精心准备的是世界咖啡馆所讨论的内容，每次世界咖啡馆活动的形式大体一致，但每次咖啡馆汇谈的主题和内容并不相同，对于每次汇谈主题，主持人需要进行深入了解，同时在主持时保持中立和包容，引导和催化讨论主题向深度和广度发展。

其次，要严格遵循世界咖啡馆的活动流程。该活动要求把与会者分成若干组，每个小组4～5人，每个小组一个组长，之后展开3～4轮对话，小组对话完成后全体交流并研讨总结。小组每轮对话大约持续20～45分钟。汇谈要求与会者把注意力集中在真正重要的问题上。每一轮对话结束时，一个人作为组长仍然留在原座位，其他人员则分别到其他不同的桌子继续进行讨论。留在原座位的组

① ［美］华妮塔·布朗、［美］大卫·伊萨克：《世界咖啡馆》，高子梅译，台湾脸谱出版社2007年版，第30页。

长欢迎新参与者并和他们共享此前的讨论成果，新参与者叙述他们带来的原来桌子上的汇谈成果。世界咖啡馆活动流程的关键环节之一就是换桌，需要小组其他成员分别到其他不同的桌子上去，这就像蜜蜂采蜜一样，可以把不同的思想带回来。

最后，要勇于创新世界咖啡馆的形式。世界咖啡馆传到中国以来，全国各地的教育培训机构又各自创新和推广，扩大了世界咖啡馆的团队学习效用。例如，国外的咖啡馆布置场地强调要有花瓶和鲜花，国内大多时候对此进行了简化，但国内的世界咖啡馆一定要有茶水，这照顾到国内学员的实际需要和习惯；又如，在世界咖啡馆的研讨总结阶段，需要激发组员就汇谈的集体智慧成果写成文章，鼓励学员把讨论成果运用于实践，把世界咖啡馆这种团队研讨学习的形式进行推广，让它生根发芽，希望借此催生一批对话式领导，创造一种汇谈的文化。

●你能从书里学习到哪些内容？

本书分成上、下两个篇章：上篇是理论篇，是"知"的部分，主要内容是关于世界咖啡馆的逻辑和方法；下篇是实践篇，是"行"的部分，主要内容是关于如何主持世界咖啡馆和世界咖啡馆的部分实践经验介绍。本书内容相应地分成四章：第一章是世界咖啡馆是什么，第二章是世界咖啡馆的深层逻辑架构解析，第三章是如何主持世界咖啡馆，第四章是世界咖啡馆的实践经验。

在第一章中，我对世界咖啡馆的由来和发展、背景和内容、场景和情境等进行了阐述和介绍，对世界咖啡馆的规则和流程进行了解释和描述。通过世界咖啡馆主持人的角度介绍整个世界咖啡馆的研讨过程和规则要求等，力图使读者看完有身临其境的感觉。当前，成人教育培训形势发生了很大的变化，世界咖啡馆为适应教育培训形势应运而生，我认为，世界咖啡馆其实是翻转课堂的一种形式。

在第二章中，我对世界咖啡馆教学模式的深层逻辑进行解析。按照世界咖啡馆"需求调研—课程设计—场地布置—流程控制—教学评估"的逻辑链条对每个环节逐一构建深层逻辑，并进行释义和剖析。内容包括教学目标和需求分析、课程设计和问题设置、教学环境和情景设定、作业布置和绩效评估、涂鸦画图方法和教学道具应用，等等。该章还分析了世界咖啡馆作为结构化研讨方式的特点以及与其他结构化研讨方式的关系，并且就世界咖啡馆的教学原理和底层逻辑进行了建构。

第三章的主要内容为如何成功地主持一场世界咖啡馆主题活动。世界咖啡馆的成功举办需要一位主持人成功地主持。世界咖啡馆主持人在世界咖啡馆中扮演什么角色，主持人和老师有什么区别，世界咖啡馆对主持人的能力要求如何，主持人在主持世界咖啡馆时应该注意哪些事项、应该如何应对突发事项、应该达到怎么样的教学目标，等等，都是该章所详细阐述的内容。

在第四章中，我主要摘编了过往举办世界咖啡馆的一些已经在报纸公开报道或者在杂志公开发表过的实践总结文章。每场世界咖啡馆主题活动结束后，主持人往往会要求学员撰写文章并制作成政务信息或者新闻宣传稿件。编写好的政务信息有的会刊载在内部或者公开的网站上，有的文章会发表在公开的刊物上，以便于更多的人关注和分享世界咖啡馆的研讨成果。该章摘录了在一些刊物上发表过的部分关于世界咖啡馆经验总结的文章，其中，有总结世界咖啡馆研讨内容的文章、谈世界咖啡馆实践和成效的文章、关于世界咖啡馆感想和评论的文章等。摘录的文章主要作为样例，供读者参考学习。

● 这是一本给谁看的书？

这是一本主要写给对世界咖啡馆感兴趣的人、热爱学习的人、热爱教育的人，特别是广大教育培训工作者和有志提升教学质量的老师看的书。

世界咖啡馆里确实有咖啡喝，但世界咖啡馆不卖咖啡。世界咖啡馆是一种高效的团队学习、开会、上课、研讨和解决问题的方法和工具。世界咖啡馆已经在这个世界产生并流行近30年。如果你对世界咖啡馆感兴趣，或者你以前听说过世界咖啡馆但不明就里，可以深入阅读这本书，它可以让你对世界咖啡馆不再有任何疑惑。

世界咖啡馆应该被广大教育培训工作者所知悉。教育培训工作者承担着践行和实施教育培训的具体领导管理工作，教学培训涉及教学方法的应用，各种不同的教学方法带来了不同的教学效果。知道世界咖啡馆并且乐意推广这种已经普及开来的教学模式，善莫大焉。

教书育人，方法为重。教育培训是一项神圣的使命和职责，教师是一份神圣的职业，教师需要对所讲内容研究精深，也需要掌握多种教学方法以便更好地教学。世界咖啡馆是一种行之有效的研讨式教学方法，希望我们的老师能够知道世界咖啡馆并且有兴趣去实践。

如果对教育培训、干部教育、成人教育以及教育本身感兴趣，也可以翻看这本书，这本书涉及哲学、政治学、社会学、教育学、心理学、美学等诸多领域的知识，看完后会对教育特别是成人教育培训和终身学习、终身成长有一个新的认识。

当然，看此书最受益的人应该是立志践行教学培训改革创新的实践者，立志于成功举办世界咖啡馆的人。世界咖啡馆的主持人不仅承担着老师的角色，也有着引导员、催化师、教育工作者的身份。世界咖啡馆的主持人需要十八般武艺样样精通，此书涵盖了世界咖啡馆主持人要求的全部态度、能力、知识和技能，不仅包括"知"——理论认知和态度技能，而且包括"行"——步骤措施和方法途径。

因为以上原因，本书中"老师"和"主持人"的意思有些混同，老师就是主持人，主持人就是老师，但这并不会影响读者阅读。

●怎样阅读本书？

无论你是对世界咖啡馆感兴趣，还是想深入了解世界咖啡馆；无论你是一个初学者，还是一个资深的讲师或者主持人，本书都是一本特别值得阅读的学习参考资料，甚至具有教科书的性质。

如果你是一个仅仅想了解世界咖啡馆的人，或者是热爱学习想初步了解世界咖啡馆的基本面貌和运作原理及方法的人，也就是说，你仅仅想知道世界咖啡馆是怎么回事，世界咖啡馆是什么样子，那么，你可以读第一章"世界咖啡馆是什么"。

如果你了解了世界咖啡馆，还想看看世界咖啡馆的实践效果，建议你读完第一章后还可以读读第四章"世界咖啡馆的实践经验"。这样，你对世界咖啡馆会有一个具体的感性认识。

如果你想了解世界咖啡馆其中的内在机理和深层逻辑，想在课程设计和课堂呈现上都有一个深入系统的学习，想举办或者主持一个成功的世界咖啡馆活动，想成为一名优秀的主持人，那么，第二章"世界咖啡馆的深层逻辑架构解析"和第三章"如何主持世界咖啡馆"的内容是应该阅读的。

你可以只读本书的前言、结语以及目录，让自己对世界咖啡馆有个初步的印象和认识；也可以通读一遍全书，让自己对世界咖啡馆有个系统的了解；如果你打算将世界咖啡馆这种形式用于实践，这本书就是一本工具方法类书籍，你可以随时翻阅以供参考，用于指导自己的实践。本书也是一本思维认知工具类书籍，世界咖啡馆的深层逻辑架构是一种可以学习和遵循的心智模式；本书也是被无数次实践检验的行之有效的实战范例和经验手册；你也可以将它放到你书桌的显眼处，时不时看看，温故而知新，有利于更新认识和获得新的认知。

世界咖啡馆要求学员不仅需要"知道"，还需要"行动"，而且不仅仅是"知道"，更需要"做到"。世界咖啡馆提供了一个高效有益对话的渠道，也提供了越走越宽的道路。我们走到这条道路上来，走的人越来越多，道路就会越来越宽广。然后，大家在行进的道路上就会感受到越来越壮大的力量，这份力量会促使我们努力前行，未来社会也会为之发生意想不到的可喜变化。

开卷有益，希望大家能够喜欢此书。

来吧，让我们一起走进世界咖啡馆！

目　　录

上篇（知）：世界咖啡馆方法和理论

第一章　世界咖啡馆是什么 ·················· 3

第一节　世界咖啡馆由来和规则介绍 ·················· 4

第二节　世界咖啡馆是时代应运而生的产物 ·················· 17

第三节　世界咖啡馆是一种翻转课堂的形式 ·················· 21

第二章　世界咖啡馆深层逻辑架构解析 ·················· 28

第一节　世界咖啡馆的教学目标和需求分析 ·················· 29

第二节　世界咖啡馆的课程设计和问题设置 ·················· 45

第三节　世界咖啡馆的作业布置和教具应用 ·················· 60

第四节　世界咖啡馆的教学环境和场地布置要求 ·················· 77

第五节　世界咖啡馆的研讨框架和流程类比 ·················· 93

第六节　世界咖啡馆的教学原理和底层逻辑 ·················· 112

下篇（行）：世界咖啡馆行动和实践

第三章　如何主持世界咖啡馆 ·················· 135

第一节　主持人的角色和使命 ·················· 136

第二节　主持人的素质和能力 ·················· 149

第三节　主持人的学习和成长 ·················· 167

第四节　主持人的思维和实践 ·················· 187

第四章　世界咖啡馆的实践经验……………………………………… 208

　　第一节　在世界咖啡馆中解决工作疑难问题……………………… 209

　　第二节　报纸报道世界咖啡馆案例摘编………………………… 213

　　第三节　杂志刊载世界咖啡馆文章选编………………………… 218

　　第四节　世界咖啡馆课程学员的体验感受……………………… 225

结语：保持知行合一的学习状态………………………………… 234

参考文献………………………………………………………… 238

后　记…………………………………………………………… 243

上篇

世界咖啡馆
方法和理论

第一章　世界咖啡馆是什么

- ●世界咖啡馆的由来和规则介绍
- ●世界咖啡馆是应运而生的产物
- ●世界咖啡馆是翻转课堂的一种形式

　　世界咖啡馆是适应时代应运而生的产物。本章对世界咖啡馆的由来和发展、背景和内容、场景和情境等进行了阐述，对世界咖啡馆的规则和流程进行了描述，并通过世界咖啡馆主持人的角度对研讨过程进行了介绍，力图使读者身临其境，切实感受世界咖啡馆的魅力。

第一节　世界咖啡馆由来和规则介绍

欢迎大家来到世界咖啡馆！

世界咖啡馆让我们重新回到那个我们早已遗忘的世界：

在那个世界里，人们会自然地聚在一起，因为我们喜欢有伴；

在那个世界里，我们很享受对话的过程，都想聊聊自己最在乎的事情；

在那个世界里，没有等级，没有隔离之感，没有疏远，有的只是亲近；

在那个世界里，人们只需要很单纯地打招呼，而不需要任何的科技和人造产物；

在那个世界里，人们常常惊艳于某种智慧，这种智慧不属于任何一个人，而是为大家所共有；

在那个世界里，我们知道只要共同交谈，就能找到必要的智慧来解决问题。

那个世界从未离我们远去，我们有必要、有责任、有义务唤醒那个早已被我们遗忘的世界。

在世界咖啡馆开场时，主持人常常声情并茂地朗诵一段与世界咖啡馆相关的诗句，力图把世界咖啡馆的学员带入一种新的情景中。这是创设情景教学必不可少的手段之一。

世界咖啡馆是近年来国际流行的集体研讨教学模式，是一种解决问题的有效方法，是开展会议讨论的高效方式，也是学习型组织最重要的学习工具。现在，世界咖啡馆已经被世界上众多企业、行政机关以及教育培训部门等各类组织所广泛应用。

世界咖啡馆是一种创造集体智慧的汇谈方法，旨在用对话找答案，体现的是集体创造力。

世界咖啡馆（The World Café）由美国国际组织学习协会的华妮塔·布朗（Juanita Brown）博士和她的伴侣大卫·伊萨克（David Isaacs）在 1995 年共同创造，随后风靡全世界。

世界咖啡馆的研讨规模可以从几十人到上千人不等，从探讨组织愿景到解决各种疑难问题，其应用范围非常广泛。它易于与其他方法搭配使用，也可借由小组成员的更换及彼此的对话，让人能充分交谈，连接所有成员的想法，不仅能引导出意想不到的观点，而且所有成员也能一起共享发现与想法。

世界咖啡馆可以让不同专业背景、不同职务及不同部门的一群人，针对数个主题，发表各自的见解，因为意见相互碰撞能激发出意想不到的创新观点。世界咖啡馆让参与者从惯用的评判人的方式中解放出来，使人们能够从新的视角来看世界，让人们能进行深度的汇谈，并产生更富有远见的洞察力。

一、世界咖啡馆概况

世界咖啡馆作为一种团队学习方法，近年来流行于国际社会，不仅能强化人际关系，也能提升人们共同打造未来的能力，旨在用对话找答案，能够分享思想和催生智慧，帮助人们体验集体创造力。

世界咖啡馆是一种结构化研讨教学模式，也是开展会议讨论的高效方式，更是一种解决问题的有效方法。

世界咖啡馆是创造集体智慧的汇谈方法，每次围绕一个主题或者相关问题进行研讨，在研讨的过程中汇集大家的思想和智慧，发现问题的共性，寻求问题的解决方案并达成共识。

世界咖啡馆是一种扎实好用的学习方法，能集思广益，创造出众人认同的结论，因此较有可能付诸行动。

世界咖啡馆一般要求与会者分成若干个小组，每个小组 4～5 人，展开 3～4 轮对话；小组对话完成后全体汇谈并研讨总结。每一轮结束时，一个人作为组长留在原座位，其他人员则分别到其他小组继续进行讨论。经过 3 轮或更多轮的讨论以后，所有小组集合在一起分享并探究讨论的成果。

世界咖啡馆强调平等而公开的对话，是解决工作难题和共性问题的有效方法。世界咖啡馆通过精心设计的提问、严谨的对话流程以及对话中的催化和引导，使每一次学习都富有成果，真正解决了研讨中的针对性和实效性问题。

世界咖啡馆有必要也能够在教育培训中发挥更大的作用！

二、世界咖啡馆缘起

1995 年 1 月，美国国际组织学习协会的高级理事华妮塔和她的伴侣大卫在加利福尼亚州米尔谷（Mill Valley）的家里准备举办一个集会，他们邀请了 24 名客人参加，目的是筹备第二天的国际会议。早晨起来，外面阴雨连绵，他们在等待客人的过程中，把家里布置成咖啡馆的样子。家里随意摆放了几张桌子，准备了早餐和咖啡，每张桌子上有一枝鲜花，放了一些纸和笔，客人们来了以后，可以坐下来随意讨论。中途有人提议换桌讨论，并且可以在桌子的白纸上尽情涂画。大家热情地参与到讨论之中，不知不觉到了中午时分。他们发现奇迹发生了，原来他们希望的研讨成果已经达成了。他们觉得很神奇，之后对这种研讨方式进行了总结归纳，取名为"世界咖啡馆"。在华妮特和大卫的热情倡议和积极推动下，这种研讨模式迅速地在全美国流行开来，之后更风靡全世界。现在世界上已经有几十个国家和上万个组织采用世界咖啡馆的模式来开会、教学以及解决问题。

世界咖啡馆于 2004 年被引进中国，在学习型组织理论的创建者彼得·M. 圣吉（Peter M. Senge）的倡议下，于当年在昆明召开的为期三天的中国第一届企业高阶主管论坛上，每天下午都采用世界咖啡馆模式进行研讨，此次论坛举办得非常成功。在 2004 年深圳、2005 年安徽天柱山举办的企业高阶主管论坛上，也采用了世界咖啡馆模式进行研讨，同样大获成功，中国企业的高管一直对这种方法保持高度的热忱。之后，世界咖啡馆作为一种培训模式在企业和社会培训机构中流行起来，而 10 年后又在政府机关得到采用。2014 年 1 月，在全国税务系统税务学校校长专题培训班上，国家税务总局教育中心邀请了 2 位社会培训机构的老师给全国税务系统的校长上了半天世界咖啡馆的课程。之后，结合干部教育培训的要求和工作实际需要，致力于教学方法的改革创新，我开始着手备课，把世界咖啡馆教学法作为研讨式教学法的一种，重新修改和细化了世界咖啡馆的流程。在国家税务总局的大力支持下，世界咖啡馆教学法从 2014 年 6 月开始在全国税务系统推广，现已有 20 多个省份的税务系统上了世界咖啡馆教学研讨课。从 2014 年开始，税务系统举办的世界咖啡馆主题活动不计其数，世界咖啡馆已经成为税务干部教育培训的一个日常的研讨教学模式。一些政府机关和教育部门也相应地开始采用世界咖啡馆研讨模式进行教学，世界咖啡馆在中国内地也慢慢地普及开来，并且出现了一批采用世界咖啡馆教学模式的培训机构和老师。至今，世界咖啡馆的影响力仍在不断扩大。

在税务系统举办的世界咖啡馆主题活动，每一次都很成功，这与世界咖啡馆本身的魅力有关。世界咖啡馆是创造集体智慧的汇谈方法，重在用对话找答案，体现的是集体的创造力，其优点在于通过集体汇谈，让我们能够站在他人的角度思考问题，在寻找答案的过程中体现出对他人意见的尊重和珍惜，从而不断地激发新的创意和智慧，最终达成彼此的共识。世界咖啡馆强调合作对话，"唯有合作，才能共赢；展开对话，分享智慧"，这已经成了世界咖啡馆的标语和标签。

三、世界咖啡馆的七个原则

举办世界咖啡馆有七个原则。华妮塔和大卫认为，如果我们坚持这七个原则（见图 1-1），那么每次世界咖啡馆一定会成功：第一，设定研讨的情景；第二，营造友好的空间；第三，探索真正重要的话题；第四，鼓励每个人参与和贡献想法；第五，交流并连接不同观点；第六，共同倾听思想见解和模式；

第七，收获与分享集体智慧。

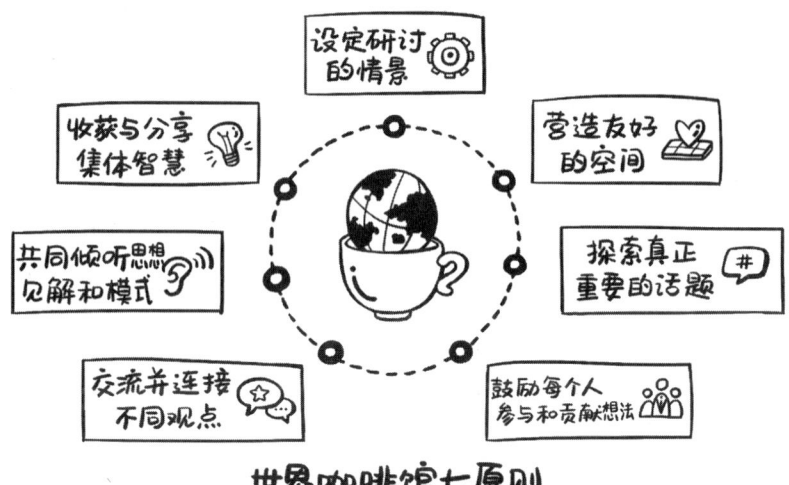

图 1-1　世界咖啡馆的七个原则

第一项原则，设定研讨的情景。主持人要清楚每一次世界咖啡馆研讨的目的、意义、背景、人数、时间、地点、研讨的主题等，最好让参加世界咖啡馆的学员也了解清楚以上内容。

第二项原则，营造友好的空间。世界咖啡馆的形式和传统的讲授式课程形式不同。它把上课的场地布置成咖啡馆的样子和形式，桌子分开，或圆或方，每桌坐 4～5 人。大家进入课堂以后都非常轻松，每个人都可以自由平等地讨论问题，气氛也会非常热烈。

第三项原则，探索真正重要的话题。其实现在对于我们每个人来说，聊天已经变成了一种非常奢侈的享受。时间是最宝贵的，但我们要花半天时间去聊天，并且是组织要求的，这真的很奢侈。而世界咖啡馆是一种研讨式的教学过程，以聊天的形式开展。这就需要我们在聊天的过程中围绕一个真正重要的、与我们的工作以及每一个学员都相关的话题去研讨和深究。如果能在聊天的过程中解决这个问题或者为一个话题找到解决的方案，那么世界咖啡馆将会变得非常有意义。

第四项原则，鼓励每个人参与和贡献想法。世界咖啡馆中的每个成员平等自由，鼓励成员踊跃发言，畅所欲言，所想所言皆是为了更好地解决问题。

第五项原则，交流并连接不同观点。世界咖啡馆最大的优势就是能把不同的观点与意见交流并连接起来。萧伯纳曾说："你有一个苹果，我有一个苹果，我们彼此交换，每人还是一个苹果；你有一种思想，我有一种思想，我们彼此交换，每人可拥有两种思想。"这就是交流并连接的好处，这在世界咖啡馆里面最能得到充分的体现。

第六项原则，共同倾听思想见解和模式。当我们在交流并连接不同观点的过程中，还要听听别人的见解，我们会从中受到什么样的启发？当别人在讲一个故事的时候，想说明什么道理？当别人在讲一种现象的时候，我们能否透过现象看到其中的本质？当别人在讲一堆数据和事实的时候，他（她）的结论是什么？我们能不能透过表面的浮华看到内在深层次的东西？这些内在更深层次的东西就是本质，就是道，就是规律。这些都是我们交谈带来的收获。如果有人认为没有这方面的收获，那么只要认真听你的同桌讲话，你的同桌也会带给你收获和启发。"世界上没有两片相同的叶子"，因为每个人的知识、经验、经历、背景、思维方式、语言风格都不同，只要认真去听，就会受到启发。同时，只要认真参加世界咖啡馆，世界咖啡馆本身也会使大家得到很大的收获。

第七项原则，收获与分享集体智慧。世界咖啡馆一般要经过三轮小组研讨和一轮大组分享的环节。收获与分享集体智慧，指的是在三轮小组研讨完以后，大组分享时，每一组派一名代表上台分享本组的集体智慧。这时大家就会觉得收获颇丰，原来有这么多的集体智慧和思想成果已然形成，并且可以展示出来与大家共享。

四、世界咖啡馆的规矩

世界咖啡馆也有一些规矩，主要有三条：第一，提出你的想法和经验；第二，当别人在说的时候，请把你的想法和经验与别人的连接在一起；第三，大家一起讨论，共同发现其中的模式、观点及更深层次的问题。简而言之：我说你听，你说我听，大家一起说一起听。

在世界咖啡馆研讨的过程中，有两个手段需要大家充分地运用，分别是聆听以及尽情地涂鸦画画。第一个手段就是聆听。聆听是一种美德，我们在沟通过程中，误会产生的缘由大多是因为自己不会聆听。只要你会聆听，就能解决沟通中绝大部分的问题。聆听即为把别人的话听进去，当别人说话的时候，要看着别人且给予真诚的回应。在交流的过程中，我们特别需要的就是聆听，这是对他人最大的尊重。第二个手段就是尽情地去涂鸦画画。让我们回到孩提时代，展开想象尽情地作画，所思所想不必过于复杂，也不必有羞于启齿的心理障碍，可以将内心想法以画的方式表现在纸上。如果我们单纯地只使用言语，就会发现在表达复杂的思想时有一定的难度，这个时候拿起笔，在空白的纸上尽情地去画，画出来以后别人就会更容易理解你的思想。在开始前，施教机构会将所需用具陈列于桌面供大家使用。

五、世界咖啡馆的议程

　　世界咖啡馆的议程也是整个研讨教学的流程。如果世界咖啡馆的汇谈内容是奔涌向前的溪水，那么议程就是溪水的两岸，决定着溪水的流向和最终目的。世界咖啡馆的议程如下：首先由世界咖啡馆的主持人讲解世界咖啡馆的规则；世界咖啡馆开始研讨前，会把所有的学员分成若干个小组，每个小组4～5个人；接下来有3～4轮的小组研讨，每一轮研讨的时间是20～45分钟；结束后，是大组分享研讨成果并进行研讨总结阶段，每个小组的组长进行发言，也可以由组长推荐1名代表进行发言。在总结阶段我们会发现，每一组研讨形成的集体智慧和思想成果会汇集在一起。

　　我们常用的世界咖啡馆的3轮小组研讨和1轮大组总结的流程如下。

（一）第一轮小组研讨阶段

　　世界咖啡馆的主持人首先介绍研讨主题，主题是思想的眼睛，研讨的主题就是世界咖啡馆的核心。主持人介绍主题后，再简要介绍世界咖啡馆的教学形式，并宣读本次研讨流程。接下来由主持人开始提问，学员回答，这是为了让学员迅速聚焦研讨课堂的主题。主持人会提问3个与主题相关的问题，这些问题是对主题的深化，这时需要学员先独自静默思考，然后作答，回答时间是5～10分钟。回答结束后，主持人要求每桌每个学员开始轮流发言，就刚才自己的所想、所思、所写与同组的成员交流，时间控制在1～2分钟。学员轮流发言完毕后，开始进行小组研讨环节，判断是否存在大家共同认可的问题。如果存在共同认可的问题，学员可以对问题产生的原因及解决的方式进行深入的质疑和反思，深度研讨；如果在这个讨论议程中未发现真正重要的问题，即不存在大家达成共识的问题，也没有形成共同的想法，第二、第三轮仍可以继续进行研讨。在第一轮小组研讨开始或者结束时，小组自主选出本组的组长。

（二）第二轮小组研讨阶段

　　在进行第二轮研讨时，每组的学员需要换桌，重新组合成新的小组开始讨论，这轮研讨被称为"蜜蜂采蜜、异花授粉"（见图1-2）。组长原地不动，其他学员则分别到其他组参加座谈，比如一桌4个人，除了组长，其他3个学员要分别到其他3个不同的桌子（小组）进行第二轮研讨，听听其他组的第一轮的研讨成果，将其收获带回本组，丰富和完善本组的集体智慧所碰撞出来的思想成果。换桌策略和规则是世界咖啡馆最有特色、最神奇且最有魅力的地方，也是世界咖啡馆与其他研讨式教学模式的根本区别。第二轮研讨的任务是先由本桌组长对新来的学员表示欢迎，然后各位学员进行自我介绍，组长介绍本组上一轮的研讨成果，各位学员也分享自己原组上一轮的研讨成果。如果时间富余，由学员提供新的补充，大家还可以继续进行深度的研讨反思，看看是否有共同认可的问题、观点和看法，若有共同认可的观点、看法，还可以继续深入研讨这个问题如何解决，就这个看法为什么不一样、深层次的原因是什么等问题去进行讨论。时间到了以后，组长向学员表示感谢。

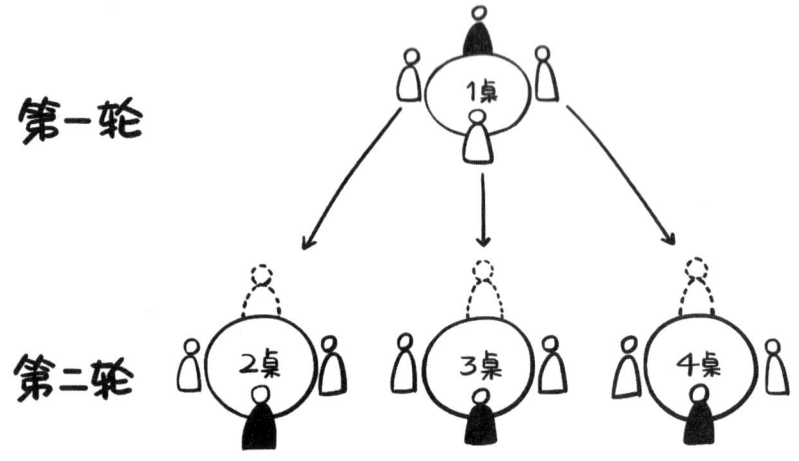

图1-2　小组研讨第二轮换桌示意图

（三）第三轮小组研讨阶段

第三轮小组研讨时，第二轮每组的学员各自再回到第一轮时原组的座位，进行深度汇谈交流。第三轮小组研讨的任务比较重：一般是由组长介绍第二轮该组的汇谈成果，其他学员就像蜜蜂采蜜回来一样，与大家交流分享他们第二轮在其他小组中采集的思想成果；在分享完毕后，接下来的任务就是统一本桌学员的意见，形成本桌认为最重要的问题、关于这个问题的解决建议和意见以及应该采取的措施等，形成大家一致认可的观点和看法；之后小组要形成一个发言方案，并且推荐一个进行大组分享的本组发言人将这由大家的思想和智慧汇聚而成的成果通过发言分享；此外，学员还有一个任务就是需要把集体智慧（发言方案）在白纸上画出来。涂鸦画画是一个集体行为，各位学员一边讨论问题一边画画，这也是一个集体梳理思路、化繁为简的过程。第三轮研讨结束后，会有10分钟左右的茶歇时间。

（四）大组总结阶段

大组总结阶段是世界咖啡馆最后的研讨总结分享阶段，是世界咖啡馆教学研讨最精彩的阶段，也是研讨的高潮。因为这时集体智慧已经形成，大家也期盼着能够分享集体智慧给全体学员。此时，因为话题和答案相近，各个组可能会争先恐后地踊跃发言，这时，世界咖啡馆的主持人可以采取抽签的形式，要求大家按顺序发言，后面的发言人以简短的补充发言为主，不能重复前面发言人的观点和看法。发言时，世界咖啡馆的主持人可以按照顺序请各组发言人进行发言；也可以以主动为原则，每一桌派一个发言人来到台前讲解本组关于这个问题或者话题的看法和观点。各个组的发言人发言时，该组学员可以进行补充发言，其他组学员可以提出质疑和提问。

（五）点评和作业

在大组总结分享阶段，每个小组发言人发言完毕后或在发言的过程中，世界咖啡馆主持人可以进行点评。如果培训项目主办方的领导也参加了研讨，也可以请领导就学员的发言内容进行点评。点评的过程一般是先对小组发言人的发言内容进行肯定，然后就存在的明显的纰漏及错误的地方进行纠正、补充和完善。世界咖啡馆的最后环节是布置作业，这是保证研讨取得实质效果的关键。要围绕研讨主题来布置作业，要求大家回去实践这一主题，在实际工作中大胆应用研讨成果，并且能够进行创新。有的作业是需要通过复盘、反思和形成文字固化下来的，要求深化后在媒体（如报纸、杂志）上予以发表；而有的作业是关于世界咖啡馆本身的，希望学员学到世界咖啡馆这种研讨方式以后，在工作中将它用于开会或者教学，提升绩效。

六、世界咖啡馆的场景设置

在布置世界咖啡馆时，营造一个宜人好客的环境氛围非常重要。环境要让人觉得舒服、有安全感，敢于表现自己。在此之前，召集人需要考虑三个问题：目的、与会者和外在因素。首先，要想清楚你把人召集到世界咖啡馆的目的是什么，你可以预见从这场世界咖啡馆主题活动能取得什么成果。其次，你要了解学员的背景和简要情况。如果学员是来自多部门、多区域的成员就会更好，因为可以产生更多的不同的见地和想法。最后，还需要考虑一些外在客观因素，如时间、地点、支持单位和组织等，思考如何充分利用外在因素达到世界咖啡馆本身的目的。在想清楚目的和结果后，场景布置还要注意三个因素。

（一）让世界咖啡馆有轻松舒适的氛围

可以听到优美的音乐、有自然采光的室内空间和户外美景，是会场的最佳选择。这样学员一进入会场，就会认为这里不是一个普通的会场，也不是传统的教室。如果会场没有窗户，主办单位可以添置一些绿色植物，让整个环境显得生机勃勃。除了咖啡、茶和白开水，最好也准备一些点心和食物。只要学员感觉到轻松自在，就会进行专注认真的对话。

（二）设置研讨的问题非常重要

为了开启对话的大门，世界咖啡馆主持人必须和主办单位一起研讨和构思重要的问题。这需要专注和专业的思考能力及群策群力。咖啡馆对话的目的就是在于发掘、探索及解决问题。议题设置要进行多方商议，并且确保这个议题是和与会者密切相关的。一个议题设置的成功与否关系着整个世界咖啡馆研讨的成效。议题最好设置成开放式问题，因为它不需要立刻开展行动或当场给出答案，它会让人不由自主地深入探讨下去。

（三）以学员为主体进行对话

世界咖啡馆教学和传统的讲授式教学不同，世界咖啡馆教学以学员为主体，学员是研讨的主角，老师只是作为引导者起主导作用。在以学员为主体的对话中，人人都是主角，而组长的职责是让大家遵守既定研讨规则且可以平等轻松地进行对话。但世界咖啡馆主持人要注意每个学员的特点，让学员轻松愉快地交谈，不能让个别学员"一言堂"，而导致另外一些学员没有机会发言。同时，主持人要控制对话的节奏，并且确保对话的方向。

世界咖啡馆采取多小组研讨模式。按照研讨人数，分组后在会场或者教室布置相应的若干个桌子，4～5人一桌。

1. 开场阶段

桌上需要放一张大白纸，一人发一支笔。各桌先简单地进行报到流程，确认对话规则。研讨主题宣布后，各位小组成员可以将其写在大白纸的正中间。

2. 小组讨论阶段

各桌成员可根据主题自由对话，可将印象深刻的关键词写在各桌的大白纸上或者笔记本上，可以使用彩色画笔进行涂鸦画画。所有想法都可以记录下来，也可以画出小组讨论的思想成果。

3. 大组总结阶段

在大组研讨总结分享阶段，可以将各桌的纸收集起来，张贴在墙上或者白板上。在这个阶段，如果大家并未形成一致认可的结论也没关系，我们允许研讨的问题或者话题有多个结论。

七、世界咖啡馆的对话规则

世界咖啡馆教学法是一种研讨式教学法，是有规则、有流程的对话式教学。对话是我们人类用来维持和创造生活现实的一种方法。

对话本身就是行动。不管你在思考什么，有什么感想，除非你说出来，否则都不可能成真。只有说出来，其他人才能听见，才能开始感受到它的存在。如果这个想法足够重要，自然就会有后续的计划和行动。对话能让彼此的想法连接在一起，每当知识相互连接时，就会自动合并而产生新的知识。当人们觉得可以在某种程度上借由自己的贡献创造出新的知识时，他们就能感受到那股创意的力量，就会变得兴奋起来，而后开始行动。

对话是世界咖啡馆各个流程和环节的核心。无论在哪一个环节，对话都应该处在核心地位。它是一个关键要素，在发现问题、分析原因和提出解决方案的环节都是如此。对于具体工作任务或工作目标，只要是在教学过程中，对话本身都是应该最为关注的问题。而对于具体的定义问题、分解问题、分析问题、制订工作计划以及阐明观点等，也都需要优先关注对话本身。

八、对话需要秉持的价值观和方法论

世界咖啡馆以学员为主体，以老师为主导，部分对话发生在老师和学员之间，而更多的对话则发生在学员与学员之间。由于成员的背景各不相同，一开始就需要遵循或者明确师生之间和生生之间应具有的共同价值观，否则会影响对话进程和研讨式教学的质量。

在师生之间应该明确研讨主题的主次对象问题，老师应承担教练、辅导者、促动师或催化师的角色，要以学员为研讨主体。在学员之间，由于各学员来自不同的组织或者同一组织的不同岗位和级别，也需要首先破除各自思想上的提防和不信任，营造相互尊重和相互平等的研讨氛围，这样才能让研讨式教学在轻松愉快的环境下进行，从而消除心理壁垒和偏见。学员从自身经验和实际事实出发谈看法，易于创新和创造，激发出新的观点且便于形成共同的结论。

对话本身也有方式和规矩，也需要方法和规则。"事必有法，然后可成，师舍是则无以教，弟子舍是则无以学。""大匠诲人，必以规矩，学者亦必以规矩。"（《孟子·告子上》）任何事物都有自己的方法，找对方法，做事才能成功，也才有事半功倍的可能。这个方法其实就是规矩。在长期的教学实践

中，我们认为，以下的对话方法和规则应该作为世界咖啡馆的规则和基础
（见图 1-3）。

图 1-3　世界咖啡馆的价值观和方法论

（一）敢于提出不同观点

　　研讨交流成员要坚持人人平等的原则。在成人教育培训中，如果是出自同
一组织的学员，常常在职务和级别上有差异，再加上性格倾向不同，有些学员
能说会道，有些学员不善言辞，偶尔会造成"一言堂"或者冷场的现象。世
界咖啡馆学员之间的研讨以平等为前提，在研讨对话时，学员之间没有高低贵
贱之分，每个学员都需要保持一种平等开放的态度，即使研讨小组里有自己的
上级领导，也要在互相尊重的基础上勇于发言；每个上级领导参与讨论时，也
应充分尊重自己的下属。

（二）懂得换位思考问题

　　换位思考是沟通交流制胜的法宝。每个人都不仅要站在自己的角度思考问
题，同时要站在对方、上级、组织以及客观实际的立场想问题。通过多角度、
多维度的思考，往往能够得出客观公正的结论。在换位思考的过程中，坚持
"少谈理由，跳出限制"的原则，少为自己的立场找理由，善于跳出对方立场
和谈话内容的限制，这样能够产生更多的创意和观点，得出大家一致认可的结

论，更好更快地达成双赢或者多赢的目的。

（三）善用辩证思维辩论

辩证思维是对成年人特别是对公务员的基本要求，它要求我们先辨别是非真假对错，利用批判性思维，采用矛盾法一分为二地看待事物，分清主次与先后，了解清楚内因和外因、事物的主要矛盾和矛盾的主要方面等。辩证思维主要用于阐明道理，是对事物本质认识的一种思维方式。辩证法是大家共同认可和遵循的思维方法，因此，容易引起共鸣和对结论的认同。

（四）能够产生有效见地

任何事物不辩不明。对话和辩论的目的是对事物有清晰的认识，即得出一个大家都赞同的有效的见地。对话和辩论切忌做无效功，讨论许久没有得出结果。对话也需要规则，依据一定的规则进行则较易产生结果。有些讨论需要先澄清基本概念和含义；有些讨论重在对原因的探究；有些讨论重在研讨对策和有效落实。讨论概念、分析原因和制订计划本身也需要方法和框架模型。通过思维模型产生的结论常常具备内在的逻辑推理结构，容易产生较高质量的讨论成果。

（五）可以投票分析分歧

投票分析分歧是一种议事规则。对于最后还没有形成的结论，在没有原则性分歧的情况下，可以通过投票的形式先确定占多数票的观点和意见，然后再深入分析，让讨论继续进行下去。讨论时进行投票是为了更加清楚地说明问题，得出大家更为赞同的观点，使大家认识到这种观点更加符合实际情况，可以制订相应的计划和措施，使其能够更好地实施。需要说明的是，在世界咖啡馆的小组讨论环节，尽量不要用投票这种方式。

（六）积极征求外部意见

征求外部人员的意见可以修订、丰富和完善对话讨论形成的结论。小组或者团体对话虽然能够发挥各个成员的优势，形成一个大家都认可的观点和结论，但囿于各个成员的专业能力或者知识信息的匮乏，征求外部专家或者教练的意见就显得尤为重要。外部专家会基于专业性、技术性及科学性提出一些超出小组成员想象的意见或建议，这往往会成为最后决策的关键依据。教练或主持人也会就研讨的规则、流程及研讨方法给出专业性的指导意见，从而推动更为深入的研讨。世界咖啡馆主持人在征求意见环节要根据研讨问题的难易和学员把握问题的程度来决定是否需要征求外部人员的意见。

九、对话礼仪

世界咖啡馆对学员的对话礼仪也提出了相应的要求。一般开始主题研讨前，主持人会就对话礼仪做简要的说明；或者在每桌的桌面上，将对话礼仪的要求以文字和图片的形式做成立牌，将其竖立在每桌的正中央，提醒学员对话研讨时应该注意的事项。

世界咖啡馆的对话礼仪（见图1-4），一方面，要求大家在研讨的过程中要注重礼节，遵守研讨流程规则，听从主持人的引导要求，所有学员应保持坦诚、开放、平等的心态，相互尊重，勇于讲出真话，说出真理；另一方面，要求每个人在独立自主思考的前提下进行对话，特别是针对主持人提出的问题，学员要先自行思考，然后说出自己思考的结果。由于讨论规则的时间限制，每个人的陈述需简洁明快，不能占用其他人太多的谈话时间。其他小组成员在说话时，自己要认真聆听，把别人的想法和自己的想法连接起来，以产生更多新的想法。对于有不同意见的观点，要善于反思、敢于质疑，说出自己的见地。同时要集体行动学习，大家一起探讨事物的本质和规律，并且要打开思路，进行多角度思维，找寻更多的可能性和创新性观点。世界咖啡馆主持人在说明对话礼仪时要提出一些具体的要求，并希望大家能够在集思广益的基础上形成一致认可和共同赞成的集体智慧结晶。

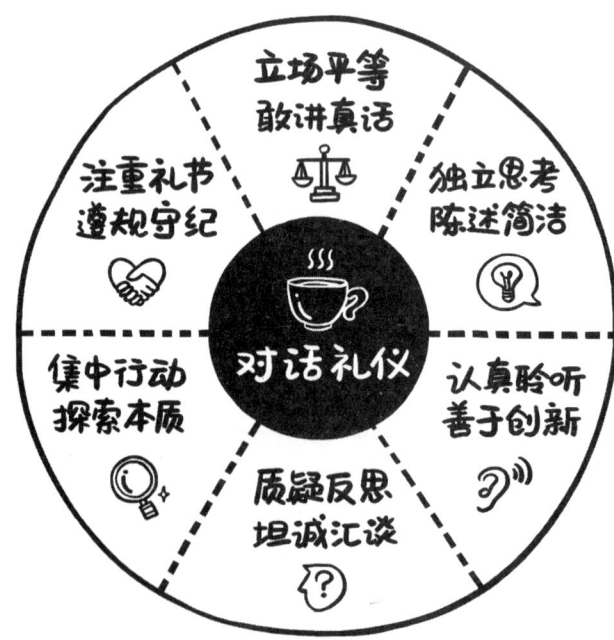

图1-4 世界咖啡馆的对话礼仪

第二节　世界咖啡馆是时代应运而生的产物

一、当前教育培训的形势和特点

随着信息化社会的到来，成人教育培训面临着新情况和新挑战，也具有了新特点。特点是规律的体现，是认识把握规律的基础。认识矛盾的特殊性，是我们认识事物的基础和出发点。

成人教育一般指离开校园参加工作以后的教育。成人教育必须考虑成人的特点，成人在教育培训的过程中主要具备自发、自主、参与、体验、实用等特点。自发是指成人的教育培训要有学习的动机性，成人自己有主动学习的意识和意愿。如果强迫成人学习，成人是学不进去的，也就没有收获。自主是指成人的学习以自我为主导，若对其强行灌输则收效甚微，必须发挥成人的学习主体作用，让其在学习上以自我为主。参与是指成人教育不能一味地讲授知识和"满堂灌"，要让学员参与到教学活动中，这样学员会更加投入。体验就是学习的内容要与学员本人的经验、经历及实际工作相关，让学员能够将学习内容与以往的经验连接起来，激活旧知才能更好地学习新知。实用即学习的内容一定要和工作、生活以及理想、信念、价值观相关，要切实做到理论联系实际，知行合一，坚持实用为第一性原则。

在教练技术里有五项基本原则：第一，人们本来的样子就是不错的；第二，人们内在已拥有成功所需的一切资源；第三，人总是做当下自己能做的最佳选择；第四，每个行为都有其正面意愿；第五，改变是不可避免的。以上原则其实也是教育培训应该切实注意的成人特点。如果老师在备课或者上课时注意这些特点，采用与教练基本原则一致的教学方法和沟通交流方式，无疑能够取得更好的教育培训成效。

在当前的成人教育培训中，受教育的群体已经以1990年以后出生的人为主，这代人成长于网络时代，有着全新的面貌，也对未来有着全新的期望。他们与技术联系非常紧密，其社交呈现出个性化、网络化及多样化的特点。他们擅长解决虚拟问题，擅长在友好与灵活的环境中提出有价值的想法和建议，也乐意为之做出贡献。他们以目标为导向，态度积极，喜欢被人尊重和人人平等的氛围，对团队文化保持开放的态度，勇于拥抱变化，敢于接受挑战，也渴望发展自己。他们在认可和反馈中茁壮成长，希望工作有意义并期望参与实践，希望领导（管理者）能够和他们一起工作，同时也尊重领导者的权威和专业，包括领导者的创造力和创新精神。

参照马斯洛（Maslow）的需求层次理论，对于现在的成人教育主体来说，由于他们的生理安全及其归属需求已经被满足，在进入工作场所后，就想更快地满足自尊与成就的需要。实际上，他们对自我实现的需求无比关注，这甚至成为他们的工作方式。他们力图改变世界，也渴望将注意力集中在实现成就和更高的目标上。可以说，现在青年一代非常有自我意识，注重个人成长和发展，注重发挥自身的潜力和潜能，并且愿意和乐意为组织的发展建言献策，为他人和社会服务。

针对青年一代的教育培训，就必须注重其个性化需求和被尊重的需求。除了组织需求及岗位需要的教育培训外，组织还需要结合青年人的个人成长和发展的需求，创造培养和学习的条件，激发员工潜能，以便于他们更好地成长，进而促进组织发展和社会进步。

二、世界咖啡馆面临的教学培训环境

当我们尝试用世界咖啡馆去教学或开会时，必须考虑当前成人教育培训的环境及特点，充分发挥世界咖啡馆的作用，使其更具有针对性和实效性。

对于老师来说，当前课堂最大的敌人就是手机。在讲授式教学的课堂上，存在手机吸引力和课堂价值吸引力的对抗，如果手机的吸引力在不断地增大，课堂教学就需进行适当的改进。上课时，看到学员不是因为课堂需要而使用手机的情况，老师需要时常反思自己的教学是否缺乏吸引力，需要注重提升教学内容的质量和改进教学方式。在传统的讲授式课堂中，检验老师教学质量可以考察以下三个因素：一是低头看手机的学员人数，二是睡觉或者心不在焉的学员人数，三是频繁出入教室或者一去不回的学员人数。如果将传统的讲授式教学转变为研讨式教学、案例式教学、模拟式教学或体验式教学，以上问题在很大程度上可以得到解决。传统的讲授式教学就是灌输式或填鸭式教学，这也是我们从小到大常常接受的教学方式。现代的成人教育培训若仍旧沿用传统的讲授式教学模式，确实不符合时代发展的要求。因此，我们应大刀阔斧地进行改革和创新，将传统的讲授式教学升格为演讲式讲授，或在其中穿插提问、研讨、案例、模拟等教学手段，当然最好探索和应用其他非讲授式的教学方法。一旦对传统的讲授式教学进行改革，我们就会发现，上课时出现的老师不愿意见到的消极现象会大为减少，这也是我们进行教学方法改革和创新的原因。

掌握教育培训的内在规律对改革教学方法、提升教育培训质量尤为重要。从事教育培训工作，只有掌握规律、遵循规律，才能提升效率和效能，进而达到事半功倍的效果。成人教育培训规律涵盖多方面的内容（比如开放办学、改进培训方式、整合培训资源、优化培训队伍等），而关于改进培训的方式方法，提升教学效果和质量，就有很多道理和规律可以进行探寻。在提升教学效果和质量上，无论作为教育培训管理者还是老师，都需要认识与理解教学培训的五环理论。

五环理论是当前成人教育培训的"五对重要关系"：谁讲比讲什么重要、跟谁一起学比跟谁学重要、形式比内容重要、情感比逻辑重要、控场比控人重要（见图1–5）。

如果一个教育培训管理者或者老师清晰明了"谁、跟谁、形式、情感、控场"这五个元素，那么，课堂的成功就有了基础性保障。

第一个因素是"谁"，作为老师要知道自己是谁，对自己有个清醒的认识，为什么是你而不是其他人来上这门课。

第二个因素是"跟谁"，这些学员是谁？你给谁上课，学员跟谁一起上课？他们的背景如何？这些学员之间的关系是什么？

第三个因素是"形式"，上课的形式是什么？是讲授式，还是研讨式、案例式、模拟式或者体验式？或是自创的、组织安排的混合式教学？

第四个因素是"情感"，你为这堂课倾注了多少情感？你想通过什么情感方式来展现你的教学内容？你准备如何让学员发生改变？

第五个因素是"控场"，你准备如何控制整个上课的场域？你计划如何营造一个良好的学习氛围？为了营造氛围你需要做哪些工作？

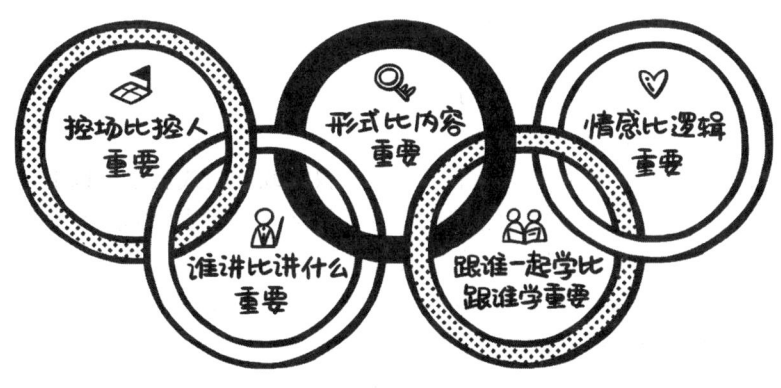

图1–5 课堂教学五环理论

"五对重要关系"如果在实践中得以应用，将会直接地凸显教学的效果。

首先，谁讲比讲什么重要。同样一堂课，领导讲课比一般干部讲课更为重要，专家讲课比一般老师讲课更为重要；一堂业务课，内训师讲课比高校老师讲课更为重要。因此，培训管理者要用心选择授课老师。被选择的老师也应记住，要向学员解释为什么由你来讲这堂课，同时要发挥积极主动性去讲好这堂课。对于很多老师（尤其是兼职老师）来说，讲课只有一次机会，一次课程的失败将会使其失去再次讲课的机会，所以他们更会格外珍惜讲课的机会。

其次，跟谁一起学比跟谁学重要。传统的讲授式教学是单纯的单向信息传输，许多老师根本意识不到这个问题。在课堂上及课余时间，一个培训班的同学从其他学员身上学到的东西远比老师要多。如果一个课堂采用的是案例式教学、研讨式教学、模拟式教学或体验式教学，把学习主动权交还给学员，那么他们的收获将会更加丰硕。学员们往往是同类人或同龄人，从事类似的工作，相互具有吸引力。同时，由于他们各自的知识、经验、经历、背景不同，有些学员还是老师，是讲授知识点方面的专家或行家里手，从这个角度来说，学员一起学习的效果远远大于单方面跟老师学习的效果。最重要的是，学员在一起学习时，他们可以全程全身心地投入到学习中。

再次，形式比内容重要。这里主要指的是上课的方法和形式。讲授式、研讨式、案例式、模拟式以及体验式等教学形式并无优劣之分，只有效果好坏的区别。但教育培训管理者或老师对于上课的形式应该择优选择教学方法，教学方法比教学内容更重要。同样的知识内容，采用不同的教学方法，效果必然不同。研讨、案例、模拟、体验这四种教学研讨方式对老师的要求更高。有专门的科研机构指出，与传统的讲授式教学相比，课堂使用以上所提及的四种教学方式，老师在备课和上课时所用的时间和精力要多 10～20 倍，当然，其教学效果也会好 10 倍以上。

复次，情感比逻辑重要。仅以逻辑和理论展开一堂课，对学员来说可能非常枯燥无味。若想激发课堂活力，呈现最好的课堂效果，老师需要围绕相关的故事或案例展开，而不仅仅依靠论点、论据和论证。情感比逻辑重要，故事在课堂中的重要性体现在能够打动学员的内心，引起共情。成功的课堂，需要打动人心，将各种元素有机融合，让学员按照老师讲的去行动，达到润物无声的育人效果。反之则是失败的。作为老师，要学会用情感上课，情感更容易打动人；要学会讲故事，用故事让学员有所触动。故事可以连接老师的潜意识和学员的潜意识，学员会高度认同老师所授内容，并且容易把老师讲授的道理变成自发自觉的行动。

最后，控场比控人更重要。课堂氛围非常重要，与其通过纪律来约束学员，不如让课堂形成主动学习的氛围和场域。课堂的氛围一旦形成，场面可控，学习效率便会大大提升。世界咖啡馆拥有良好的学习氛围和环境，大家积极互动，时间便在不知不觉中飞快流逝。控场需要注重教室布置、教学设备及道具应用，上课期间让学员们活跃起来，促进生生互动与师生互动，达到真正意义上的教学相长。互动使学习变得更为容易，因为这是学员自发自觉地在学习。

　　教育培训的五环理论是教育培训规律的外在呈现。作为教育培训的管理者或者教师，在设计培训课程、备课或上课时，需遵循这五个重要特点，它会指引正确的方向，从而提升课堂效果和教学质量。

　　五环实际代表课堂的五个主要元素——老师、学员、教学形式、上课方法、课堂氛围。重点强调这五大元素，并非"上课内容"不重要，而是与只顾讲授内容的传统讲授式教学相比，作为教育培训的管理者或者教师，当前更应该注重内容以外的其他元素，积极主动地去进行教学方法的改革创新。只有不断创新，教育培训才会紧跟时代步伐，承担起应有的职责，发挥其应有的作用。

第三节　世界咖啡馆是一种翻转课堂的形式

一、翻转课堂的再定义

　　翻转课堂译自"flipped classroom"或"inverted classroom"。百度百科相关资料显示，翻转课堂是指重新调整课堂内外的时间，将学习的决定权从教师转移给学生。在这种教学模式下的课堂内的宝贵时间里，学员能够主动地专注于基于项目的学习，共同研究解决本地化或全球化的挑战以及其他现实世界面临的问题，从而获得更深层次的理解。这里涉及翻转课堂的主体以及时间安排，主要是针对传统师生和传统课堂的定义。

　　翻转课堂，顾名思义，就是把课堂翻转过来。所翻转的课堂是指传统课堂，即老师讲学生听、偶尔穿插提问的传统教学模式。线上教学无疑是对传统课堂进行了翻转，但翻转课堂绝不应仅限于网络教学。只要是在课堂的讲授内容和形式上与传统课堂有本质的不同，那么就应该都算是翻转课堂。翻转课堂体现为师生角色、课堂形式及讲授内容的翻转三方面，具体阐述如下。

　　首先是师生角色的翻转。与以老师为主、以学生为辅的传统课堂以及填鸭式、灌输式的授课方式不同，翻转课堂是以学生为主、以老师为辅。换句话说，学生是老师，老师是引导员，老师和学生亦师亦友，平等地进行交流和讨论。师生角色互换，达到教学相长、师生相长的课堂，就具备了翻转课堂的特征。

　　其次是课堂形式的翻转。传统的讲授式是老师讲学生听，翻转课堂可以学生讲老师听，或者老师和学生共同讲共同听。在干部教育培训模式中，中组部干部教育局把培训模式分成讲授式、研讨式、案例式、情景式、模拟式五种模式，后四种培训模式无疑是翻转了传统的课堂，它们不同于传统课堂，教室环境的布置、教学道具的应用等都不是传统讲授式的要求。传统讲授式的教学模式也可以实施翻转，如把讲授式教学改为演讲式，并辅之以多种教学方法和手段等。打破传统讲授式模式的教学，就是翻转课堂。

最后是讲授内容的翻转。传统讲授式教学以传授知识和理论为主，而翻转课堂一般以问题为导向，为解决实际问题而设计；或以结果为导向，讲究授课的绩效和结果的运用；还以学生的需求为导向，讲授的内容依据学生的需求而定。无论是以问题、结果为导向，抑或是以需求为导向，不同的导向必然改变授课的内容，并且能够更好地结合实际进行授课，这是翻转课堂的特征之一。此外，在课堂的时间安排方面，有些翻转课堂把需要掌握的知识和理论提前发放给学生学习，课堂时间则侧重项目或问题的解决，这种时间安排上的设计也应该是翻转课堂的特征之一。

一般学习过程有两个阶段：第一阶段是"信息传递"；第二阶段是"吸收内化"。传统讲授模式是信息传递有余而吸收内化不足，老师课堂上传递信息，学员课后自行吸收内化，这对学员特别是成人学员有一定的要求。正所谓"有些人即使知道了很多道理，却依然过不好这一生"，这都是没有吸收内化、知行合一造成的。翻转课堂对学习过程进行了重构，比如信息传递可以在课前进行，也可以通过改变信息传递的形式和内容，结合学员的吸收内化在课堂上实现。在翻转课堂上，信息传递和吸收内化有机结合，学员的参与度更高，学习更加灵活主动。

在互联网时代，学员可以通过网络学习丰富的在线课程，不一定非要到课堂接受老师的讲授。这种互联网教学当然也是一种翻转课堂。基于"互联网＋"的教育培训都是翻转课堂，这是一种更广义的说法。在一些互联网领军企业，学员在内部培训网上可以依据自己的需求选择要培训的内容及师资，与团购类似，只要几十名员工联合报名或者提出希望培训的议题或课题，教育培训部门就会依据学员的需求组织相关课程和任课老师对学员进行培训，这更是一种创新的翻转课堂。

由此可知，我们这里讨论的翻转课堂是广义上的翻转课堂，只要"师生角色、课堂形式、讲授内容"三项中有两项进行了翻转，那么我们说它就是翻转课堂。譬如，有的老师用辩论赛的形式讲授某一课题，用网络游戏的方式讲授某项内容，用七巧板游戏讲授领导与管理课程，用拓展活动开展团队建设，用教练技术设计本专业系列课程，用六顶思考帽法设计科学思维能力课程，用模拟法庭方式讲授法律知识，用微电影开展形象礼仪教学，等等，都是非常具有借鉴意义的翻转课堂教学模式，都可以不断推广并复盘迭代，打造成为翻转课堂形式的精品课程（见图1-6）。

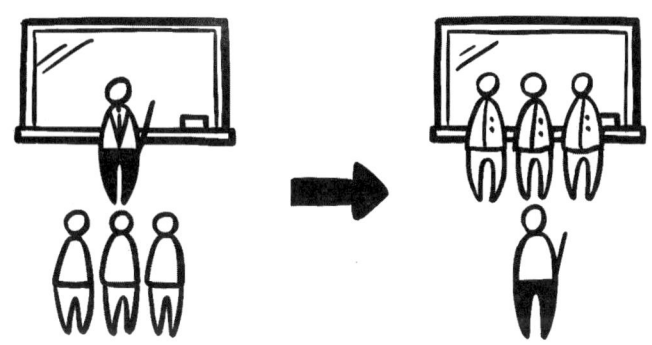

图1-6　作为翻转课堂的世界咖啡馆

二、作为翻转课堂的世界咖啡馆

世界咖啡馆具有翻转课堂的特点。

首先，世界咖啡馆是以学员对话为主的研讨模式，学员是课堂的主角。对话出答案，对话出真知。我们每天都在对话，但很多人不知道对话可以成为上课的形式。对话是我们用来合作思考和协调行动的核心，是用来创造和维持甚至改造我们生活现实的一种方法。平等而公开的对话，是解决共同问题最有效的方法。如果认为讲课也是为了解决问题，那么就可以通过对话这种形式上课。这样，对话也就被重新赋予意义和可能性。对话是一种全身心的交流方式，让人的注意力更加集中。对话可以发掘学员的自我所学知识，并且与其他学员分享所学的成果，在分享过程中也可以创造新知识。对话就是行动，对话可以创造有形的成果，如新的想法；也可以创造无形的成果，如学员之间的信任和尊重等。而上课最重要的不应该只是课程本身，还应该是通过上课给学员带来的行动和效果。从这个角度说，很多时候可以把传统的讲授课改为学员之间的对话模式来进行，并且学员之间可以进行多次交叉对话。显然，世界咖啡馆是以学员对话为主体，是一种创新的上课模式。

其次，世界咖啡馆以学员为主导的发言模式打破了老师"一言堂"的形式。传统的讲授式就是通过整理和梳理，将知识或者信息灌输给学员，这类课程常常忽略学员的接受程度。这种灌输式、填鸭式的讲授有其必要性，但不能保证讲授的效果，学员极易"左耳朵进，右耳朵出"。世界咖啡馆以学员为主体，学员的发言占据了课堂的大部分时间，且课堂要求学员"站着讲"，相应地，老师也是如此。一旦课堂要求站着讲时，对老师备课的时间和精力提出了更高的要求，也意味着老师不能再拘泥于有限的讲义、课件和教材；对于学员来说，大组分享时站着讲，是礼节，也是勇气。学员必须发言，而发言代表的是集体的思想结晶和智慧。学员站着讲，意味着教学不再是老师的单向传输，不仅仅是师生对话，还是生生对话，互为人师，这就打破了固有的传统讲授模式，使得世界咖啡馆变成了翻转课堂。

最后，世界咖啡馆的研讨内容及问题答案是由师生共同产生的。世界咖啡馆一般要求专注于一个非常重要且迫切需要解决的问题。很多时候，参加世界咖啡馆更多地是为了更好地解决问题。现在的成人教育培训原则也提及要"以问题为导向开展教育培训"。每场世界咖啡馆主题活动研讨的过程都是聚焦问题式教学，学员主导着整个研讨主题；老师作为引导员，发挥其专业能力参与问题的解决过程。世界咖啡馆研讨的问题，并不由领导或老师决定，一般由学员自己决定，学员在上课的过程中参与问题的解决。发现真正重要的问题，比解决问题本身重要。我们要如何找到真正重要的问题，找到那些答案尚未揭晓的问题？集体讨论和决策是一条非常好的途径。真正重要的问题能够创造出一种学习型对话，而不是毫无意义的争辩。问题和行动息息相关，真正重要的问题会召唤出前所未有的见地和行动。既然课程学习的目的在于促进人的改变，那么，世界咖啡馆的聚焦问题式的授课方式无疑更能够促进人的改变，并且能取得传统讲授课堂根本无法取得的效果。

世界咖啡馆重在用对话找答案，体现的是集体创造力。世界咖啡馆可以将学员头脑中零散的智慧提炼出来，变成众人认同的结论和方法，从而有利于大家朝着同一个方向集体行动。世界咖啡馆是一个创造的过程，它引导协作对话，分享知识并创造行动的可能性；它还是一种结构化研讨模式，要求针对明确的目标，遵循一定的规则和程序，运用适当的研讨工具，引导团队的研究和讨论活动。

从老师讲授到师生共创，世界咖啡馆不再是传统单向灌输的传道授业模式，而是一种创新的上课模式，具备了翻转课堂所有的特点。世界咖啡馆强调教学相长，更强调学学相长，强调学员学习的自主性和自觉性，强调学习的氛围，强调让学员通过学习发生变化。通过一次世界咖啡馆主题活动，学员往往能在认知、行为、情感以及学员间的关系方面发生改变，这是与以往传统讲授课堂的根本区别。上课是为了有教学效果，为了达到传习一致与知行合一，从这个角度说，世界咖啡馆作为翻转课堂的一种新形式，翻出了一片新天地。

【相关知识链接】

世界咖啡馆开场游戏

在世界咖啡馆教学的开场环节，往往会播放一段视频或者做一个暖场游戏。

视频或游戏的主要目的是让大家迅速熟络起来，为下一步开展世界咖啡馆主题活动打好基础，做好铺垫。如果播放视频，则要求视频内容与世界咖啡馆本身有关。

暖场游戏其实是一个快速的高效团建活动。如果是游戏或者活动，除了要能达到暖场和破冰的目的，更多的是让大家迅速建立起紧密连接，尽快成为相互信任的团队。

团队是许多成功因素中不可或缺的基石，团队运作与共同合作是工作高效率完成的主因。相互深度信任的团队有以下三个优点：①可广泛采纳团队成员的意见；②可更妥善运用团队成员及领导者的时间；③可增进个人、团队及组织的产能与满足感。

深度信任的团队可充分利用和分享各自的资源，团队成员之间能划清界限，有自由并能对自己的行动负责，能应用自我管理技巧做出决定，并取得最大化的成功。高效且相互信任的团队还能够增强自我创造力，提升自我满足感，培养团队的荣誉感，更能达到理想、卓越的研讨和行动成果。

我们在世界咖啡馆开场时常使用五个游戏，分别是微信头像故事游戏、四个真相游戏、"3＋X"自我介绍游戏、看图说话游戏、第一印象游戏。

1. 微信头像故事游戏

上课开始时，主持人先自我介绍。准备开始讨论之前，学员分组坐好，各自拿起手机，每一组各建一个微信群。建群完毕后，每个人打开自己的微信头像进行自我介绍，并且告诉同组人员使用这个头像的原因、背景及故事。说故事的同时，学员要接受大家的询问。每人轮流讲述自己的故事，用时 1 ～ 2 分钟，这个开场游戏 5 ～ 6 分钟就可以结束。这个游戏往往可以勾起大家很多美好的回忆，让大家迅速达到彼此认识和熟络的目的（见图 1 - 7）。

① 每人拿出手机添加同伴微信，小组建微信群；
② 打开自己的微信头像；
③ 每人用1分钟分享自己头像的故事；
④ 回答同伴提问并讲述为什么用这个头像。

图1-7 微信头像故事游戏

2. 四个真相游戏

四个真相游戏是欧美国家进行研讨、会议或教学时经常使用的一个游戏，游戏用时5～6分钟。在做游戏前，分发给每个人一张A4纸。A4纸上可以列有规定的空格和表格，空格上标有"1、2、3、4"四个数字，要求填有关自己的四个"事实"；空格下列还有表格，要求学员在其他人做自我介绍时，在表格上写出对方组员的名字，并且写出他的特征。当然，A4纸也可以单纯就是一张白纸，在白纸上也可以填写相应信息。这个游戏要求事前每个人在这张纸上写出4个有关自己的信息，但是其中一项是假的。比如说下列这四个问题："我今年多大？我出生在什么地方？我的爱好是什么？我从哪里毕业？"在这四项信息中，有一项信息要故意写错，轮到自己做自我介绍时，让同组成员猜哪项信息是错的，以此类推，每个人介绍自己时重复此步骤。这种带有挑战性和好奇心的别出心裁的设计能够更好地达到向他人介绍自己和加深彼此认识的目的。同组的人常常会发现，虽然有些人认识多年，但知之甚少。随着了解的深入，我们会发现双方的信任水平得到迅速提升，越信任就越容易沟通。

3. "3＋X"自我介绍游戏

这个游戏常在世界咖啡馆小组研讨换桌时使用，因为此时是需要认识其他桌的新人的时候。"3＋X"自我介绍游戏中，"3"指的是学员要说出关于自己的三个基本事实，"X"是指除非学员自己亲口说否则别人是不会知道的秘密。当每个学员做自我介绍的时候，按规定，要说出自己的三个基本事实，比如"我叫什么，我在哪儿工作，我的工作岗位是什么"。除了学员本人的姓名、工作单位和工作岗位，关于第4个选项"X"，学员可以任意说出一个关于自己的鲜为人知的事实，比如"我出生在什么地方，我毕业于哪所大学，我的家庭情况怎么样"等信息。"3＋X"自我介绍游戏开始时，世界咖啡馆主持人最好是让每组的学员手挽手，形成一个自然的圈；学员也可以将手臂在胸前相互交叉，左手握着右边人的右手，右手握着左边人的左手，这样大家就形成了一个身体相对紧密接触的圆，如此，大家的身体语言便会发挥作用，因为身体的接触会让大家迅速建立彼此的连接。学员围成一圈，同时做自我介绍且不松手，等介绍完毕后再各自坐回座位上。"3＋X"自我介绍游戏在3分钟内就可以完成，能迅速让大家熟悉起来，适合快速进行自我介绍的场景。

4. 看图说话游戏

如果世界咖啡馆主持人是首次为新学员主持课程，需要向学员介绍自己，那么主持人可以在研讨之前，先提供一张自己的正装职业照片或生活照片，照片旁边附上自己的个人简介。比如一位主持人有一对龙凤胎的子女，在进行自我介绍时，她会展示他们的照片，这样就给人留下了深刻的印象。主持人进行自我介绍后，如果班里的学员本来已经相互了解或熟悉，那么接下来就是请各小组的成员拿出手机，通过手机小组建群，然后从手机照片库里挑选出一张最近一个月自己感觉满意的照片，并告诉其他同学当时拍摄这张照片的原因、拍照时的背景和感觉，通过看图讲故事的方式可以迅速让小组同学熟络起来。

5. 第一印象游戏

第一印象非常重要。在开场学员做自我介绍时，各研讨小组可以做第一印象游戏。游戏分成四个步骤：第一步，学员轮流介绍自己的姓名和进行自我评价（3～5个词语）；第二步，学员轮流说出自己与他人刚认识时或这几天彼此交流后对他人的第一印象（1～3个词语）；第三步，学员轮流说出最高兴听到的他人对自己的评语（1～2个词语）；第四步，学员每人选择一个自己喜欢的评语（或人名），在小组中投票表决，从而得出一个令人印象深刻的评语（或人名）。整个游戏5～6分钟即可完成。心理学中有"首因效应"，我们很可能因为对方给人留有良好的第一印象而认为此人不错，并且这一印象日后很难改变。当我们适当表露自己的个人信息或更多的私人秘密时，可以和对方迅速建立起深度信任的关系，这有利于小组的团队合作和建设，为接下来的小组集体研讨打好基础。

上面的游戏已经多次实践，简单且实用，特别适用于世界咖啡馆的开场时或重新分组，也可以用于其他的教学形式中。当然，游戏形式要依据课程设计、学员状况及现场需要而定，如果学员彼此熟悉，也可以跳过这一环节直接进入研讨主题。

第二章 世界咖啡馆深层逻辑架构解析

●教学目标和需求分析
●课程设计和问题设置
●作业布置和教具应用
●教学环境和场地要求
●研讨框架和流程类比
●教学原理和底层逻辑

任何事物的运行都有其底层逻辑。本章对世界咖啡馆的深层逻辑架构进行了剖析，按照世界咖啡馆的流程和规则，详细剖析了教学目标和需求分析、课程设计和问题设置、作业布置和教具应用等，并按照教育学、心理学、逻辑学、管理学、社会学等的主要思维规律和思维模型，借鉴各学科的主流观点和理论，对世界咖啡馆的内在机理和逻辑脉络进行了深度解析和阐释。

第一节　世界咖啡馆的教学目标和需求分析

要想达到教学目标，世界咖啡馆就需要按照成人教育培训的规律促使人改变。世界咖啡馆需要遵循按需施教和因材施教的规律，从组织和学员两个维度来考虑教学的需求。世界咖啡馆首先要满足组织需求，组织需求体现在战略、任务、问题、知识和教学五个方面；学员需求要和组织需求保持一致性。教学目标在学员层面主要体现为经过世界咖啡馆教学后学员的行为和绩效表现有所改变。世界咖啡馆教学需要坚持目标导向、问题导向和实效导向。行动学习、知行合一、实践第一是世界咖啡馆的内在品格。

一、世界咖啡馆的教学目标

（一）世界咖啡馆能解决什么问题

世界咖啡馆能解决什么问题？在特定的背景和框架下，在和培训需求单位充分沟通协商的前提下，在进行培训需求调研和分析的基础上，可以说，世界咖啡馆能够解决大部分的问题。

世界咖啡馆是一种研讨式教学方法，其课程设计框架同样需要遵循按需施教和因材施教的教育培训规律。按需施教是指按培训需求单位提出的具体教学需求进行有针对性的教育培训，这里的"需"往往指组织需求。组织需求是指培训需求单位根据形势、任务的变化，有对学员进行理想信念、职业规范、方法工具和知识技能等方面培训的需求。培训实施单位（世界咖啡馆主持人）在充分考虑组织需求的基础上，还要依据岗位需求和个人需求做好调研分析。根据工作性质，我们可以将岗位需求归并到组织需求中去。而个人需求通常是指个人素质和能力水平通过学习得到提升的需求，个人需求可以用教学目标分类方法去测量和评估。个人需求目标和组织需求目标需要一致，否则会影响教学目标和教学效果。

世界咖啡馆是一种研讨式教学方法，而教学内容才是组织需求得以实现的关键。教学方法是教学上课的形式，当组织需求通过世界咖啡馆的教学形式去实现时，只要培训需求单位和培训实施单位（世界咖啡馆主持人）进行充分协商沟通，就会发现，多数培训内容只要适当加以调整就可以通过世界咖啡馆实施。

（二）哪些培训内容能使用世界咖啡馆形式

具体哪些培训内容可以使用世界咖啡馆的研讨教学模式呢？总结长期的实践经验，我们发现，培训需求单位提出的培训内容主要集中在以下六个方面。

1．问题

通过研讨式教学，我们希望解决什么问题？是易解问题还是抗解问题，是开放式问题还是封闭式问题，是理论问题还是实践问题？这些都是需要提前进行研究的。问题是现状和目标之间的差距，问题的解决过程就是"发现问题—分析问题—解决问题"的周而复始的过程。世界咖啡馆最常用于对问题的讨论，包括对问题产生的原因的分析，关于解决问题的建议和意见，解决问题的方法、步骤和措施，等等。

2．任务（项目）

有时我们需要完成一个培训任务或项目，如制订活动方案、修改制度、研讨具体工作任务的实施步骤等。这些以任务或项目为内容的培训也可以采用世界咖啡馆的形式进行。

3．愿景（战略）

人的思维分为立足现状和面向未来两类，思维方式相对地可分为解决问题和追求卓越两类。当然，针对不同的情况，有时需要追求卓越，有时需要解决问题。解决问题主要是依靠"依据形势—立足现状—分析原因—寻找对策"这个最常用的思维方式。而谈论和规划组织愿景或战略以及个体梦想或目标则是面向未来的内容，需要追求卓越的思维。面向未来的问题往往是具备宏观性、前瞻性或基础性的战略问题。

4．知识（信息）

在传统的教育培训中，培训需求往往局限于信息的获取和知识的掌握等方面，采用讲授式的教学方法，上课以老师为中心，而不是以学员为中心。如果世界咖啡馆将传授知识类型的培训课程设计得当，取得的效果会比传统讲授式培训更好。世界咖啡馆教学是以学员为中心，学员自己会积极主动地投入学习中。

5．复盘（总结）

世界咖啡馆主题活动结束后，我们常常会进行复盘总结。大型活动或项目完成后，包括培训班结束后，我们可以通过世界咖啡馆进行复盘总结、查找不足、弥补差距、总结经验、温故知新。复盘总结时，我们可以通过萃取核心经验的方法，对个人或项目任务本身成功或失败的经验进行萃取，最后形成制度、建议或意见等，作为教学成果供后续使用。

6. 教学

培训需求单位有时对培训内容不做具体要求，只要求以世界咖啡馆的形式上课。比如，培训需求单位有时仅仅是因为听说世界咖啡馆不错，或因为培训管理机构要求多样化的教学方法从而选择了世界咖啡馆；有时是因为了解并清楚世界咖啡馆上课研讨的实效，从而积极要求使用世界咖啡馆课程形式来丰富教学内容。

上述关于世界咖啡馆应用的六个方面的研讨内容，在实际操作中常有交叉，比方说教学有时侧重的是教育培训管理，解决问题有时也包括面向未来的问题，制定未来发展规划也是解决问题，任务或项目有时也会以问题的形式出现，等等。我们以一个例子来说明上面的分类。比如，在干部教育培训工作中，当我们讨论"学习资源建设"课题时，可以思考以下六个问题，并将其与世界咖啡馆应用的六个方面的研讨内容对号入座，分别进行归类。

（1）请研讨并制定一个学习资源的建设管理办法。

（2）如何打造学习资源建设的良性运行机制？

（3）请研讨当前学习资源建设存在的问题及对策。

（4）请理解掌握学习资源建设的主要内容及实施措施。

（5）学习资源建设的方法和途径有哪些？

（6）学习资源建设有哪些值得借鉴的经验和建议？

上述六个问题，第一个问题侧重于"任务（项目）"类，第二个问题侧重于"愿景（战略）"类，第三个问题侧重于"问题"类，第四个问题侧重于"知识（信息）"类，第五个问题侧重于"教学"类，第六个问题侧重于"复盘（总结）"类。当然，第五个和第六个问题也都可以归为"问题"类。

（三）世界咖啡馆的教学目标是什么

世界咖啡馆如果满足了培训需求单位的培训需求，即组织需求，可以说，世界咖啡馆也就基本完成了教学目标。但教学目标除组织需求外，还包括学员的个人需求。个人需求的满足表现为个人能力素质通过教学和学习得到了提升。个人需求的具体内容和标准可以以布卢姆的教学目标分类理论作为参考。

在《布卢姆教育目标分类学：分类学视野下的学与教及其测评（完整版）》[*A Taxonomy for Learning，Teaching，and Assessing：A Revision of Bloom's Taxonomy of Educational Objectives（Complete Edition）*] 一书中，布卢姆提到，教学目标是学生经过学习之后所能达到的行为表现。他还提出了逐步递进的台阶型分类框架，从下到上分别为"了解、理解、应用、分析、综合、评价"六个层次。"了解"就是了解各种知识；"理解"就是能够对知识进行转化、解释和推理；"应用"是指对知识的运用；"分析"包括对要素、关系和原理的分析；"综合"是指能够制订计划或者操作，并形成进一步的抽象关系；"评价"是指通过内部或者外部的证据或逻辑进行判断的能力。

在《教育目标的新分类学（第 2 版）》［*The New Taxonomy of Educational Objectives（Second Edition）*］中，罗伯特·J. 马扎诺（Robert J. Marzano）在布卢姆分类学说的基础上，综合心理学的最新研究成果，认为人的学习过程包括了三个主要的系统：自我系统、元认知系统和认知系统。学生在面对新的学习任务时，首先需确定的是学习动机问题，由自我系统来判断任务的意义并据此决定投入的程度；学生在投入学习后，会以原来建立起来的元认知系统决定学习的目标、方式和策略；学生也会运用认知系统中储存的具体认知技能去经历认知过程并完成学习任务。认知系统主要包括信息提取（记忆）、理解、分析、知识应用四个方面的内容，此认知系统的内容和布卢姆的教学目标分类框架相近。马扎诺的三个系统涵盖了学校教学所要达到目标的方方面面；任何一个具体的目标，都可以在马扎诺的三个系统框架中找到相应的内容。

如何利用布卢姆和马扎诺的学说来评估和评判学员在世界咖啡馆教学中的行为表现和能力？作为研讨式教学，学员的学习行为固然重要，其学习结果则更加重要。学员在世界咖啡馆教学中通过小组或大组的发言，可以检测学习和认知水平，也能够检测语言表达和思维能力，这是综合考量个人需求和个人素质的教学方法。学习结果体现在学员发言的内容上，内容是否言之有物，是否找到了经过严密推理的科学的答案，是否对实际工作具有实效从而满足了组织需求，这都是可以直接评估和检验的。世界咖啡馆能够具体检验是否满足组织需求和个人需求，是区别于传统讲授式教学的教学模式。

在研讨式教学中，布卢姆的"了解、理解、应用、分析、综合、评价"六个层次是融合在一起的，世界咖啡馆教学更是包含了这六类教学目标。马扎诺的三个系统也是整体包含在研讨式教学当中的。利用六个层次或三个系统去具体衡量在实际培训工作中的研讨式教学成果要花费很大的功夫，但学员在研讨式教学中的行为表现也的确能反映出六个层次和三个系统所包含的各项教学目标等内容。

"现代课程理论之父"拉尔夫·W. 泰勒（Ralph W. Tyler）认为，课程目标是课程的灵魂，确定课程目标是课程开发的起点。课程目标以需求为导向，课程开发的所有后续过程都决定于预定的课程目标；课程开发的首要任务是筛选、确立课程目标，并据此演化出课程内容，选择相应的课程评价方式。课程的运作过程就是以课程目标为标准，选择课程内容，实施课程教学，开展课程评价。泰勒按教育和学习内容将学习经验分成四类，分别是培养思维技能、获取信息、培养社会态度以及培养兴趣。如何学到以上四类内容？泰勒认为主要应该通过学习体验来获取学习经验。学习是通过学习者自身的经历而发生的，也就是说，学习是学习者身处于一定的环境而产生特定的反应进而发生的，这就是学习体验。很多学习体验可被用来实现一项特定目标，同一体验又常常能用来达成数项目标。

真正的教育目标并不是要教师从事某些活动，而是让学生的行为模式发生显著的改变。一项目标包括行为和内容两个维度，我们可以借助二维表格简明清晰地表述目标。以下是基于泰勒对学习内容的划分和马扎诺关于学员行为发生变化的六个方面这两个维度，画出的世界咖啡馆教学目标二维表（见表2-1）。

表2-1　世界咖啡馆教学目标二维表

内容	行为					
	记忆	理解	分析	应用	元认知系统	自我系统
态度/价值						
思维/技能						
知识/信息						

世界咖啡馆教学是一项结构严谨、逻辑严密的研讨活动，每个学员在活动中的学习体验和收获各不相同。整场世界咖啡馆主题活动，每个学员的学习内容可概括为态度（价值）、思维（技能）、知识（信息）三大类；如果学员通过活动使其自身行为发生了改变，会体现在马扎诺的六个行为方面。学习活动中，每个人的收获不一，但收获的大小并没有公认的评判标准，行为发生改变的六个方面也没有先后顺序和高低之分。

（四）教学目标是送给学员的"礼物"

每场世界咖啡馆主题活动都会送给组织和学员"礼物"。世界咖啡馆的"礼物"是什么？就是每场世界咖啡馆主题活动想要达到的教学目标，也就是最终需要满足的组织需求和个人需求。教学目标达到了，"礼物"就送出去了。世界咖啡馆能够满足组织需求和个人需求。个人需求的满足通过学员学习时的行为表现得以体现；组织需求和个人需求相统一，个人需求的达成通常意味着组织需求的实现。

明确教学目标有助于确定如何组织安排教学。教学目标得以实现的关键在于课程设计的框架，而课程设计的框架首先要关注课程聚焦的内容。聚焦知识的重点是介绍和获取知识，随后再不断扩展和延伸；聚焦问题可以从对问题的强调角度来达成；聚焦教学应该以学员探究和自我分析为重点；聚焦任务则使研讨主题以任务或项目的方式出现；聚焦未来是以追求卓越为目的共谋愿景或战略。长期的实践经验表明，在不同情景、不同教学背景下聚焦不同的内容和主题，对不同的学员来说都是有效的。前提是世界咖啡馆的主持人要做好需求分析，特别是组织需求分析。

开办世界咖啡馆要坚持以目标为导向、以问题为导向、以实效为导向。目标导向即明确每场世界咖啡馆主题活动的教学目标；问题导向即对每场世界咖啡馆主题活动所研讨的主题进行调研和充分准备；实效导向即注重解决问题和找到正确答案，研讨要高效，注重结果及其应用。

世界咖啡馆注重实践，重在理论联系实际，重在解决问题而不是解答问题，讨论的都是组织希望讨论的主题，绝非为了讨论而讨论。世界咖啡馆在聚焦主题的同时能通过深入研讨找到答案，可以针对现实又可以面向未来，是一场头脑风暴和智慧交融的思想盛宴。每一场世界咖啡馆主题活动都是一次微行动学习，行动学习、知行合一、实践第一是其内在品格。

（五）世界咖啡馆课程引发的学员行为改变标准

世界咖啡馆研讨流程一般分为"主持人开场介绍规则—三轮小组汇谈—大组分享—主持人或引导员点评"四个环节。在小组汇谈环节，要求每个学员必须发言；在大组分享环节，每个小组选出一名代表，代表上台就小组汇谈的成果进行发言，此时的发言内容已经是集体智慧的结晶，同时能反映出发言人的素质和能力。

学员在小组汇谈环节解释或回答问题时，会表现出可以观察到的认知反应水平。如果从逻辑一致性和收敛（获得答案）的维度以及从单一要素和多元要素的维度来对学员的表现进行分类，学员的发言水平和表现出来的素质能力可以分成五种类型：①不知所云型；②单一武断型；③天女散花型；④逻辑自洽型；⑤多元思维型。下面具体解释其含义。

1. 不知所云型

学员回答问题混乱，有的拒绝回答问题或沉默不语，有的同义反复，有的说话毫无条理，有的还未理解问题就草率作答。

2. 单一武断型

学员只能围绕单个素材解决问题，逻辑上没有一致性，回答片面，考虑不够周全，东一榔头，西一棒子，表现草率或者不够严谨。

3. 天女散花型

学员能联系多个有限的、孤立的素材解决问题，力图做到思维上的一致性，但只注意到孤立的素材而直接得出结论，从而使解答不完整。

4. 逻辑自洽型

学员能够在设定的情景和经验范围内利用相关的知识进行概括，可以利用问题线索、相关素材及其相互关系解决问题，在逻辑一致性方面不存在问题。但因为只是在一个路径上解答问题，在系统外可能就会出现不一致的问题。

5. 多元思维型

学员能够利用问题线索、相关素材及其相互关系解决问题，论点、论证、论据符合框架结构，推理严密，有逻辑一致性，能够按照不同思维模型解答问题，相信结论开放，允许存在多种在逻辑上相容的解答。

（六）大组分享环节学员的行为表现评估

世界咖啡馆的大组分享环节是经过小组多轮发言后形成思想成果的阶段。此时，发言人代表本小组在全体学员面前发言，其发言内容综合了其他组员的思想和智慧，相对来说更加丰满，逻辑一致性往往已不是问题。当然，小组汇谈的研讨成果的展现水平也与发言人自身的表达能力高低有关。这时，世界咖啡馆关于发言人的个人素质和能力的评价标准也有五条。

1. 内容翔实性

研讨成果的发言稿观点明确，论证充分，论据真实。

2. 逻辑一致性

研讨成果的归纳分析令人信服，演绎符合逻辑，推导符合规则和标准。

3. 实践可行性

研讨成果的结论具有可行性，理论联系实际，对工作有借鉴意义。

4. 形式创新性

研讨成果的发言稿由小组集体创造，能够将图画和文字有机地结合起来，使发言人的发言内容呈现出亮点。

5. 表达充分性

发言人的个人形象是否优美，言谈举止是否得体，语言是否简练，口齿是否清晰。

当然，个人素质和能力不会仅通过一场世界咖啡馆主题活动就获得大幅度提升，但因为教学规则和在众人面前发言的压力，学员往往在思想信念上有所转变，变得更加自信和外向，能够积极主动发言，临场发挥自如，这都意味着学员的能力和素质有了进步和提高。很多发言的同学都表示，以往鲜有机会当众发言，会有些胆怯，但自己代表的是所在的小组团队，有小组成员的支持和鼓励，也就勇敢地站出来发言了。这也是世界咖啡馆的流程设置带给小组和团队的力量。在世界咖啡馆活动中，不仅个人需求得到了相应的满足，而且团队共创和智慧汲取的目标也得到了实现。同时，通过几轮研讨，学员之间的感情和友情也必然加深，为以后的工作奠定了更加扎实的信任基础。世界咖啡馆不仅完成了想要达到的教学目标，也产生了很好的为学员和组织所认可的意想不到的教学效果。

二、世界咖啡馆的需求分析

世界咖啡馆的成功举办需要遵循教育培训的基本规律。成人教育培训要做到按需施教，这是成人教育培训的基本规律。做任何工作，都要努力把握其内在规律，这样才能高质高效地完成工作。

我们要区分规律和基本规律，也要区分规律的外延和内涵，同时还要区分规律所涉及的关系和规律本身各要素之间的关系，这样才能辨清规律概念，廓清认识。

规律是指事物之间内在的、本质的、必然的联系，它具有普遍形式，决定着事物发展的趋向。研究规律、认识规律、把握规律，始于总结实践经验，从实践中提取出经验，上升为规律和理论，进而把规律和理论应用到实践中去，就完成了从感性认识到理性认识、从理性认识又回到实践的"两次飞跃"。从实践中总结出规律并且将其应用到实践中去，需要一定的方法和途径。

（一）按需施教在实践中的现实表现及其经验

按需施教的"需"关系到教育培训的每个主体。一个培训项目或者任务能否得到实施和完成，主要涉及四个主体：学员、学员所在单位、教育培训管理部门及施教机构。按需施教的主要落实主体通常是教育培训管理部门和施教机构，干部教育培训中分级分类的特点也是按需施教的体现。

在成人教育培训的实际工作中，我们该如何进行按需施教？普遍存在且行之有效的方式是"菜单式"的供需服务。如果把培训的课程表比喻成菜单，那么，一般施教机构都会提供"菜单式"服务。无论是主体班次还是业务班次，如果教育培训管理部门或业务部门已将课程安排妥当，那么施教机构根据需要提出调整的意见或建议然后实施即可；如果教育培训管理部门或业务部门委托施教机构安排课程，那么就以施教机构为主来落实按需施教的职责。大多数情况下，教育培训管理部门或业务部门确定部分课程，剩余课程由施教机构协商安排，最后形成各方认可的项目计划并加以落实。

实际工作中的"菜单式"供需服务，能够基本满足按需施教的要求。"需"的具体内容，需要学员、学员所在单位、教育培训管理部门或业务部门、施教机构等供需主体共同沟通协商，确保是真正的"需"，确保"干什么，训什么；缺什么，补什么"，确保针对性和实效性，并无好坏优劣之分。

"菜单式"的供需内容确定以后，接下来是按照培训项目管理办法实施培训项目。这里主要涉及三方面的内容：一是前期进行调研，确保需求清晰、明确、具体；二是制定课程表并实施，以满足需求；三是在培训项目实施的前、中、后期进行评估，以确保培训效果。培训项目管理也是确保培训具有针对性和实效性的有效手段和办法。

（二）按需施教在理论上约定俗成的定义及其含义

按需施教是成人教育培训的基本规律和基本原则。成人教育培训要解决好供需问题，"需"包括组织需求、岗位需求和个人需求（见图2-1）。需求是不断发展变化的，而培训供给往往容易滞后。学习者对多样化、高质量的培训的需求与优质培训资源不足，是当今成人教育培训面临的突出矛盾。解决这个问题，必须依据形势，不断转变培训理念，深入推进改革创新，改进培训方式，整合培训资源，加强培训队伍建设，创新培训管理，破除体制机制的障碍，不断提升成人教育培训的质量。

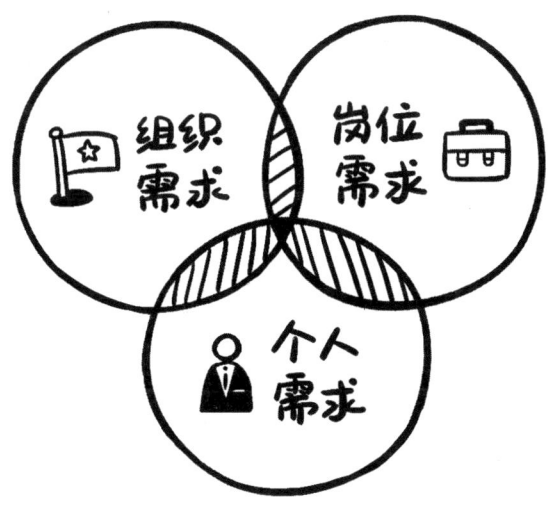

图2-1　培训需求分析

如何在具体工作中落实按需施教？一般情况下，每次培训必须提前进行调研以了解真正的"需"。调研的方法主要包括查阅文件材料、问卷调查法、个别访谈法、座谈会以及量表法等。在实际工作中，有时需要几种调研方法并用，也需要在调研的过程中反复沟通。按需施教贯穿培训的整个过程，培训前必须对培训需求进行调研，培训中通过调研可以及时调整课程安排，培训后调研可以较为深入客观地评估教学结果。当然，现实的情况是：成人教育培训往往在个别访谈（或座谈会）后进行项目设计，在与培训管理部门（专家）和相关领导沟通协商后再确定课程安排。

（三）按需施教在逻辑方法上的反映和结论

在具体培训项目的实施过程中，成人教育培训涉及三方面的需求，课前调研取组织需求、岗位需求、个人需求三方面相互重叠的部分需求。如果把三个需求看成是三个圆，那么交叉重叠的部分应是培训需要实施的需求。培训资源有限，时间、地点和参训人员也都有限制，而培训需求、岗位需求和个人需求无限，甚至无边无沿，这就要求在培训项目实施前的调研阶段，必须着手于三个圆交叉重叠的部分进行选择取舍。

在组织需求、岗位需求、个人需求三类需求中，以组织需求为主。现在普遍的观点认为，岗位需求也是组织进行安排和设计的，岗位需求可以从属于组织需求从而和组织需求合并。此时，三类需求变为组织需求和个人需求。在实施培训项目时，如果能够满足组织需求和个人需求的交叉重叠部分，那么我们就认为是满足了组织需求。

组织需求和个人需求既有相同之处，也有不同之处。组织需求通过个人需求的实现而得到实现，个人需求因组织需求的满足而得到满足。组织需求和个人需求的交叉重叠部分，也有一个侧重和定性的问题。如果仅考虑交叉重叠部分的组织需求，那么由于缺少个人需求，培训就会缺乏弹性，使得培训效果大打折扣；如果侧重于交叉重叠部分的个人需求，那么组织需求就无法得到充分的满足，没有体现组织需求为主导的培训原则。据此我们认为，成人教育培训的原理或者说成人教育培训的哲学就是组织需求和个人需求之间的平衡。我们在教育培训工作中需要不断地在组织需求和个人需求之间寻找一种平衡，进而实现培训效果的最大化。

调研清楚需求以后，下一步就是确立教学目标。真正的教学目标并不是要教师从事某些活动，而是让学生的行为模式发生显著的改变。教学目标要具体化、标准化，要有连贯性、可行性和可达性。组织需求侧重的是具体的培训内容，在干部教育培训中，主要体现为"态度、情感、价值，思维、方法、工具，信息、知识、技能"三个方面。当认识到组织需求和个人需求互动平衡的原理以后，我们可以继续用一个矩阵表来描述如何满足组织需求和个人需求，组织需求侧重于培训的内容，个人需求侧重于学员的变化（见表2-2）。学员行为改变的维度可以采用美国教育学家布卢姆和马扎诺的分类标准。

表2-2　干部教育培训教学目标测评

组织需求		个人需求（目标的学员改变方面）		
		态度	认知	行为
目标的 内容 方面	态度、感情、价值			
	思维、方法、工具			
	信息、知识、技能			

如果要让学员在学习中发生改变，并在组织需求和个人需求之间求得平衡，就必须注重教育目标和教学方法。教育目标和教学目标不同，教育目标是在开展组织需求和个人需求调研之前就需要明确的原则和宗旨；教学目标是在组织需求和个人需求被调研清楚后确立的具体的可行性目标和内容。教育目标就是要满足组织需求，同时注重组织需求和个人需求之间的平衡，并且按需施教，是干部教育培训的初心；教学方法则是教育培训管理者和老师需要注重的、实现按需施教的工具和途径。"近代教育学之父"扬·阿姆斯·夸美纽斯（Johann Amos Comenius）被推崇为教育学上的哥白尼。他非常注重教学方法，认为教育的力量十分巨大，"教育办得不好的原因是教学方法不好，不是人的智力不够，也不是学科太难"。虽然此句夸大了教学方法的作用，但不可否认的是，进行教学方法改革，创新教学方法应用，也是落实组织需求和个人需求、实现教育目标的一个关键环节。

从实践经验的论述中，我们知道当下的成人教育培训现状是"项目管理＋菜单式供需关系"；从理论认知中，我们知道成人教育培训按需施教的途径是在组织需求和个人需求之间寻找一种平衡；从思维模式和逻辑框架上，我们知道如果能够很好地落实组织需求和个人需求的矩阵表，就能够实现教育目标，这也是成人教育培训的初心。成人教育培训的初心更为具体的表述就是要实现组织发展和个人成长，在组织需求和个人需求之间寻找平衡，这也是按需施教的原理和哲学。

（四）按需施教的需求调研方法

《非暴力沟通》（*Nonviolent Communication*）的作者马歇尔·B. 卢森堡

（Marshall B. Rosenberg）认为："无论人们是做还是不做某件事，都在试图满足某种内在的需要。"沟通中有一个冰山理论，冰山是一个隐喻，指一个人的"自我"就像一座冰山一样，我们能看到的只是表面很少的一部分行为，而更大的一部分内在世界藏在更深层次的地方，不为人所见，恰如冰山。人的"自我"包括行为、应对方式、感受、观点、期待、渴望、自我七个层次。也就是说，在日常行为之下，在水面下的冰山部分，隐藏着我们看不见的需求。

按照冰山理论，作为教师，要能够满足各方面的需求，但因为各方面的需求太多，在有限的时间内，特别是半天或一天的课程时间内，无法满足更多的需求，只能取一个公约数，从而保证自己上课的效率和效果。按照《干部教育培训工作条例》的要求，教师要满足组织需求、岗位需求和学员个人需求三方面的需求，就需要通过调研寻找这三方面的交集，从而更好地进行课程设计和授课。

课程需求主要由组织和学员构成。在老师进行课程设计前，通过调研了解培训需求单位、施教机构和学员本身的需求都非常重要，虽然不可能满足所有需求，但一定能找到需求的交集，从而进行选择。而关于岗位的需求，结合自己的特长，需要选取专业性、前沿性和新颖性交织的部分内容进行讲解。行政机关的课程往往给老师授课的时间是半天。在这半天时间里，授课老师讲授的内容应该尽可能"小题大作"，做到"小、实、专、新"。"小"就是讲授的内容力求精而少；"实"就是和实际工作相关，符合实际要求；"专"就是专业和科学；"新"就是新颖和符合新形势的要求。

1. 课前了解需求

授课老师如何调查了解组织和学员的需求呢？授课老师在接到任务后，首先要在脑中跳出一个"Why—How—What"结构出来，就是要想到三个问题：为什么是由你来实施课程？你如何实施课程？你实施什么样的课程？由此，老师要考虑的三个问题是：课程目标和课程定位是什么？采用什么样的教学方式和方法？如何进行教学内容的选择和教学资源的使用？

考虑清楚"Why—How—What"这三个问题后，再去考虑课程的内容。这时就要深入调研，考察了解各方面的需求，把了解后的需求和这三个问题相对应，最后确定具体实施的课程内容。

需求调研主要有六种方式，分别为问卷调查、电话访谈、个人深度访谈、座谈会、微信调查、其他形式的沟通了解。

（1）问卷调查。问卷调查分成课前的问卷调查和课中的问卷调查。为了准确了解组织和学员的需求，很多老师会在课程设计前做一份问卷，调查了解组织和学员的真实需求，从而进行有针对性的教学。在上课时，可以发放调查问卷，这是依据上课内容而进行的教学设计，是一种教学方法和手段。现在基本不再采用手工发放纸质版问卷的方式，而是采用电子邮件或手机功能问卷等方式发放调查问卷，并且可以实现样本全覆盖，这是一种更为方便快捷的调研方式。

（2）电话访谈。在现在的培训中，授课老师、授课地点及教学培训的需求单位往往不在同一个区域，使用问卷调查并不方便。所以，常用的调研方式是电话访谈，也就是通过电话了解施教机构、培训项目组织方和学员的需求。进行电话访谈时，在施教机构、组织方和学员三方中分别找到 1 ~ 2 个对象进行沟通交流，从而获得更多的信息，以便于决策。有时，组织方和学员本身的需求不一致或者彼此不了解，此时，如果对学员的真实需求和状况有了清晰的认识，将会使上课内容成为吸引学员的关键。

（3）个人深度访谈。如果条件允许，授课老师应该就组织方或学员进行一次单独的深度对话或交流，深入了解组织方和学员的内在需求。有时授课老师已经初步设想了课程目标，通过深度访谈后，会发现最初设定的目标和真实的需求可能有出入，此时就要调整课程目标。有时授课老师需要根据学员的情况调整教学方法和教学节奏，这都是深度访谈才能带来的信息。

（4）座谈会。座谈会的时间可以安排在课前，也可以安排在培训班尚未开始时。调研座谈会对授课老师要求较高。座谈会一般是校方或培训需求单位组织实施的，授课老师如果能参加由几位学员或者培训需求单位的代表组织的座谈会，就会对整个培训情况有更全面的了解，从而更好地选择授课内容。同时，授课老师事前参加座谈会有利于接下来的教学，因为课前已经和几位学员熟络，他们会带着期待积极参与其中，上课时的教学效果会更好，并且便于课后收集反馈。

（5）微信调查。现在已经是一个移动互联网时代，微信已经成为我们沟通交流必不可少的工具，与其被动地应付，不如主动地运用。通过微信，陌生的双方可以迅速熟络起来。微信便于人们进行文字、语音、视频交流以及文件的实时传输，例如，问卷调查等文件通过微信创建完成以后，可以发送给学员进行调研，更加方便快捷；微信具备方便保存和即时统计的特点，也便于展示调研结果。现在授课老师在进行课前调查时，已经将微信调查作为首选。

（6）其他形式的沟通了解。其他形式的沟通了解包括正式公函调研、提前查找相关网络资料、与相关当事人进行沟通了解、通过电子邮件或者微信群等方式进行了解、依据授课内容进行随机访问调研等。

2. 课中按实际需求调整课程

课中调整常常被教师或教育培训管理者所忽略。教育培训管理者往往认为对按需施教中需求的了解和调查是在事前和课前，其实在上课的过程中，或是在实施课程表的过程中，都可以根据实际需求情况动态调整课程。在既定的培训班课程里，一般会存在因为上课时间、授课老师的问题、课程内容不合适等临时调整课程的情况。这里所说的临时调整课程，是指教师主动根据学员在学校提出的合理需求而调整课程，对学员的现状进行进一步的了解而调整课程，这都是为了满足学员的需求而做的调整。在上课的过程中，老师也可以根据课堂上的现状和学员的需求而临时调整课程，当然，课程的临时调整要在不违背教学任务与目标的前提下实施。

上课时，动态调整原课程能达到更好的培训效果。临时调整课程对于教师的要求非常高：首先，教师对所讲内容要专、精、博，才能够动态调整上课的内容；其次，教师要懂得多种教学方法并且能够临时更换教学方法；最后，教师要懂得控场，能够驾驭全局，并且和学员实施互动教学，这样才能更好地掌握学员的需求，从而改变教学的内容和方法。

3. 创造培训需求

有时，我们不需要开展针对具体需求的课前调研，只需要创造需求就能够按需施教。

在干部教育培训工作中，干部教育培训的主要内容要坚持以理想信念、党性修养、政治理论、政策法规、职业道德等方面为重点，注重业务知识、科学人文素养等方面的教育培训，注重全面提高干部的素质和能力。从教育培训的内容来看，我们可以将其从下到上分成三类：一是基础知识和岗位技能，二是思维方式和工作方法，三是理想信念和党性修养。

在这三类培训内容中，理想信念和党性修养是必须学习的内容。有时培训需求单位或者学员并不是特别清楚自身对上党课的具体要求，那么就需要培训管理部门、施教机构或者教师提出这方面的需求。

思维方式和工作方法，特别是批判性思维，在现在的教育培训中受到的重视不够，而这又恰恰是学员缺乏的，那么，就需要培训管理部门、施教机构自身了解和重视思维方式、工作方法这方面的培训，坚持"思维领先、方法为本"的培训思路。学员花费时间、精力和财力参与培训，最主要的目的是学习在工作和生活中学不到的或者是自学时学不会的思维和方法类课程。教育培训管理者对这一点要有清醒的认识。但现状是，干部教育培训并没有对思维方式和工作方法这方面的培训给予足够的重视，广大学员也并没有意识到这一点。所以，培训管理部门、施教机构及教师就需要在这方面主动创造需求。提供这方面的课程，会让广大学员意识到这就是自己需要的课程。

基础知识和岗位技能这些能够在实践和自学时学会的知识和信息，尽量不要占用太多的教育培训资源。

作为教育培训管理者，要能够"引领教育方向，创造培训对象"，其核心要义就是创造需求。教育培训管理者要能够引领教育培训的方向，知晓教育培训的趋势，理解教育培训的理论支撑，清楚教育培训的现有运作机制，还要敢于担当，勇于奉献，胸怀理想抱负，并且要有内驱力和毅力，自信且谦虚，好学上进，心态开放，同时，也要是一个现实主义者，理解什么是实际能够实现的目标，而不会掩盖问题或者假定最坏的结果。只有坚持不懈，才能让自己精进，真正懂得按需施教的"需"是什么，从而引领教育方向。而一旦懂得按需施教，由于站位高远，就能相应地设置需求，进而更高层次地满足学员的需求。当学员虽然没有意识到自己的需求，但是通过培训感到自己潜在的需求得到满足时，作为教育培训工作者或者教师，就创造了培训对象。比如一个好产品问世以后，广大消费者才知道这正是他们所需要的，这和创造培训对象是一样的道理。

（五）按需施教是核心技能

在干部教育培训中，推进干部教育培训工作科学化、制度化、规范化，培养造就高素质干部队伍，是干部教育培训工作的目标，按需施教则是教育培训工作的主要原则之一。按需施教是教育培训管理者和教师应当掌握的核心技能，这是最重要和最根本的技能。掌握核心技能，才能到达目标。当然，提升核心技能，还要学会：①从不同的高度看问题，能够在宏观、抽象的层面和微观、具体、细节的层面之间转换；②有广阔的认知视野，善于广泛吸收信息；③有重构的能力，能够从不同的角度看问题。掌握核心技能和提升核心技能之间有一个循序渐进的过程，前提是掌握核心技能。

世界咖啡馆每场讨论的主题和学员都不相同，其内容和形式也都在不断地创新。世界咖啡馆是我们彼此建立连接、认识世界、把握规律、发现真谛、追求真理、指导实践、投入行动的一个强有力的思想武器。

【相关知识链接】

世界咖啡馆是开展调查研究的好方法

调查研究是做好各项工作的基本功。在干部教育培训中，调查研究能力是干部整体素质和能力的组成部分。调查研究的过程是干部提高认识能力、判断能力和工作能力的过程。调查研究的方法很多，有谈话、问卷、个案研究和测验等科学方法，而深入群众，从群众中来，到群众中去，实事求是，则是领导干部开展调查研究一直坚持的优良传统。领导干部调查研究可以采用的具体方法更多,我们研究发现,如果掌握世界咖啡馆的组织引导方法,在调查研究上将产生快捷高效甚至意想不到的效果。

世界咖啡馆集合了调查研究的精髓和要义。世界咖啡馆已经产生近30年,有严格的、业已被多年实践检验的、行之有效的流程。世界咖啡馆每次集中研讨一个问题,如果是出于调研的目的,参加调研的成员由培训需求单位确定,可以确保会员代表的典型性和全面性。世界咖啡馆让大家畅所欲言,众人平等探讨,每个人都要发言,能够确保调研获得足够多的真实信息。由于参加的会员不同,谈话的内容不同,世界咖啡馆总能将各种理论、观点、个案、事实或数据交织在一起,且最后梳理出有内在联系的、富有逻辑的、又贴合实际的观点,因此,世界咖啡馆的信息确切做到了点面结合、上下结合、内外结合。世界咖啡馆有严格的时间限制,人数可以从10多个人到100人不等,最后的研讨结果总可以在2~3个小时内完成,调查研究的效率和效益非常高。

调查研究有"请进来"和"走出去"两种。世界咖啡馆可以走到基层去开展主题活动,也可以把基层的同志请到机关来进行主题活动。最重要的是可以把基层和机关的同志、干部与群众集合在一起研讨,可以在最短的时间内掌握先进的经验和本地区的实际情况。世界咖啡馆较为显著的特点是营造了一个平等研讨的氛围。在世界咖啡馆,没有领导和群众的划分,没有疏远感,有的只是亲近感,大家甚至能够主动说一些平时不会说的话,这才是真正做到了听实话、查实情、收实效。

领导干部参加一场世界咖啡馆主题活动,或者领导干部自己组织一场世界咖啡馆主题活动,总能随时在其中感受到调查研究要求的"深、实、细、准、效"。因为世界咖啡馆的会员构成由领导决定,可以实现代表广泛,深入群众;世界咖啡馆活动里能够听到真话,摸到实情,故可以听取到各方面真实的意见;小到芝麻绿豆的生活琐事,大到国家大事,都可以在此听到基层的声音;领导在世界咖啡馆容易掌握真实的情况,收到来自各个方面和各个领域的信息,容易准确地发现其中的道理和规律;世界咖啡馆强调不仅要发现真正重要的问题,而且要分析问题,特别是要解决问题,每个人都要给出相应解决问题的建议和措施。领导干部参加世界咖啡馆,因为有决策权,更易于把群众的建议和意见上升为决策,从而真正让调查研究落到实处,取得成效。同时,由于这些建议由群众提出又变成了决策,这些决策就容易在群众中得到贯彻执行,这是真正地做到了从群众中来,到群众中去。

世界咖啡馆的研讨过程呈现的思维方式是从发散到收敛,其思维模式像一个橄榄球造型。世界咖啡馆并不是漫谈,而是集众人智慧和体现集体创造力的一种科学严谨的研讨方法，是领导可选的一种上乘的调查研究方法。每个人都对自己的讲话负责，因为每个人都要发表真实的观点，调查研究的情况就能够更加客观、准确、全面。世界咖啡馆本身要求每次必须研讨一个亟待解决的问题或难题，坚持问题导向，并通过合理的程序和方法，使问题得以科学解决，这是真正地做到了有的放矢，真正地解决问题。由于这些研讨的问题是领导本人关心的且由领导提出的，当有决策权的领导在场时，他会更加关注群众怎么想、怎么说；因为听取的意见、建议来自群众，领导也能够做到真正的想群众之所想、急群众之所急。如果把群众的合理建议变成决策，更体现了领导的高水平决策力和领导力。

世界咖啡馆让领导和群众同时得到了学习和成长。首先，世界咖啡馆是一种调查研究的好方法，其好处和益处数不胜数，比如为领导选人、用人提供参考，起到识人辩才的作用等。通过世界咖啡馆的发言研讨，平时领导不甚了解或毫无接触的基层干部，其言谈举止、思想信念、演讲口才、沟通协调能力等都可以在短短的几分钟发言时间中呈现出来。其次，世界咖啡馆可以起到团队建设的作用，能够增强团队的向心力和凝聚力。世界咖啡馆采用分组研讨的方式，自然就形成了一个个强有力的团队，集体智慧的碰撞让大家向心力更强。最后，世界咖啡馆可以用于理想信念教育，通过符合成人教育培训规律的研讨教学，采用世界咖啡馆的方式上党课，可以更好地教育引导学员树立正确的理想信念，解决好世界观、人生观、价值观这个"总开关"问题。

世界咖啡馆是一种研讨方法，是一种领导干部开展调查研究的好方法。领导干部在开展调查研究时，使用世界咖啡馆研讨主题活动的方式进行，无疑是领导干部学习智慧和引领创新的体现，同时也是领导干部科学发展和狠抓落实的能力的体现。

第二节　世界咖啡馆的课程设计和问题设置

世界咖啡馆应教学需求而开设，按需施教的前提是要对需求进行分析，之后再根据需求有针对性地设计教学目标，教学目标清楚以后就要对世界咖啡馆进行课程设计，课程设计涉及每次世界咖啡馆所研讨的主题或者迫切需要解决的问题。在世界咖啡馆活动开始之前，主持人还要对所研讨的问题进行逻辑拆分，然后才能进入正式的研讨教学环节。

一、世界咖啡馆如何进行课程设计

美国实用主义教育家约翰·杜威（John Dewey）是一位颇具影响力的教育

家，他是教育史上里程碑式的人物。杜威强调社会活动在教育中的意义，认为教育要克服教条式的传统讲授式教学法。杜威称"从做中学"是一种"科学方法"。他认为按照"科学方法"去处理问题，便可得到某种经验；而"科学方法"即遵循人类思维的反省过程。因此，杜威把思维过程分为五步，与之相对应的是，教学也划分为五个阶段：第一，学生要有一种"经验的真实情境"，即要设置学生感兴趣的一些课堂活动；第二，在这种"情境"里面，要引导学生去思考"真实的问题"；第三，学生须具有一定的知识储备和实践经验，进行必要的观察，用来应对解决问题；第四，学生须具有解决问题的种种设想，并能够将这些设想分类整理，使之条理清晰、有条不紊；第五，学生把设想的办法付诸实施，以此检验方法的可行性。世界咖啡馆具备以上五个教学阶段并且进行了相应的具体细化。世界咖啡馆的哲学理念倾向的是实用主义，并且强调教学目的，符合"过程—结果、具象—抽象、经验—科学"的认识论思维模式。

英国哲学家、教育理论家 A. N. 怀特海（A. N. Whitehead）说："不管学生对你的课程有什么样的兴趣，这种兴趣必须在此时此刻被激发；不管你要加强学生的何种能力，这种能力必须在此时此刻得到练习；不管你想怎样影响学生未来的精神世界，必须现在就去展示它——这是教育的金科玉律，也是一条很难去遵循的规律。"世界咖啡馆以学员为中心，主持人在世界咖啡馆活动中主要起到讲解规则和研讨程序的引导作用，完全符合怀特海所说的"金科玉律"。

把世界咖啡馆放到更大的教育培训系统中，与传统的讲授式培训方法相比，世界咖啡馆是一种别开生面的研讨式教学方法。作为教育培训管理者或者老师，可以尝试掌握多种不同的教学方法，针对不同的教学目的和需求采用不同的教学方法。一方面，老师可以丰富自己的教学方式，使课堂更生动和创新；另一方面，教学方式的切换有助于提高课程的质量。当然，在教学过程中，老师游刃有余地切换不同的教学方法，也会有助于课堂中教学问题的解决。了解和掌握多种多样的教学方法，是突破眼界局限和技能限制从而提升格局和层次的有效途径。世界咖啡馆教学法会让课堂变得更有意思，也让教育变得更有意义。

（一）课程设计是举办世界咖啡馆活动的前提

世界咖啡馆是一种高效解决问题的方法和工具。世界咖啡馆应用范围十分广泛，可以作为开会、教学和集体研讨的方法。世界咖啡馆可以仅仅作为一个会议中的研讨环节，也可以作为一个完整研讨会议的方式。

世界咖啡馆作为研讨式教学法的一种形式，每场教学活动都需要遵循教学课程设计的底层逻辑、基本规则和世界咖啡馆的七项原则，以确保每一场都能顺利地展开。

在世界咖啡馆的课程设计环节中，最重要的是确定教学目标。世界咖啡馆旨在用更高效的教学方式实现教学目标。从教学方式到教学目标的实现之间有一条教学课程设计的逻辑主线，因此，在每场世界咖啡馆主题活动开始之前，老师或者教育培训管理者首先要做的是遵循这一逻辑主线（见图2-2）。

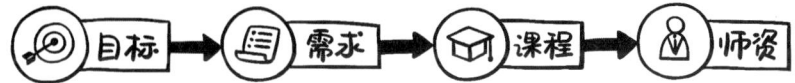

图2-2　课程设计逻辑主线

（二）课程设计需要遵循的一条主线

对于老师或者教育培训管理者来说，科学高效地设计课程是没有捷径可言的。但是，我们认为，只要坚持一条逻辑主线，并且记住这条逻辑主线的结构图，就会避免课程设计初期漫无目的，甚至是毫无头绪的情况，从而起到事半功倍的效果。这条逻辑主线就是目标—需求—课程—师资，可以称为一目标、二需求、三课程、四师资。

有些培训管理者在做课程设计时，只完成了设计课程和找师资两个环节，就直接进入培训实施阶段，没有充分考虑目标和需求。判断一个课程设计者是否专业，主要通过观察他的课程设计是否率先全面分析了教学目标和需求。如果缺失对教学目标和需求的分析，设计者将会沦为"培训贩子"。目标和需求为何如此重要，我们要从黄金圆环理论说起。

黄金圆环理论是美国作家西蒙·斯涅克（Simon Sinek）于2014年在一次TED（Technology, Entertainment, Design，技术、娱乐、设计）演讲上倡导的思维模式，他在TED的主题演讲《伟大的领袖如何激励行动》，在互联网上的点击次数达到了几千万次。视频中提到黄金圆环理论的核心思想是：我们在做任何事情之前，都应该首先问"为什么"（Why），"为什么"指的是"你的目的是什么？""你这样做的原因是什么？""你怀着什么样的信念？""你的组织为什么而存在？""你每天早上是为什么而起床？""为什么别人要在乎你？"等等。西蒙发现，那些善于激励人的人或者伟大的组织，他们思考的内容和我们普通人都是一样的，但是思考的方向不同。大部分人思考、行动和交流的方式都是由外向内的，也就是从清晰到模糊。但是，激励型领袖在领导一个组织或者公司时，无论公司的规模大小，他们思考、行动和交流的方式都是从内向外

的，如史蒂夫·乔布斯（Steve Jobs）、马丁·路德·金（Martin Luther King,
Jr.）以及发明飞机的莱特兄弟（Wright Brothers）等。很多人在了解黄金圆环
理论的核心思想后开始改变自己的思维方式，而思维的改变将为伟大的成就奠
定基础，因为思维决定行为，行为决定习惯，习惯决定性格，性格决定命运。

人脑可以理解大量的复杂信息，比如事物的特征、优点、事实和图表，但
是这些不足以激发行动。只有经过我们由内向外的思考，才可以理性地去做事
情，这也是那些发自内心的决定的来源和实现途径。

任何一件事情都可以采用黄金圆环理论的方式思考，即先从问"为什么"
开始，举办及设计培训班也不例外。有的人设计培训课程时只完成了课程和师
资安排，就认为培训班的整体课程设计已经完成了。殊不知，按照黄金圆环理
论，课程和师资只是最外环 What 部分的事情，而最重要的应该是先考虑为什
么要办这样一个培训班，举办这个培训班的目的是什么，怎么样办好这个培训
班，为此需要思考和解决什么问题。在解决了 Why 和 How 后，What 层面的
"课程和老师"问题就会迎刃而解，因为这时候，对于培训班的整体规划已经
有了清晰的思路（见图 2 - 3）。

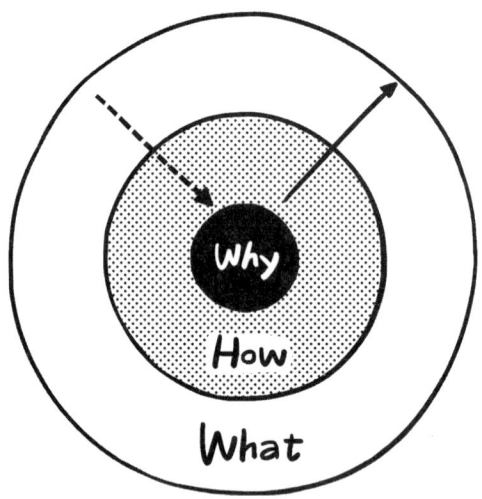

图 2 - 3　黄金圆环理论示意图

有些人在课程设计方面止步不前，就是因为他们没有坚持课程设计主线的
四个步骤。要想成就伟大的事业，就应该养成从内到外的思考习惯。再以举办
世界咖啡馆活动为例，要想举办一场焕然一新的世界咖啡馆主题活动，首先就
要考虑为什么要举办这场活动，这场活动想达到的目的是什么，面向的学员群
体是什么，与以往的世界咖啡馆主题活动的不同之处在哪里，随后才开始思考

如何设计这场世界咖啡馆主题活动。其次，需要了解教育管理部门举办这场世界咖啡馆主题活动的需求、施教机构的需求以及培训学员的需求，这三个需求很多时候是无法一一满足的。那么，在有限的培训时间内，培训设计者需要重点关注以上三个需求交叉的中心部分，并为满足这个中心部分的需求去设计课程和邀请授课老师。

开始进行课程设计时，我们往往先想到的是一个庞大、复杂的课程体系。面对包罗万象的课程内容，我们有可能会无从下手。这时，我们要学会分类，在尽可能短的时间内，依据该培训班的性质和需求，把课程集中在培训需求领域。例如，把需求领域的课程分为三类：理想信念类、方法工具类和知识技能类。当然，有专题的业务培训班，还可以针对某个具体的业务条线再细分课程。掌握课程的分类方法，也是对教育培训管理者和教师在把握课程内容和设计课程表方面的能力要求。又如，干部教育培训中的科级干部任职培训班，其培训时长一般为半个月，那么可以简单划分为三类课程：政治素养和党性修养类课程、领导管理和科学思维类课程、应知应会的业务知识和必备的工作技能类课程。以上三个板块的分类就满足符合文件制度规定、时间比例合理、内容丰富、分类具体等标准，也符合组织需求和岗位需求。同时，课程设计要秉持"干什么学什么，缺什么补什么，用什么考什么"的原则，以学员的实际能力和水平为依据，参考调研后的需求，再进行进一步的修改完善，这样，课程设计就会变得更加有条不紊且丰满充实。

教育培训管理者或者教师在进行课程设计时，按照"目标—需求—课程—师资"这么一条逻辑主线进行即可。这条逻辑主线有先后顺序关系，也有因果关系。在设计课程时，首先，我们需要牢记培训办班的目的，首要考虑的问题是"为什么要办这个班"；其次，要求我们思考组织需求、岗位需求以及个人需求；再次，思考课程内容；最后，才思考需要配备的师资。教育培训管理者或者教师在安排课程表时，要把课程内容先进行分类，将复杂的问题简单化，梳理出内在的逻辑和规律，然后再进行课程设计。当然，各类课程本身也有逻辑递进的关系，各类课程根据教学内容和教学目标的需要，在安排先后顺序时要按照其内在逻辑规律进行。

在设计培训班课程时，教育培训管理者或者教师是否遵循逻辑主线是评估其做课程设计是否用心和专业的标准。只有遵从课程设计的逻辑主线，才能称得上是科学管理；如果仅仅在"课程和师资"的层次上打转，那就是粗放管理，难免会显得不专业。

当然，思维习惯的养成是一个漫长的过程。面对课程设计，教师应该克服畏难情绪。当按照人们惯有的思维模式时，我们面对亟待解决的问题通常会束手无策，但是继续深入探索后，就会发现解决问题就像剥洋葱一样，当我们一层一层剥开笼罩在问题之上的外壳时，可能会找到简单而完美的解决方案。更多的时候，大多数人只是不愿意投入时间和精力，而有一部分人只是不愿意一个人孤独地寻找问题的解决方案。

事实上，工作远远没有我们想象中复杂，我们需要做到简化问题和专注工作。只有使自己的想法变得清晰明了，才能将问题简化进而解决问题。

对于课程设计来说，遵循"目标—需求—课程—师资"这一逻辑主线并且付诸实践，就是做好课程设计的有效"捷径"。

二、 世界咖啡馆如何进行问题设置

世界咖啡馆创造价值的核心流程如下：对一个真正重要的问题进行研讨—真正重要的问题会刺激和带动学习型对话—这些对话会巩固人际关系网络和凝聚实际行动群体—在研讨的过程中组织会通过与会人员去产生研讨成果和行动方案。

世界咖啡馆的宗旨是解决真正重要的问题。作为世界咖啡馆的主持人和老师，一旦确定了教学目标，并且把"目的、需求、课程、师资"四个基本问题解决后，就需要根据学员的特点和需求确定世界咖啡馆的研讨主题，选出最迫切需要解决的问题。世界咖啡馆研讨的主题不能过于宽泛，否则抓不住重点，也不切合工作实际。但是，研讨的主题也不能太狭窄，否则讨论的话题和思路无法拓展延伸，很难达到组织的要求。

世界咖啡馆确定研讨主题后，往往需要把问题进行拆解，以便更好地引人深思和深入讨论。此外，拆解的问题需要由主持人向学员提问，需要为学员预留充分的思考时间。有时主持人也会向学员征询问题，学员可以将问题写好后贴在事先准备的"问题停车场"海报（见图2-4）上，海报上的问题由老师回答或者由学员讨论后作答。

图2-4 问题停车场

"现代管理学之父"彼得·F. 德鲁克（Peter F. Drucker）说过："如果你不改变问问题的方式，你永远都不会成功。"教育的真正目的是让人不断地提出问题、思索问题。其实，提问比回答更具智慧。因此，成功举办世界咖啡馆活动的前提就是要设定一个好问题，同时也要求世界咖啡馆的主持人会提问、能提问以及提"好"问。

世界咖啡馆是一种研讨式的教学模式，也是一种会议讨论的方式，更是一种有效解决问题的方法。有人说，世界咖啡馆是当前环境下"柔性发现问题的好工具"。举办世界咖啡馆的目的是解决工作中的疑难问题，世界咖啡馆的原则是"探讨真正重要且本质的问题"。

世界咖啡馆的议题设置以及问题提出的主要方法有三种：一是由学员集体讨论提出，二是由培训项目的主办单位提出，三是由施教机构提出。更常见的情况是，由培训项目的主办单位和世界咖啡馆主持人讨论后得出需要研讨的主题，而更规范的做法应该是综合三方的讨论意见最终得出大家都认可的主题。

有一次，在全国税务领军人才培训班上，曾有六个专业的领军人才一天内同时进行了六场世界咖啡馆主题活动，每场世界咖啡馆主题活动安排两名主持人，解决一个问题，总计有以下六个问题。

（1）如何看待领军人才和领导的关系？

（2）在领导力专题培训中有哪些收获？

（3）如何看待当前创新和信息化的关系？

（4）如何更好地实现领军人才的可持续发展？

（5）税务工作现代化过程中如何进行创新？

（6）如何在非学校集中学习期间（在工作中）发挥领军人才的作用？

对于上面六个问题，作为世界咖啡馆的主持人应该怎么拆解呢？

确定研讨的主题后，下一步就是对世界咖啡馆主持人的要求了，主持人必须能够做到将研讨的主题进一步细化拆分，既能解决问题，又能确保整个研讨的过程高效流畅。这时，上课前，就需要主持人进行如下程序以确定要研讨的具体问题：发现问题并归类—设定具体要拆分的问题—找出替代问题—评估替代方案—最终确定分拆问题（见图 2-5）。

图 2-5　课程设计和问题设置

由图 2-5 可知,首先要发现与研讨主题相关联的本质问题,接着对此问题进行归类,然后针对不同类别的问题进行拆分。

拆分问题依据一定的逻辑以及思维规律进行,一般拆分为三个问题。拆分后再思考这三个问题可否找其他的问题进行替代。如果可以,还需要对替代的问题进行评估,并与原来已经设计好的问题进行比较,看哪个方案更有利于讨论和揭示出问题的本质,并且有利于问题的解决或者结果的导出,最后再确定本场世界咖啡馆主题活动需要正式讨论的三个问题。

研讨的主题形成后,接下来就是怎样拆分这个主题,这需要把主题变成一个有内在逻辑联系的系列问题,从而使研讨主题所涉及的问题更容易得到解决。这个拆分不是把大事化小、小事化无,而是正确地分析主题蕴含的意义、包含的内容、能够达到的目标,然后加以逻辑分析,采用适当的逻辑工具进行拆分。

在世界咖啡馆活动里,主持人一般事前会将研讨的主题拆分成三个问题,在正式的小组讨论前,主持人请所有的学员依次回答这三个问题。首先,学员独自静默思考,在便笺纸上写下自己的思考结果;其次,主持人会让每位学员就刚才的所想、所思、所写轮流发言,在小组内分享自己的经验。在这个环节之后,小组讨论才正式开始。

三、采用逻辑思维工具拆分问题

把问题拆分并让学员先行思考回答,一方面,可以将宏观的问题微观化、抽象的问题具体化,让问题可以通过内在的逻辑更容易得到解决;另一方面,可以引起学员的兴趣,让学员能够深入了解研讨的主题,不至于在讨论时毫无头绪。研讨的主题一般采用以下十种逻辑思维工具进行拆分。

(一) 现状—意义—手段

麦肯锡公司常常把"空·雨·伞"作为分析问题的基本方式。"空·雨·伞"就是"天空·下雨·打伞"的故事,其意思是准备出门,抬头看天,发现天空乌云密布,看起来好像要下雨了,怎么办?带伞出门。这里"天空"就是现状和事实,也就是说"现在的情况变成什么样子了";"下雨"就是意义,表示"目前的状况意味着什么";"伞"就是解决问题的策略,指的是"针对这种情况,该采取什么行动"。

以此类推,思考问题时,采取的策略是以"现状、意义、手段"三个部分为基础,其实就是"发现问题—分析问题—解决问题"三个步骤。首先,发现真正重要的问题;其次,分析发生的内在原因;最后,针对这个问题采取什么措施和手段。在讨论中，如果能够把"问题、原因、手段"说清楚，那么讨论的结果应该是富有成效的。我们以领军人才培训班上讨论的问题为例。例如，对于"税务工作现代化过程中如何进行创新"这个问题，我们可以将其拆分成三个问题进行发问：①当前税务工作的现代化状况如何？②创新对于税务工作现代化的意义是什么？③对于税务工作创新，你有什么好的意见、建议和措施？这三个问题对应的就是"现状—意义—手段"的逻辑思维模式。

（二）标准—差距—措施

问题的本质是期待的状况和现状之间的差距。问题是需要拟定解决策略并付诸实际行动去解决的课题。在英语里，问题和课题是有区别的，问题往往用"problem"这个单词表示，而课题常常用"question"这个单词表示。课题也可以理解为一场世界咖啡馆活动需要研讨的主题，当然，课题也常用"issue"这个单词表示。如果从期待的状况和现状之间的差距来定义问题，那么问题可以分为三种类型，即恢复原状型、防微杜渐型和追求理想型。这些当然只是原型，实际处理问题时，大多数情况下都是这三种类型问题的混合体，因为每个人对事物的态度和看法不同，也就是每个人的内在标准不同，问题归属的类型也会不同。从目的上区分这些问题，有的是以恢复原状为目标，有的是以提升现状达成理想为目标。即有的是恢复原状型，有的是追求理想型。

恢复原状型是指恢复成原本的状态，遇到这种类型的问题时，要将原本的状况视为期待的状况。恢复原状型问题的思考方式是，现状和过去的状况之间出现落差，要从落差中找出问题。还有一类问题，如果按照时间划分，有可能是潜在型问题，这类问题是目前并无大碍，但将来会发生不良状态的问题，这类问题可以称为防微杜渐型问题。当然，以目的区分，防微杜渐型问题也可以视为恢复原状型问题。而追求理想型的思考方式是，虽然目前没有重大问题，但由于现状未满足期待的状况，于是把它视为问题。

依据问题的本质和类型，我们有这样一个拆分问题的逻辑思维模式，就是"标准—差距—措施"。例如，"如何更好地进行时间管理以实现领军人才的可持续发展"这个问题可以这样拆分为三个问题：①科学合理的时间管理是什么？②我们离科学的时间管理还有哪些差距？③为了实现领军人才的可持续发展，我们在时间管理上应该采取哪些举措？当标准、差距、措施都已经具备，便能确保整个研讨程序规范、高效。

（三）感性—理性—综合

2011年，诺贝尔经济学奖得主、心理学家丹尼尔·康纳曼（Daniel

Kahneman）在其出版的著作《快思慢想》（*Thinking*, *Fast and Slow*）中介绍的主要思想是：我们个人做决策时，常常依据的是经验而不是理性，不是理性决策。这一点颠覆了我们假设的"理性人"认知。我们在思考的时候常常会受未知因素的影响，对思考的准确性充满假设和武断，有时会过分依赖自己的感知和经验，因而时常受自己的偏见影响而做出错误的决策。康纳曼在研究人们的决策规律后发现，人们的第一判断往往是经验判断，或者说是感性判断，人们所谓的直觉，张口就说的结论，往往就是以前的认知带来的不加思考的结论，并且人们往往信奉和固守自己的第一印象。但是，当人们深入思考过后再进行判断，也就是理性思考，则需要用大脑进行逻辑分析和推理，这些结论才是理性思考后的结论。经过长时间的思考，以及与其他人的沟通交流，或将得出有可能与感性判断和理性思考不一样的结论，这个结论可以称为"综合判断"。康诺曼认为，人们往往进行的就是"感性判断—理性判断—综合判断"这三种判断，并且进行这三种判断时，顺序往往不会发生改变。

我们进行决策，选择了这个就意味着放弃另一个，这就是判断。因此，人们每天都在进行判断。既然我们的思维存在规律，那么，对于一些要研讨的课题，采用这种"感性—理性—综合"的顺序去讨论时，我们就在顺应先天的心理规律，因此，有可能会将问题讨论得更加深入。例如，"在领导力专题培训中有哪些收获"这个课题可以拆分为以下三个问题：①在领导力培训中，你印象最深的是什么？②在领导力培训中，哪些知识对你的未来有所帮助？③请你和同桌交流你对于学习领导力的收获，集体讨论得出你们小组一致认可的 10 个知识点和收获。仔细考虑这三个问题就会发现，这三个问题就是按照"感性判断—理性判断—综合判断"的思路来设置的，这确保了讨论能够更加全面以及符合思维规律的模式。

（四）过去—现在—将来

"过去—现在—将来"就是一个时间链或者时间轴，"过去—现在—将来"是即兴演讲或者座谈讨论的万能公式，即过去是什么样的，现在怎么样了，以后想怎么样？当没有心理准备，又被直接点名要求发言时，这个公式最为有效。照着过去、现在、将来三个要点快速想一想，张口就说，不仅不会慌张，还显得自己口才很好。通俗一点，这可以叫作"昨天—今天—明天"公式。当主持人有意识地用这个逻辑公式提问时，可以迅速地让学员回想起自己过去的经历和经验，描述现在的处境和形势，同时能够迅速把过去和现在结合起来，并且能够系统地从历史的纵向线索去思考未来。当我们回忆过去时，我们往往回忆的是细节，是一些具体的情景，然后从过去看当下，以史为鉴；现在发生的事情又是每个学员所熟悉的，只需要直接描述即可，当然还可以加上自己的判断性评价；对于未来，我们常常寄予美好的希望，要么是祝愿，要么是愿景，当我们想实现未来的某个目标时，我们也可以讨论是什么样的共同目标。

过去的记忆总是美好的，对于未来的设想也需要我们保持积极向上的态度，所以要提建设性的意见和建议。例如，"如何成为一名优秀的内训师"这个题目就可以拆分为以下三个问题：①请回忆一位你一生中最尊敬和喜欢的老师？②这位老师为什么让你尊敬和喜欢？③你准备成为一名什么样的内训师？成人的学习具有"自主、经验、自愿、行动"的特征。这个成为优秀内训师的话题，首先，让学员与自己过去的经验相连接；其次，让学员自主分析原来自己心中偶像的特点；最后，让学员自愿地去行动，认为自己该怎么做。

（五）形势—方法—效果

对于从事公文写作或者经常查阅公文的人来说，这个公式不难理解。行政机关的主要流转标志或者标配就是"公文"。当我们写工作报告或领导讲话稿时，或制定一个制度或者办法时，又或者当我们写一份新闻信息稿或者调研文章时，"形势、方法、效果"可以说是我们必备的三个要素。当前形势是怎样的，起草这个制度的背景是什么？我们采用了哪些方法或者准备采取哪些措施？如何贯彻执行这个制度？我们达到的效果如何或者我们希望达到什么目标？在提问中，最重要的是要涉及"形势、方法、效果"三个要素，这样才能保证公文的基本全面到位。当然，"形势、方法、效果"三要素在不同的公文中有不同的篇幅比重，并且此三要素可以依据公文的需要自行调整顺序，可以是"形势—方法—效果"，也可以是"形势—效果—方法"，甚至可以是"效果—形势—方法"。

"效果—形势—方法"公式多数用在新闻稿或政务信息稿里。例如，"如何做好税务机关的教育培训工作"这个话题就可以演变为三个问题：①当前税务机关教育培训工作面临的形势是什么？②税务机关教育培训想达到的结果是什么？③我们应该采取什么措施提升我们的教育培训质量？这三个问题的顺序是"形势—效果—方法"。如果学员围绕以上三个问题讨论发言，最后形成的文章自然而然地具备公文的要素和基础。

（六）Why—How—What

就是一个"为什么，怎么样，做什么"的问题，也就是美国作家西蒙·斯涅克倡导的黄金圆环理论。黄金圆环理论认为：大部分人思考的方式都是由外向内思考的，就是遵循一个"What—How—Why"的思路。但是，一些非常成功的企业和个人，他们的思考方式是由内向外进行思考，遵循的是"Why—How—What"的顺序，这样会吸引和自己信念相同的人，而只有信念相同，才会产生真正的信任，才会和人的潜意识层面连接。

这个被大家熟知的黄金圆环理论也可以用在教学中，甚至用在理想信念教育中。例如，"如何在基层单位落实一岗两责"这个问题可以拆分为三个问题：①为什么要在基层单位落实一岗两责？②如何在基层单位落实一岗两责？③在基层单位落实一岗两责我们应该做些什么？之后再进行深入的世界咖啡馆专题讨论，这既是一节生动活泼的党课，又可以起到实实在在的效果。有些报告和演讲也可以遵循黄金圆环理论去设置内容，像"不忘初心—继续前进—方得始终"，这里就有"Why—How—What"的影子。

（七）迪士尼策略

迪士尼策略就是在研讨问题时，让学员分别扮演梦想家、实干家、批评家三个角色，然后对问题进行深入探讨、质疑和反思，最后形成较为全面客观的结论。例如，"如何设计一个让纳税人都喜欢的 App（应用程序）"这个问题就可以依据"迪士尼策略"模式进行拆分，具体拆分成三个问题：①如果让你设计一个让纳税人喜欢的 App，你会如何设计？②设计这个 App，你准备怎么样落实你的计划？③关于这个 App 的设计和落地，还有哪些方面是不可逾越的障碍？这样，迪士尼策略的三个角色——梦想家、实干家、批评家所讨论的事情都会比较完整。

（八）金字塔结构

我们在思考的时候，会形成内在的先验结构，就是金字塔结构。金字塔结构思维原理，是麦肯锡公司要求每个员工必备的思维方法，任何教育培训管理者或者教师都应该掌握这种思考、表达和解决问题的逻辑。金字塔原理要求我们在思考和表达时要分组归类，将思想组织成金字塔结构形式，自上而下表达，结论先行；自下而上思考，总结概括。金字塔结构要求我们，首先，要将最重要的事情放在最前面，并且做重点说明；其次，要把关键信息解释清楚；最后，把相关论据等阐述清楚。

这个金字塔结构因为符合人的先天思维框架，所以在进行研讨时大家也普遍能够接受，这个公式可以概括为"研讨课题—关键信息—主要证据"。例如，我们讨论下面的问题："现在税务机关准备推行一项新的服务纳税人的举措，请分析此新举措的可行性。"我们就可以将此问题拆分成三个问题：①是否应该实行此项新服务？②如何推进此项新服务？③推进此项服务的具体步骤是什么？

（九）电梯演说模式

真正的问题往往是简单易懂的。如果你的问题说明过于冗长，则表示没有抓到问题的核心。现代社会，上司或领导的时间有限，你常常需要在电梯移动的时间内，用一句话把发问的重点传达给对方。有人说："30 秒太短了，怎么可能一句话就能表达完整意思？"你想象一下，如果和陌生人一起坐电梯，30 秒是不是很漫长？30 秒刚好是电梯直上或直下 30 层楼的移动时间，30 秒相当于电视里两个 15 秒的广告。只要你掌握了问题的核心，就一定能在 30 秒内把问题有效地传达给对方。比方说，你在电梯里碰到领导，然后直接向领导提问："领导，我们单位旧厂房一直闲置着，我们想把旧厂房改成员工宿舍，已经征求过财务和后勤部门的意见，他们认为可以，您认为这样可行吗？"这就是一个简洁的提问，一口气包含"问题＋解决策略＋实施方法"，让对方可以当场判断"是或者否"。如果这样的发问得到对方的回应，则表示已经掌握问题的核心。这个策略当然可以用在世界咖啡馆，如果在研讨开始前，有意识地用"问题＋解决策略＋实施方法"向所有学员提出三个问题，这自然就会成为深入研讨的基础。

（十）教练工具

我们在讨论如何拆分研讨课题的工具时，也可以用到教练技术里常用的刻度尺和逻辑层次等教练工具。例如，如果用刻度尺工具进行提问，我们可以问以下三个问题：①如果把实现此目标的步骤设置成 10 分，你觉得你现在处在什么样的分数状态？②你希望最终达到什么分数？③为达到这个分数，你准备采取哪些措施？而逻辑层次工具更是好用，逻辑层次从上到下拆分为"身份、价值观、能力、行为、环境"五个层次，我们针对具体问题，可以有目的地选择三个层次进行提问。例如，"如何看待领军人才和领导的关系"这个问题可以拆分为以下三个问题：①你认为领军人才和领导的关系是什么（身份）？②你认为领军人才怎样才能成为领导（能力）？③你认为组织应该提供什么样的帮助以支持领军人才的成长（环境）？除了刻度尺和逻辑层次，其他的教练工具有很多，也都可以针对具体问题采用不同的工具进行分析。

世界咖啡馆是结果导向，也可以说是目标导向，以终为始，最终目的就是解决问题。世界咖啡馆希望统一大家的意见，达成共识，最后形成大家一致认可的用于解决问题的结论。在世界咖啡馆研讨中，我们发现每个学员的经历和经验不同，只有用共同的目标才能统一不同学员的既往经验。世界咖啡馆的主持人会碰到某方面专业知识不熟悉的时候（主持人不可能在所有方面都是专家），能够运用逻辑思维工具来填补自己专业上或者能力上的短板是主持人的基本要求。我们希望主持人学会拆分问题，主要是因为对于一个需要完成的任务，如果能够将任务进行分解则有助于目标的实现。世界咖啡馆的主持人只有懂一些逻辑思维工具才不至于被研讨目的压垮。

当然，每次世界咖啡馆需要研讨解决的问题各不相同，即使问题一样，但由于学员不同，也需要根据实际情况再行调整拆分问题，并且拆分时依据的内在逻辑规律并不一样。依据什么样的逻辑规律和标准主要看研讨课题本身的内容，并且需要根据研讨的主题、时间以及学员的实际情况而定。

【相关知识链接】

不同颜色的便笺纸代表不同的含义

世界咖啡馆每个学员的桌子上都有一些不同颜色的便笺纸，这些便笺纸可被称为"关键提示"（keynotes）。在世界咖啡馆开始时，学员可以在便笺纸上写下自己的想法、问题和答案等。学员还可以把便笺纸作为一些游戏的道具，例如进行颜色排序、内容排序、程序排序，以及作为画画的道具等。一般在世界咖啡馆里，主持人会问三个问题，并要求学员就这三个问题分别在三种颜色的便笺纸上回答，例如，第一个问题在黄色的便笺纸上回答，第二个问题在蓝色的便笺纸上回答，第三个问题在绿色的便笺纸上回答，等等。颜色常常意味着一种思考的状态，如红色或黄色可以代表问题，蓝色可以代表深度思考或意义，绿色可以代表答案，等等。第一轮世界咖啡馆小组研讨过后，所有学员已经在三色便笺纸上写上了自己的回答，主持人（或者工作人员）往往会收集所有学员已经写了回答的便笺纸，按照颜色和顺序张贴在前台的大白板或者几张大白纸上。当然，在整个研讨过程中，桌面上的这些便笺纸学员都可以随意使用。例如，在小组研讨结束时又或是在大组分享阶段，很多学员有创意地在便笺纸上写上自己想表达的内容，然后贴在已经画好的逻辑树或思维导图上；有的干脆就把便笺纸裁剪成树叶或其他形状，贴在已经画好的图画上，使得图画更具立体感，同时增强了图画的视觉效果（见图2-6）。

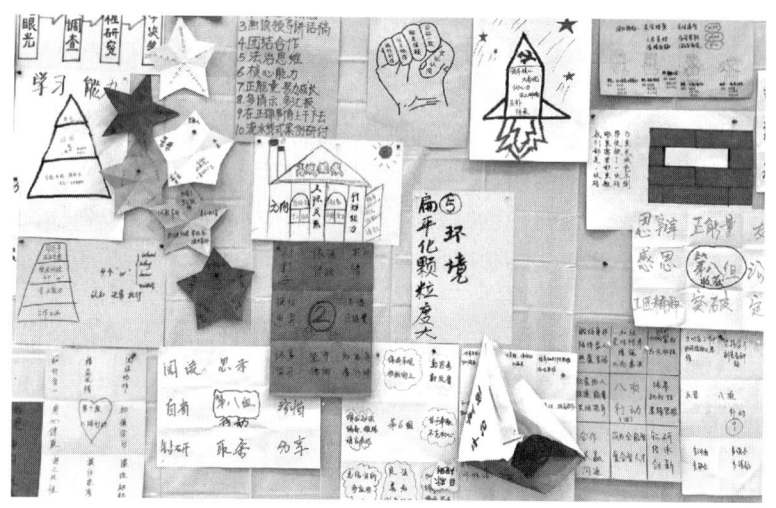

图2-6 学员感言墙

　　不同颜色的便笺纸，常常代表着相关问题的逻辑顺序。如果是把一个研讨主题或问题细分到"发现问题—分析问题—解决问题"三个步骤，那么主持人在研讨之前准备提问三个问题时，常常会让学员拿出"红、黄、绿"三种类似颜色的便笺纸。首先，让学员在一张红色或粉红色的纸上回答主持人的提问，如"这个问题表现的主要现象是什么""在工作中碰到的最迫切需要解决的问题是什么""所有存在的问题中最重要的问题是什么"等，这代表"发现问题"。其次，要求学员在一张黄色的或类似颜色的纸上回答问题产生的原因，主持人会问"为什么会产生这种现象""这个问题产生的原因是什么""你为什么认为这个问题最重要"等问题，这代表"分析问题"。最后，主持人会要求学员拿出一张绿色的或类似颜色的纸张，让学员回答"解决这个问题有什么好的建议和意见""如何解决这个问题""解决这个问题的方法和步骤是什么"等，这代表"解决问题"。学员回答这三个问题后，常常在潜意识中会把三个问题和颜色本身的含义联系起来，想起来"红灯停，黄灯缓，绿灯行"等内在的类比和隐喻。当然，如果主持人提问的问题不止3个，那么可以相应地增加便笺纸进行提问。根据实践经验和课程时间安排，一般建议提问的问题不要超过5个。

　　不同颜色的便笺纸进行逻辑排序或者排列，也可以产生相应的希望达到的教学效果。在世界咖啡馆，常常需要就某一类问题或者事物进行小组研讨，这时，拿出同一颜色的便笺纸就容易让研讨的内在逻辑富有统一性和规律性，并且此时颜色变成了强有力的教学辅助工具。把便笺纸按照同一颜色排列成矩阵可以形成整齐划一的效果；如果不同颜色的便笺纸散乱排列，也能形成色彩斑斓的图案效果。色彩会强烈地冲击人的视觉，从而让人的注意力集中到教学内容上去。

色彩具有不一样的象征意义，人们看到物品不同的颜色时会产生不同的心情和情绪。色彩也可以用来帮助我们记忆，给不同物体或事物赋予不同的颜色，如果这类物品或事物的颜色恰好与我们意识中形成的色彩标记语言相符，那么，这类物品或者事物就容易被记住。这是充分调动了右半脑的情绪思维和艺术加工的结果。

在现实环境中，人们更愿意接受那些色彩丰富的事物。彩色的物品可以让人赏心悦目、兴趣盎然。掌握一些色彩心理学知识会对教学产生积极的效用，可以让课堂变得更加精彩、活跃。

第三节　世界咖啡馆的作业布置和教具应用

世界咖啡馆教学课程需要做到以终为始、善始善终、始终如一。世界咖啡馆的收尾活动，体现在布置作业的环节。布置作业不仅是对世界咖啡馆本身课程的总结，更是放眼未来、温故知新的有效学习手段。在世界咖啡馆的教学活动中，为了达到视觉引导的目的，需要事先准备丰富的道具和教具，并且在活动的过程中，引导学员进行涂鸦、画画。世界咖啡馆是一场充满想象力、可以尽情涂鸦画画、汇聚集体创意、阐明共同智慧观点的研讨活动。

一、世界咖啡馆需要布置作业

布置作业是研讨式教学课程的重要环节，事关整个研讨教学的成效。世界咖啡馆是一种教学方法，也是一种研讨工具，始终坚持目的导向、结果导向和实效导向三个原则。世界咖啡馆要求每次研讨都有成果，并且其成果要求是有形的展示，比如，研讨小组的发言及总结的文章、最后意见的梳理和汇总、公开的承诺和宣言等。世界咖啡馆常常把布置作业放在课程结束的环节。

世界咖啡馆可以作为一堂完整的课程，也可以作为行动学习的一个环节、一个研讨工具和手段。如果把世界咖啡馆看成是研讨工具和手段，当作整个项目推进或者课程研讨的方法，那么世界咖啡馆侧重的是功能和方式。

世界咖啡馆的作业依据每次研讨主题和任务而呈现不同的方式。世界咖啡馆的作业与世界咖啡馆教学法的定位有关。如果仅仅是把世界咖啡馆作为结构化研讨方式，完成一个主题的研讨后，世界咖啡馆就完成了它的使命。如果把世界咖啡馆作为一堂完整的课程，则需要围绕世界咖啡馆的研讨内容布置作业。主持人或者老师要有布置作业的理念和设计思路。

其实，如果仅仅将世界咖啡馆作为研讨工具，作为行动学习的环节之一，世界咖啡馆也可以结合行动学习整个项目的需求，让研讨成果为行动学习的下一个环节所用，或者说为行动学习的下一个环节打好基础。

（一）世界咖啡馆因需求不同而使布置作业的形式不同

学员完成世界咖啡馆的作业是为了完成学习任务。作业可以分为课堂作业和课外作业两大类。课堂作业是在上课时当堂要完成的作业，而课外作业是需要学员在课外（包括课前和课后）完成的学习任务。

按照广义的作业的定义，如果研讨主题是依托世界咖啡馆这种形式来进行教学的，举行半天的世界咖啡馆主题活动就可以完成教学任务，那么世界咖啡馆主题活动的各个环节都是学员需要完成的作业。比如，无论是暖场、破冰，还是放一段提醒大家注意某些事项的视频，这些开场活动让大家都参与其中，其本身也是一种作业。接着，世界咖啡馆主题活动一般会进行三轮小组研讨，当主持人要求每个学员都参与其中、发言及静默思考时，这些都是学员在完成自己的作业。在最后的大组分享环节，每一组派一个代表在全班面前发言，并且将小组创作的海报展示给大家的时候，这也是在完成这一阶段的作业。世界咖啡馆研讨模式深受学员的欢迎，并且易于操作，每个人只要用心参与其中，便可采用世界咖啡馆这一方式进行主题研讨，用于解决各类工作中的难题。主持人有时会提到希望大家可以带着世界咖啡馆这颗种子，回到本单位本系统，让这颗种子能够在学员所在单位生根发芽、开花结果，也希望这颗种子能够长成参天大树，而这是对世界咖啡馆这一研讨方法的宣传和推广，也是一种截然不同的作业。

如果世界咖啡馆是作为行动学习项目的一部分，作为行动学习的方法和工具，那么，世界咖啡馆的作业就是因行动学习项目而生成的作业，这也包括很多课外作业。在世界咖啡馆开始研讨之前，常常有许多与研讨主题相关的课件材料和预习工作，这些是开馆前就需要着手准备的工作，如阅读学习案例资料，翻阅相关文献资料等，都是作业；世界咖啡馆通过研讨得出的集体智慧和成果也是作业；世界咖啡馆研讨活动结束后，要求每个小组在课后完成的文章、方案、模型、活动，以及为下一个行动环节所做的准备也是作业。

世界咖啡馆的课后作业根据组织需求和个人需求各有不同，其研讨主题和完成项目任务的作业也各有不同。就世界咖啡馆课后需要形成的文字材料而言，可以分为五类作业。

1. 研讨结果的总结梳理

在世界咖啡馆研讨课上，由于时间的原因，学员常常无法将研讨结果形成文章。在研讨课后，将研讨结果梳理归纳出来，是对集体智慧成果的再一次升华。

2. 意见建议的收集整理

世界咖啡馆的研讨主题，很多是针对具体的项目或者任务，比如，修改已有初稿的方案、制度、办法、政策条文等。通过研讨课后的再次梳理归类和整理，能够使意见和建议更加系统化、条理化和规范化，同时让意见和建议更加科学合理。

3. 感想体会的反思撰写

世界咖啡馆有时讨论的主题是理想信念或思想观念上的问题，有时讨论的是价值观和方法论上的问题，集中在"道和法"的层面，需要每个人或者每个小组的代表写出相应的心得体会文章。这是在世界咖啡馆闭馆后再学习的要求，也是让世界咖啡馆取得实效的举措。

4. 调研学术文章的写作

世界咖啡馆有时是作为行动学习时的调研手段，是举办座谈会的深度汇谈的形式。学员参加世界咖啡馆研讨后，需要根据世界咖啡馆的研讨成果，写出相应的调研文章或政策制度文件，有时还可以形成学术文章公开发表。

5. 信息新闻稿件的编写

世界咖啡馆本身是一项活动。对于研讨成果，在组织内部，有时我们需要对其进行政务信息报道；而在系统外部，有时我们需要将其写成新闻信息稿件发布。有时研讨的主题内容本身就可以作为新闻对外发布，或者作为政务信息在内部流转，这些新闻信息稿件的编写都是在世界咖啡馆研讨结束后以作业形式布置给学员完成的。

世界咖啡馆的作业有时需要每个人作为个体参与并完成，有时需要以小组形式集体完成，有时需要具体布置给指定的个人去完成，具体安排要考虑课程设计的需要。课后作业有时需要向主管组织上交或汇报，有时需要小组在课后继续深入持续研讨，有时需要个人做复盘总结或发表文章来提交作业，等等。作业的具体外在形式有的是书面材料，有的是下次课程的预定或者具体实施事项，有的是小组群或班级群的长期互动交流和探讨。

当然，世界咖啡馆研讨课结束后，老师也不一定非要布置作业，有些研讨主题在课上就可以得到答案或收获满意的结果。如果世界咖啡馆是作为行动学习的某一个环节，此环节过后接下来的行动学习环节也都可以继续使用世界咖啡馆的形式进行研讨，那么，这场世界咖啡馆研讨课也不需要额外布置作业。

（二）世界咖啡馆布置作业强调针对性和实效性

针对性和实效性是研讨式教学需要关注的关键问题。要使世界咖啡馆的作业富有针对性和实效性，必要的前提是注重世界咖啡馆的课程设计。每次流程设计都要紧紧围绕主题，结合组织需求和岗位需求，以结果为导向，抓好流程的实效。布置作业是督导出结果的手段之一，可以使结果更加清晰明确，也可以使呈现出来的结果更有说服力。

此外，我们还可以通过注重评价和评估的力量这一举措增加作业的针对性和实效性。在世界咖啡馆的流程中，存在着学员互评、老师点评、领导评论、作业评比等多种方式的评价形式。在小组研讨环节，每个学员在发言时，其他学员都会有意无意地进行评价，这无疑也促使观点更加正确和客观。在大组分享环节，同学们可以互评，老师可以点评，这样会让观点更加综合全面和符合需求。课程开始或最后的领导点评，常常让观点更加务实和实际，为接下来结合实际的落实工作做好了铺垫。哪怕仅仅是关于世界咖啡馆本身的点评，也会有助于作业和研讨成果的质量。

点评不仅是口头的表达，有时还需要依靠表格、文字等辅助工具。在世界咖啡馆大组分享阶段，常常会给每个学员发放"关键内容萃取表"和"评价打分量化表"。发言人在有限时间内做汇报时，主持人要求学员在汇报时提炼几个关键词，并在萃取表上做好记录，还需要在量化表上根据标准进行打分。这些措施都有助于提升学员的发言质量和作业质量，也为研讨结果的评价找到了依据。

评价具有奖惩作用。奖励一部分人，对另外一部分人来说则意味着惩罚。很多时候，评价就是为了一见高低。团队会为荣誉而战，会为得到好的评价而努力。评价奖励有时可以采取物质激励的措施，如发放卡片或者小纪念品等，也可以鼓励学员发表研讨成果。研讨成果哪怕只是发表在内部刊物上，对学员而言都是莫大的鼓励。除了有形的奖励，无形的奖励或行为上的奖赏都是很有效的举措。无形的奖励是指对发言精彩的学员进行口头表扬，对全体学员的热情参与表示感谢，以及对产出的研讨成果表示满意和肯定，等等；而行为上的奖励包括为表现优秀的学员点赞（竖起大拇指），让小组所有学员在集体创作的海报前合影，以及在颁发奖品时进行合影，等等。对研讨结果的奖励要有仪式感，要求主持人要刻意制造仪式感，例如，合影拍照要选择最佳的拍摄背景，要注意形象，着装要规范，面带微笑，等等。此外，世界咖啡馆也需要刻意营造真正的商业咖啡馆的氛围。这是情景再造，也是在刻意制造仪式感从而增强组织归属感，是使学员的学习更加认真和投入的有效方式。

（三）世界咖啡馆作业按照时间维度进行分类

首先，有的作业是马上要办的事情。例如，课后每个研讨小组与本组创作的海报进行合影，建立微信学习群，形成学习互助小组，等等。

其次，有的作业是需要课后提交的作业。例如，就世界咖啡馆专题发言内容形成文章并且上交，后续再进行信息宣传报道，等等，强化学习成果。

再次，有的作业是长期的作业。例如，有的世界咖啡馆主题活动就是对未来战略的规划或工作的部署，有的世界咖啡馆专门准备了一些学员可在未来长时间（有的甚至长达 3 年）使用的作业本，并且要求学员在上面做笔记或记录。这使得咖啡馆学员的学习以及自身的改变因为长期的坚持而转化为有形的输出。

最后，有些作业是对未来的期望，并没有固定的时限要求。例如，每次举行世界咖啡馆主题活动，主持人都会在活动的最后环节号召和呼吁学员把这种特别的讨论方式——适用于学习、开会、培训的高效研讨方式带回去，希望世界咖啡馆这颗种子能够在学员所在单位生根发芽、开花结果，长成一棵参天大树。类似这样的作业没有硬性的时间限制。

（四）世界咖啡馆作业形式促进世界咖啡馆的迭代升级

世界咖啡馆从 2004 年传入中国至今，在成人教育培训工作中的应用已经非常成熟，自成体系。在万物互联，教育培训方式不断创新、突飞猛进的时代，世界咖啡馆也在不断地本土化，扩大着自身的影响力。它是一种每个人都可以掌握并使用的研讨方法，要求注重结果导向，让每场研讨会都能切实发挥其应有的作用。每场世界咖啡馆主题活动结束以后，也要不断地反思和总结，让下一场世界咖啡馆主题活动可以发挥更大的效能。反思和总结在本质上也是一种作业。而作业的产生，当然是世界咖啡馆本身的逻辑要求，也是研讨内容的要求。做作业的过程是复盘反思的过程，可以让世界咖啡馆这种研讨模式在"实践—反思—理论"这样的学习循环中得到螺旋式的上升，也让世界咖啡馆能够不断地迭代和升华。

二、世界咖啡馆要求涂鸦画图

在进行世界咖啡馆教学时，学员能画图就画图（见图 2-7）。涂鸦画图能让想象张开翅膀，因此在上课时，不仅老师要画图，而且老师要引导学员画图，引导学员积极参与到课程当中。世界咖啡馆组织学员讨论时，经过三轮小组讨论，在最后的大组分享阶段，主持人（老师）都会要求学员尽可能地把研讨得出的想法画出来，把小组的研讨成果用涂鸦画图的方式展示出来。每次上课画图都会使世界咖啡馆的研讨效果更加突出，学员参与度也会提高，课堂的掌声不断，学员互动氛围更会超出预期。因此，画图成了世界咖啡馆的一个特色，成为促进课堂效果必不可少的方法和手段。

图2-7　世界咖啡馆要求涂鸦画图

在当今的成人教育培训课程中，一些研讨式教学包括教练技术的授课，很多老师摒弃了精美的课件，改成用最原始的白纸和软笔进行板书，并且板书常常是以图画或连接符号居多。原因有很多，有的老师说，课件限制了自己的思维；有的老师对学员说："课件我为你们准备好了，但我就不照着课件讲了。"而更科学的原因是，当老师开始板书时，学生的思维是被调动的，学生的思维会随着板书的展开而展开，因此，学员也在参与整个板书过程，也就更加容易形成具体的图像留存在脑海中，上课的互动效果也比用课件要好。小组集体研讨后，学员把自己的想法通过图画的形式描绘出来，这个过程本身就是一种行动学习的具体展示，也更容易提高教学效果。

那么学员为什么要画图，画图的好处是什么呢？我们可以先从画图的基本概念和定义谈起。

我们在向别人传达信息时，常听到这样的对话："你在说什么？我不懂你的意思。"或者有人不客气地说："我听不懂。"可能会遇到一些领导，直接下命令："请写成书面材料交给我。"那么，究竟是哪里出了问题呢？其实，以上话语所表达的意思是："我不知道你想表达什么，在我脑子里无法根据得到的信息描绘出一张图。"当你明白对方的意思，你可以尝试画一张图，或者思考："我该如何让对方的脑子里有一张我要表达的内容图呢？"

（一）涂鸦是什么意思？

涂鸦看似是外来音译词，实际上却是正宗的汉语。只不过，涂鸦在最近几十年受西方文化的影响，其内涵发生了根本性的变化。

唐朝卢仝在《示添丁》中写道："忽来案上翻墨汁，涂抹诗书如老鸦。"后人因此以"涂鸦"比喻书画或文字稚劣，多用作谦辞。明朝管时敏曾在《墨窗为越人赵挘谦赋》中说道："我嗟涂鸦手如棘，屡欲从君问奇画。"清朝和民国的文学作品中也常用到"涂鸦"这个词，以后一直沿用至今。

英语中的"doodle"一词在汉语中被翻译为"涂鸦"，起源于 20 世纪 60 年代美国的费城和宾夕法尼亚州的 graffiti，graffiti 在中国也被翻译为"涂鸦"。制作者会把自己的绰号以及自家门牌号等涂绘于墙面等介质上，后来扩大到在汽车、火车和车站站台等不同表面上做 graffiti。很多不了解涂鸦的人会认为涂鸦就是在乱涂乱画，从字面上解释：涂指随意地涂涂抹抹，鸦泛指颜色，"涂"和"鸦"加在一起就有随意地涂抹色彩之意。其实，"涂鸦"发展到现在，已经成为一个正面词汇。涂鸦是一种视觉设计艺术，涉及的艺术内容很广泛。如果把语言分成口头、书面和视觉三类，那么涂鸦应该称为视觉语言。

世界咖啡馆课堂上的涂鸦是课程设计的结果，是有意为之，也就是将听觉或文本的内容有意地转化为文字和图像，然后结合文字和图像，创造出一种新的视觉语言。集体涂鸦可以以小组或团队的形式来澄清和沟通彼此的想法，探究并展现复杂的信息内容。

（二）为什么要在世界咖啡馆涂鸦画图

现在是一个读图时代，我们常说"有图有真相"。如果一则新闻欠缺图片，好像就缺少了说服力。网络新闻中常会插入图片进行说明，微博和微信里的文章一般也会有配图，并且图片常位于显眼的位置。新闻图片直观，一目了然，容易引起人的注意，且易被人信任。这是因为更多的时候，图片比文字更具冲击力，更容易激发大脑神经的活动，会全面调动人的本能脑、情绪脑和视觉脑，这就是"一图胜过千言万语"的道理。同时，这也是一些大的网络平台充满各种各样的小视频、图片以及某些短视频平台流行于全球的原因。

当然，图片和"涂鸦"还是有区别的。图片可以直接通过拍照获取，而涂鸦则需要动手画图，但两者的心理学和脑神经科学的理论支撑基本相同，参加过世界咖啡馆的学员都感受过涂鸦的魅力。有人问："在世界咖啡馆，我不涂鸦行不行？"当然行，但是如果有时间、有条件，就一定要涂鸦。

（三）涂鸦画图是与生俱来的本领

在世界咖啡馆的课堂上，学员进行涂鸦，可以全身心地投入即兴涂画记号，以帮助自身思考。小孩子天生会涂鸦，涂鸦是人类与生俱来的本领，就像走路和说话一样。我们知道，大脑使我们天生具备了强大的视觉感知能力，在三万多年前，人类就开始在沙地上、雪地里、洞穴的墙上涂鸦了。涂鸦适用于四大学习模式——听觉、动觉、视觉、读写。涂鸦能够显著提升学习体验，提升专注力，增加记住信息的数量；在解决问题、洞悉事实、发明创新的时候，涂鸦能够让思维更深入，更具创造力。在人类历史上，那些最优秀、最聪明的人都乐于运用涂鸦的方法。

上课时，有的学员说自己不会涂鸦，这只能说明他不明白涂鸦的定义，或者是没有信心去涂鸦。其实，涂鸦不受所谓高雅艺术的局限，作为一种表现自己想法的形式，任何人都会涂鸦，也都可以涂鸦。在世界咖啡馆的课堂上，只是要求能用涂鸦配合说明问题即可，可以采用涂鸦中最简单的三种形式：一是写一些关键字词；二是画一些连接符号，随意涂抹即可；三是画一些简单的图画，如山、水、人、太阳、月亮、花朵、树木等，人就画成"火柴人"即可（见图2-8）。如果会用一些如逻辑树、思维导图、平衡轮等类似的逻辑框架工具，那么涂鸦效果将会更好。只要学员尝试涂鸦，就会发现，涂鸦是可以随意发挥创意、表达自己的好方法。

图2-8　涂鸦画图集合

涂鸦画图可以让人一看就懂，令人一目了然。画图最容易让你将脑中的想法转化为容易看懂的成果。爱因斯坦说过一句话："如果你无法简单地解释，就说明你没有理解透彻。"画图的前提是要明白你想说什么。当然，在集体研讨画图时，恰恰是画图这一过程可以让小组成员进一步理顺思路，也可以帮助小组成员更深入讨论主题，最后画出简明易懂、一目了然的图形。

（四）每个人都可以画图

画图的学员也不一定要具备美术的基础知识，不一定要设置多么精美的展示，只要简单地将自己心中的想法表达出来就好。在课堂上，研讨的时间有限，在人物肖像、白描或素描等方面的专业能力再强，也来不及展示自己的美术才能。画人物时，我们用"父"字上面加个圆圈就可以代表了，而大家也都会画图表，比如画圆形、三角形、四边形等简单的图形及一些连接符号。因此，在课堂上，大家都会画图，只要大家尽情地去创作即可。然而，不仅在课堂上，在思考、沟通、制定策略、决策、开会、日常生活时，我们都可以画图。只要习惯用画图去发散思维就行，当然，要画好图还是需要掌握一些必要的技巧，这是以后可以刻意练习的地方。

福特汽车创办人亨利·福特（Henry Ford）说过一句话："成功的秘密在于能够站在别人的角度去看问题。"无论老师还是学生，在画图时，都要从受众的角度出发去画图，这也是画图的前提。如果图画满是文字，那么学员只是应付老师交办的任务，对受众来说是非常枯燥无味的；有的学员画的图文字很小，只是为了方便提醒发言的同学，而忽视了坐在后面的学员的感受；有的学员画得漂亮，但受众不明白他的图想要表达什么意思。以上这些行为都不是站在受众的立场上想问题，丧失了画图的意义。画图的时候，应注意画粗线或换颜色，会让图更加清晰明了；还需要记住的是，画图不只是为了自己，或仅表达自己的想法，更重要的是让对方看明白，同时留下深刻的印象。因此，画图时，学员要站在观赏者的角度，画一幅让人一目了然的画。

互联网改变了我们的生活，也改变了我们的阅读方式。在互联网时代，信息瞬息万变，时间宝贵，大家已经开始习惯于碎片化阅读、倾向于读图，并且阅读时，读图胜过读文，相比之下，读图我们会更加直观轻松，可以说，我们已经进入了读图时代。"有图有真相"以"有图"为前提，图也因此变得格外重要。此外，一图胜过千言万语，想要吸引对方的注意力，让对方对你的想法了然于心而又尽可能少占用对方的时间，这就要求我们学会画图，养成将内容整理成一张图的习惯。如果要表达的内容很多，则需要从想法中提炼出精华并转变成图纸，让对方可以快速翻看我们提前准备好的材料和图片。在互联网时代，比如在微信上，所有文章都是以毫秒为单位上传的，每个人都是自媒体，都有很多话要说，但是如果想简明扼要地表达自己想说的话，用图画的形式表示出来，一定会有更好的效果。画图的好处很多，具体如下。

1. 涂鸦画图有助于明确问题

问题的本质是期待的状况和现实之间的差距。差距越大，说明问题越严重；如果差距不大，说明问题较小。当我们画一些图表时，图表的轴线可以呈现想要的目标，透过图表可以明确看出目标与现实的差异。因此，图表可以使问题更直观，也就是使目标与实际情况的差异更清晰。

2. 涂鸦画图能提供一个思想框架

当画图时，可以一边画图，一边与学员或者观众沟通。画图能够提供表达者想表达的思想框架，能够让沟通更加顺畅。当运用图片将想说的内容进行有序组合时，也相当于在对方心中建立了一张图纸，他可以把你所说的内容都有序地归置在头脑中。这样，接收的信息不会遗漏，可以确保沟通畅通无阻。

3. 涂鸦画图可以让发言逻辑清晰

日常发言，不管是讲话、演讲、汇报，还是做推销等，首先要逻辑清晰，条理分明，这样有助于对方快速抓住要领，领会发言者的意思。而画图则为问题的思考、使问题变得清晰和更有条理提供了一条捷径。画图可以让我们在遇到问题时，不再毫无头绪，思维混乱，也让写作和发言不再那么艰难，同时，画图是理顺自己思路的过程，有时图片也可作为写作和发言的提纲，提纲挈领可以让写作和发言化繁为简。

4. 涂鸦画图可以激发想象力

人和动物的本质区别就是想象力，而人类大脑真正擅长的能力也是想象力。当看到一幅图画时，可以充分激发观众的想象力。每一张图片反映的内容也会因每个人的知识背景、经验和经历的不同而存在差异。图片本身需要发言人予以说明，但更多的内容则可以通过观众的想象力变成他们自己可以消化的信息和知识。想象力也是理解力的一部分，想象力结合理解力，可以演变成洞察力，而洞察力则是大脑最适合在实际工作和生活中发挥的能力。

5. 涂鸦画图有助于加强记忆

在世界咖啡馆大组分享成果的发言环节，学员看着图片更容易发言，且不易遗漏想说的要点。1981 年，诺贝尔生理学或医学奖得主罗杰·斯佩里（Roger Sperry）博士的研究指出，左脑主要记忆文字，右脑主要记忆图像。后来的脑科学研究发现，相较于左脑的文字记忆，右脑的图片记忆容量要多上百万倍。因此，根据大脑的本能、判断及记忆容量可知，与其用文字写成密密麻麻的文章，倒不如用图像来表达所思所想。

另外，科学家研究发现，有一种记忆叫作视觉记忆，视觉记忆比其他几种记忆更容易储存和提取。而在视觉记忆当中，最极致的记忆方法叫作影像记忆法。这种影像记忆法指的是如同拍照片或录像一样记录所看到的物体、文字，并以影像的方式储存在大脑中。尽管影像记忆法很难，但视觉记忆是最容易被记住的，因此，我们把听觉记忆变成视觉记忆，把复杂的视觉记忆变成简单形象的视觉记忆，学习的内容就会更容易被记住。

客观事物的信息进入大脑之后，会储存在大脑皮层的不同区域。大脑皮层储存了各种各样的信息，需要用到时，大脑即可从中提取相应的内容，越是常用和熟悉的内容，越快速被提取，而且记忆也越深刻。记忆的内容分散在各个区域，孤立地存在于神经元之中，而画图有助于使两个记忆点建立联系，并且有助于大脑找到更进一步的联系，从而加深对知识的理解。画图不仅能找到事物表面的联系，还能找到本质的联系，比如因果关系，这样就容易记忆了。

画图可以帮助我们整理思路。面对数量繁多而又杂乱无章的信息时，我们通过画图进行整理、概括和总结，容易抓住主要内容和重点，也可以通过归纳和演绎，找到信息之间的关系，在画的过程中加深理解，理顺思路。一张图，甚至一个简单、清晰、具有概括性的提纲，都比多而乱的信息要更容易被记住。

画图具有首因效应。美国心理学家 A. S. 洛钦斯（A. S. Lochins）首先提出了首因效应，也叫作首次效应、优先效应或第一印象效应。首因效应是指在社会认知的过程中，对于客体的认知，个体受"第一印象"这一最先输入的信息的影响最大且持续时间最长。受最先接收的信息的影响所形成的最初印象，构成大脑中的核心知识或记忆图式，最先输入的信息作用是最大的，也是最容易被记忆的。画图可以首先让想法具体形象地呈现出来，学员在课堂用图片进行发言时，图片成为记忆最先输入的信息，也就最容易被记住，当然图片也是发言者最希望受众能够记住的内容。

画图能够增强记忆。在上课或者学习时，我们与其只盯着看，不如顺手画一画，这样能够做到有效记忆。换言之，画图是让我们做到保持长期记忆的一种有效方法。我们要将画图变成工作和生活的习惯，切实发挥画图的价值。

6. 涂鸦画图蕴含认知力量

涂鸦蕴含着极大的认知力量，可增进心性的回忆、记忆与理解。如果是个人涂鸦，可以让人更专注、放松，并让人们通过想象改变现实；如果是团队涂鸦，能够提高小组成员的参与程度，提供情景思考，提高会议效率，并生成视觉化的记录及共同记忆。

涂鸦能起到船锚的作用，就像预防措施，能避免我们在面对枯燥的话题时神游天外。涂鸦、速写或是画图的一个重要好处就是它们打开了一扇新的窗户，让我们见识到超越传统的学习方法。

现代心理学和脑神经科学指出，涂鸦画图行为能够显著地影响个体的认知过程。同时，涂鸦对团队的影响作用也很重要，尤其是在促进团队成员合作方面。当我们将简单明了的视觉语言融入团体思考的过程中，事情就会立刻发生改变，这并不只是因为涂鸦唤醒了一般情况下不会参与到头脑风暴中的大脑皮层，关键还在于用视觉语言进行交流的行为大大提高了会谈的关联性、功能性及沟通性。总的来说，涂鸦深化了人与人之间的信息交换。

7. 涂鸦画图容易解决个体之间的争论

涂鸦能让学员或团队的思考及对事实的洞悉更深入，能让学员拥有更多的创新机会，能给予问题更好的解决办法。选择涂鸦，相当于选择同时唤醒左脑和右脑，等于是探寻无尽的可能性。这个选择让我们面对汹涌复杂的信息洪流时不再迷惑、不再误解，因而容易达成一致意见，并趋向美好的未来。

开会或上课时，我们产生争论并不可怕，如果争论得不可开交，解决办法就是涂鸦。在世界咖啡馆，我们需要每个人发言，倾听别人的发言，小组讨论，以及大组分享。在这个讨论过程中，我们常常会产生深度质疑和反思。成员间由于背景和经历不同，会产生不同的意见。如果争执不下，就拿起画笔，一起涂鸦画画。在涂鸦画画的过程中，我们就把一些事情梳理清楚了，会更加综合与全面地考虑一些事情，一些事情会因此呈现出内在的深层逻辑结构和共同的结果，集体的智慧往往能够通过涂鸦画图在最后完美地呈现出来。

8. 涂鸦画图能提高团队表现力

世界咖啡馆涂鸦的实践给我们的启示是：我们能够通过涂鸦改变前进的方向，使它趋向更好的结果。涂鸦要求智力、创造力以及肢体动作的参与，要求大脑同时调动数个神经网络参与进来，这也使得涂鸦有促成思维改变的强大力量，它开启了一道大门，让学员能够想象和设计更好的未来。

一个著名的会计师事务所曾做过这样的实训：在培训班开始前，该会计师事务所提供一位客户的详细的案例资料，以该客户为服务对象，把整个培训班学员分成几个团队，给各个团队布置相同的任务。在第三天培训班结束前，每个团队成员上来进行情景模拟，演示如何完成了培训前给出的既定任务。结果显示，表现优异的团队都是那些善于运用各类示意图、善于涂鸦的团队。道理很简单，当其他人还在用文字进行介绍时，你却用图表或图像展示给观众，表达内容一目了然，也更能打动观众。

团队涂鸦能够确保人们参与解决问题的过程，因为我们人类与生俱来的功能就是容易被以视觉空间形式呈现出来的信息所吸引。我们更倾向于亲近图像和运动，因此，将视觉语言融入团队工作这一行为变得十分有意义。涂鸦会让每个人全身心投入，而不只是调动受过训练的感官，以及来自听觉和文本的信息。

团队涂鸦常常包含创新性、战略性及策略性的想法。涂鸦能够让大脑的各个部位活跃起来，从而促进具有革命性和创新性的想法诞生。同时，涂鸦也能将复杂的想法直观地呈现出来，帮助人们更快地做出决策，并在了解更多的信息的基础上采取行动。当形势复杂到一言难尽时，如果处于被视觉语言包围的环境，我们能够即刻陷入更深层次的思考中去。越是复杂的情境，涂鸦越是大放异彩。有科学研究证实，在召开工作会议或研讨会时，若使用涂鸦这种视觉语言，能将会议的时间缩短1/4。

在世界咖啡馆的大组分享阶段，每个小组发言人上台展示本组的涂鸦作品并进行讲解，这其实是每个团队比拼的过程，也是各组涂鸦作品以及所讲内容进行对比的过程。对比的形式能够让听众保持专注，并且推进故事情节。而涂鸦过程及借用涂鸦这个工具进行解说或发言，能够增强个人、团队的思维活动能力。因此毋庸置疑，涂鸦可以提高团队的表现力（见图2-9）。

图2-9 涂鸦作品集合

（五）涂鸦画图中的色彩运用

在世界咖啡馆中，会议的主办方会提前在每张桌子上放置一套马克笔及黑色、红色、蓝色的白板笔，同时每个桌子都会配备大白纸，以便学员尽情涂鸦画图。学员在涂鸦的过程中会用到各种色彩笔，用多种色彩涂鸦而形成的作品比较鲜艳。多色彩图画相较单色图画能调动大脑更多的神经区域，如果仅仅用黑色，或者仅仅用一两种色彩，有时会让人印象深刻，但是更多的时候，单色的涂鸦作品往往会让人感觉单调。

主持人应该首先告知学员基本的色彩应用知识，比如，如果有蓝色、黑色、红色三种白板笔，通常我们用蓝色笔写标题，用黑色笔写正文，用红色笔画线或画框架等；并且提醒学员，在用马克笔时，一定要让马克笔的颜色和所用纸张的颜色反差大一些。比如，避免用红色的马克笔在红色纸上涂画写字，反差太小容易让人看不清楚。

主持人应该告诉学员，涂鸦的作品是给观众看的，而不仅仅是为了显示美观和作提醒本团队发言人之用。涂鸦的目的性和功利性在世界咖啡馆是很强的，所以，涂鸦时，学员要将字体尽量写得大一些，选用的色彩要以观众看得清楚为前提，比如黄色、橙色这样的亮色就不适合用来展示文字内容。画图案或图像的轮廓线应该使用较深的颜色，比如可采用深灰、蓝色、紫色或黑色来画线，不宜用红色、橙色或绿色。

涂鸦主要是为了清楚地表达中心思想。涂鸦时，不要忘了关注真正重要的东西——内容、准确性及视觉结构。这才是涂鸦的实质性细节，相比于其他任何东西，这些核心内容更重要。

（六）涂鸦画图的过程要做减法

在世界咖啡馆，涂鸦的时间一般设定得较短，最长的团队涂鸦的时间是30分钟。当然，世界咖啡馆有时会邀请专业涂鸦人士，他（她）能在听人讲解的过程中，在大白纸上标出发言人所讲的重点，列明概念或内容之间的关系，用生动清晰的图像把每个人的主要思想概括出来。当世界咖啡馆作为教学方式应用时，更多的情况是要求学员自己涂鸦，因为我们假定每个人都会涂鸦。

课堂上，涂鸦的时间有限，这就要求涂鸦者或团队会做减法。任何复杂的问题都可以用专注和简单来解决，即学员专注地用一些简单的方法去处理这些复杂的问题。复杂的思想用简单的涂鸦就可以呈现。我们要求学员带着愉快的心情和坚定的决心，有技巧地做减法，挑选有用的内容，将这些内容作为视觉化表达的基础，大胆地剔除冗余信息，瞄准那些与主题及教学目标相关的信息，然后用结构图或图画表达出来。

涂鸦的核心在于筛选信息，看清现实，并将它呈现出来，扩展现实。学会涂鸦就像拥有了超级武器，它赋予无形的知识一个可见的外形，将知识活灵活现地呈现在每个人的眼前。涂鸦能够让我们对现实有更真实的把握与控制，否则过于抽象或笼统的语言很可能会让我们的思想不得要领，抓不住本质。

每个人都会涂鸦，无论在研讨培训班或各类会议上，还是在团队解决问题时，最好运用涂鸦这种手段。当我们开始用涂鸦表达抽象事物时，我们就是在方便、快捷、高效地沟通和分享彼此的思想及现实。

【相关知识链接】

九宫格思考法和金字塔思考法的异同

九宫格思考法来源于东方智慧，金字塔思考法发端于西方文化。九宫格思考法和金字塔思考法都是有效的思考方法，都能应用到听说读写等实践领域，两者在功用上可以互补，并能相得益彰（见图2-10）。

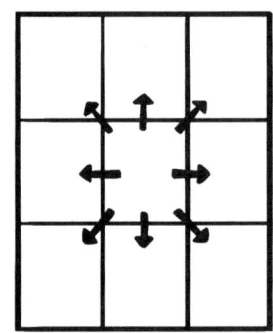 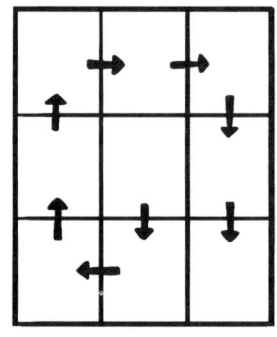 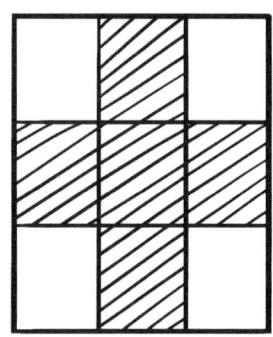

图2-10　九宫格思考法

1. 九宫格思考法

九宫格思考法是曼陀罗思考法的一种，也可以称为曼陀罗九宫格思考法。曼陀罗（Mandala）是一种原生于印度的花，Mandala的意思是"获得本质"或"具有本质之物"。曼陀罗图案是佛教中的艺术，是佛教对天圆地方宇宙模型的呈现方式。九宫格思考法是运用类似曼陀罗的图案作为启发人思考的工具。曼陀罗用在佛教图像里，可以展现为圆形排列或方格的形式，而九宫格是呈现曼陀罗的主要工具。当然，曼陀罗不只是呈现九宫格的形式，还可以呈现出各式各样的图样，并且可以用在许多不同的领域。

日本顾问咨询师今泉浩晃通过研究曼陀罗笔记法来训练脑力，主要使用的工具就是九宫格。在他的宣传推广下，九宫格思考法已变成一种被普遍认可的训练思考的图像笔记方式。九宫格思考法可以引导人们进行水平思考或者垂直思考：用放射状排列时，可进行水平思考或发散式思考；用螺旋顺序排列时，可进行垂直思考或逻辑式思考。当然，九宫格也可以是十字形排列的八段论法。八段论思考法是要求在十字形的阴影部分格子填上要达成的四个目标，在四周角落的格子填上达成目标的策略或方法。

九宫格思考法是一种激荡脑力的思考方法，具有整理思绪、深入思考、创意启发和沟通互动四大优点。

2. 金字塔思考法

金字塔思考法（金字塔原理）是由芭芭拉·明托（Barbara Minto）总结和归纳出来的。明托于1961年进入哈佛商学院，成为哈佛商学院录取的第一批女学员中的一员，1963年，被麦肯锡顾问咨询公司聘为该公司的第一位女性顾问。明托在写作方面的才能受到赏识，并于1966年被派往欧洲的麦肯锡公司工作。在欧洲，明托发现，用德语和法语写作的员工在写作方面碰到的问题与美国员工一样，他们使用语言文字写文章的问题不大，普遍存在的问题是所写的文章条理不够清晰，有时会出现逻辑混乱等问题。这使得明托开始研究写好一篇文章背后的思维结构问题，并将研究成果总结归纳为"金字塔原理"，并写了《金字塔原理》这本经典著作。经过明托40多年的专注推广，金字塔原理已成为麦肯锡公司的标准和许多商学院的经典教材，并被全球多个国家和地区的管理咨询公司所采用（见图2-11）。

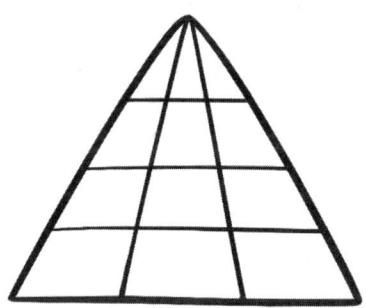

☆ 结论先行
♛ 上下照应
🗀 分类清楚
� 逻辑递进

图2-11　金字塔原理结构图

金字塔原理（Pyramid Principles）是重点突出、主次分明、条理清晰的逻辑框架和表达方式。金字塔原理的基本结构和核心思想可以被概括为16个字："结论先行，上下照应，分类清楚，逻辑递进。"

将复杂的事物简单化，才能使思考更有条理。"结论先行"的原因在于现在信息复杂、时间紧迫，受众想听开门见山的话，希望演讲者能快速、简洁地把问题说清楚。"分类清楚"是人们归纳和总结概括的基本逻辑要求，人们的先天思维要求定义明确、分门别类、划分清楚、考虑周全。金字塔内部的结构，从纵向看，任何一个层次都是对其下面一个层次的总结或概括，上下之间有一个演绎和归纳的关系，这就是"上下照应"。从横向看，多个单位因一个共同的逻辑，而被并列地组织在一起，各单位之间也有"逻辑递进"的关系。金字塔原理要求我们在时间、结构、程度上都呈现"逻辑递进"的关系。

金字塔原理事关每个人的"听—说—读—写—想"。金字塔原理提供了一套科学思维的标准结构和规范动作，掌握金字塔原理，每个人就能够想清楚说什么、怎么说。金字塔原理能够帮助人们达到沟通交流的目的，让人们说话时重点突出、主次分明、条理清晰、思路清楚；当演讲者用金字塔原理表达时，受众也容易理解和接受，并且容易记住。

3. 九宫格思考法和金字塔思考法的关系

九宫格思考法依据的思维原则是人类思考是分层的，思维都有深层的逻辑结构。我们人类的第一层思考是条件反射性的思考，第二层思考才是理性思考和深度思考。深度思考很费脑力，多数人不愿意深度思考，就算愿意也不见得能立即做到，且深度思考容易造成思维混乱，只是在脑中想，常常会出现思维被"卡住"的情况。借由书写（视觉化）让自己看到思考的轨迹，就能激发创意。除了九宫格中间一个格子需要添加思考的主题外，周围还有八个格子，这无形中要求我们填满所有的格子，刺激大脑努力去思索。通过九宫格结构化的方式，我们更能看出思考的逻辑。透过图像化的呈现，内容看起来简单、明白、易懂。运用九宫格思考法，思维越开放越好。

金字塔思考法分析结构依据的思维原则是主要思想是从次要思想中概括出来的。由此，无论是报告还是口头表达，其理想的组织架构应是金字塔结构，即由总的思想统领多组思想。在金字塔结构中，思想之间的联系方式可以是纵向的，即任何层次的思想都是对其下一层次思想的总结；也可以是横向的，即多个思想因共同组成一个逻辑推理式，而被并列组织在一起。

九宫格思考法和金字塔思考法，看似在图像表达方面大相径庭，其实内在的肌理一脉相承。九宫格是东方智慧，主要来自藏传佛教，思考方式上是为了探究本质和规律，观想曼陀罗时可由中心向四面八方扩散，亦可由外向内挖掘事物本质的深度及广度。金字塔属于西方文化的产物，但又超越语言层次，其内在分析结构在实用主义层面被全人类所赞同。

九宫格思考法是侧重于个人思考的工具，但是也能解决沟通问题；金字塔思考法主要是一种人与人双向沟通表达的思考工具，其立足点和侧重点是客户或对象的需求。九宫格思考法是个体内在思维的图像工具，是在借助右半脑的活动拓展左半脑的思维，有点像西方智慧里的思维导图；而金字塔思考法是个人外在表达的内在结构要求，更多地带有功用目的，主要是为了形式简捷、清晰、明快和便于达成共识。从图像形式演化来说，九宫格是二维化的金字塔，金字塔是三维立体的九宫格。两者所表达的内容和前提是趋同的：内容上，都要求结论先行、主次分明、分层和分类清楚；前提上，都要求先确定需求和目的；在报告或表达时，要和表达对象进行连接，要创造共鸣和引起共鸣，达到报告或表达的效果。

4. 九宫格思考法和金字塔思考法的实践应用

九宫格思考法和金字塔思考法虽然在思考和运用上各有侧重点，但用到极致，我们就会发现两者的内在含义和意义是一致的。两者在实践应用中可以互补，甚至可以同时应用。九宫格思考法和金字塔思考法都是报告或表达的工具，都强调要在实践中应用。对于我们读者来说，两者必须刻意练习，才能学会灵活运用，一旦学会，个人在思维和处事上就会起到事半功倍的效果。

九宫格思考法和金字塔思考法告诉我们应该"怎么说"。那么，"说什么"和"怎么说"哪个更重要呢？其实两者一样重要。"说什么"是核心，"怎么说"是表达，先做好核心，再包装一层"怎么说"，就会言之有物又言之凿凿。

口头表达有三个要求：主题要明确，理由要明晰，逻辑要明了。九宫格思考法结合金字塔思考法，可以让口头表达更加完美无缺。想说的事，不要讲太多的背景介绍，最好一句话就讲完，要将焦点放在主要内容信息上。"三点原则"要记心中，人的记忆力有限，口头表达时，最多将信息归纳为三点就要讲完，也就是要尽量把内容浓缩在三个要点之内。即兴演讲也是口头表达的一种形式。口头表达时，首先，我们要讲论点或主题；其次，在时间充裕时，讲理由与依据要理性、客观，有具体的数据支撑论证；最后，做个简短的总结，突出重点，便于对方的理解和记忆。

第四节　世界咖啡馆的教学环境和场地布置要求

世界咖啡馆给人的印象应该像一个真正喝咖啡的咖啡馆。世界咖啡馆对教室布置有特定的要求，同时对教学环境也有相应的要求。关于教学环境里的基本要素，诸如阳光、空气、水、音乐、道具等，都有可参照的详细标准。布置世界咖啡馆活动场地涉及教育学、社会学、生理学、心理学和脑科学等众多已被公认的理论，其总体原则是在符合世界咖啡馆基本要求的基础上，把活动场地布置得越美越好，越像一个真正的咖啡馆越好（见图 2 - 12）。

一、世界咖啡馆的教学环境要求

教师是教学环境的塑造者。苏联心理学家、教育学家维果茨基（Lev Vygotsky）说："教学过程有三个主体：学生、教师以及环境。"所有存在于人

图 2-12　教学环境和场地布置

的心理、意识之外，对人的心理、意识的形成和发展产生影响的全部条件都称为环境。环境可分为自然环境和社会环境。自然环境可分为天然自然与人造自然两类。社会环境可分为宏观和微观两类。宏观社会环境是指人所处的并与之发生相互作用的客观现实中的大群体；微观社会环境是人所在的具体的、实际的人际关系系统。社会环境是人的心理和意识内容的主要源泉，对人的个性形成起着决定性的作用。维果茨基说："社会环境是教育过程真正的杠杆。"环境是教育过程的推动力，是教育过程的支点。"教师是教育环境的组织者，是教育环境与受教育者相互作用的调节者与监督者。"维果茨基关于教学过程的"三主体"思想，在承认师生主体地位的同时，又十分重视环境的作用，而环境的作用要通过教师去塑造、裁剪和整合，三主体缺一不可。

（一）树立创设良好教学环境的意识

传统的教学活动很少把环境当成主体，没有把教学看成是师生交往的共同活动，因此，不能很好地调动环境的积极性，不能把环境作为一种重要的教育力量。维果茨基说："教师身负着一项新的极其重要的工作，他需要成为社会环境的组织者，因为社会环境是唯一的教育因素。"这里的社会环境包括教师教学时的小环境。

作为老师，首先要改变的是传统的教学模式，要树立创设良好教学环境的意识。在教学的自然环境方面，老师可以关注人造自然（物化劳动），包括教学道具、硬件设备，以及教室空间和环境的布置等；在教学的社会环境方面，老师可以对师生之间和生生之间的关系进行筛选、整合和剪裁，在微观社会环境（如班集体建设）开展有益的建设性的活动等（见图2-13）。

图2-13　世界咖啡馆的场地布置参考

（二）关注环境对教学的影响

现代教育培训对教学环境提出了更高的要求，力求做到学员一旦走进教室，就能迅速地感受到环境与学员的关系和氛围。老师可以有意制造或者精心设计良好的教育培训氛围。这要求老师或者教育培训管理者能够切实重视教室环境的应用和塑造，如阳光、空气和水等，同时要注意教学设备和教学道具的使用，如大屏幕、音响和音乐等，要能够为学员提供全方位的积极的学习环境。

1. 阳光

我们这里说的阳光，就是自然光。我们强调自然光线的运用，是为了让老师和世界咖啡馆主持人能够正确看待教室里的阳光、空气和水，充分利用教室里的阳光，营造舒适的上课环境，让环境成为上课学习的促进工具。

教室里的光线分为阳光、没有阳光时的自然光和灯光三类，三种光线常常混合使用。老师要善于使用教室里的窗帘。窗帘拉上，屋里的光就是人造光；窗帘拉开，屋里的光就是自然光。老师在布置教室时，对光线的把握和运用要恰到好处，可依据教学的氛围采用不同的光线，使教学需求得到更好满足，教学效果得以增强。讲授式的教学和研讨式的教学不同，是否需要开合窗帘可依据现场情况而定。总体是以不影响教学为原则，有阳光时，室内尽量接受阳光的照射，但不能让学员暴晒在阳光下，可以半拉开窗帘；如果是阴雨天气，研讨式教学并不容易使学员分心；下雪时上课，最好让学员感受到外面下雪的存在，这样更有利于教学。是否拉窗帘，有时需要视窗外的环境而定，如果刚好在低楼层，外面绿化很好，风景优美，那么我们不妨打开窗帘。教室也需要借景，让外面的空气与室内的空气融为一体，形成一个大的场域，这样会对教学产生积极的影响。如果教室外面在施工，噪声很大，或者教室毗邻马路及过道，教室外面人来人往、车来车往，那么无论是白天还是黑夜，都要拉上窗帘，营造一个相对独立的学习环境。

柔和的自然光最适合学习。自然光太强不行，但总体来说，自然光胜过人造光。灯光不同也会影响到学员的身体健康。此外，光线影响视力，长时间在灯光下学习或看视频和屏幕都容易使眼睛紧张疲累。需要注意的是，钨丝灯没有荧光灯舒服，而荧光灯则赶不上全光谱的模拟自然灯光。亮光容易造成人的焦虑和烦躁不安，低水平的光则有安静效应。教室里应该尽可能地提供多种照明类型，有条件的话，可以让学习者选择他们想要坐下的位置。阳光影响着我们的学习，因为日光光照时间的长短和亮度影响我们体内的褪黑色素和激素水平，影响神经递质的释放，影响我们的情绪和精力，所以也会影响我们的心理状态。研究表明，优质的自然光的学习环境对人会产生持续的积极的影响。很多人喜欢在大自然或者室内有自然光的地方看书，就是这个道理。自然光让教室里的一切显得更加舒适，而眼睛看到的更舒适的任何事物都有助于更好地学习。所以，多用自然光，是上课老师应该注意的一个重要事项。

2．空气

教室里的空气非常重要，需要引起高度重视。空气应该是流动的，教室里必须有窗户，并且要经常打开窗户进行换气，有的会议室没有窗户，因此，不适宜长期在没有窗户的会议室上课。教室里最好有空调，没有空气流动的教室会因为二氧化碳排放不畅等原因而容易引起师生头脑不适。最好不要让师生闻到空气中的异味，否则就容易分散注意力从而影响学习成效。如果是新装修的教室，那么需要确保是环保材料，并且需要经常换气，尽快让装修的气味挥发；如果是多年未曾装修的"古老"的教室，那么要注意经常打扫卫生，防止空间弥漫陈旧发霉的气味。

教室里的地毯散发出的气味会影响很多有过敏性鼻炎的同学，因此，装修教室最好用瓷砖或者木地板。此外，现在很多先进环保的地板胶材料，能够消音，踩在上面舒适感很好，颜色也可以调配，且容易更换，也是一个不错的选择。教室里最好没有气味和异味，千万不能因为有了异味而采用喷洒香水的措施去掩盖异味。那么，到底能不能在教室里喷洒香水呢？当然可以。因为环境中的气味可以影响我们的心情。科学家研究发现，特定的花香可以增进学习、创新和思维的能力，可以让人沉溺于学习之中或者与他人更好地相处。如果在教室里有一股薄荷香气飘过，学员就会感到有活力，脑子会更加清醒；如果进到课室能够马上嗅到新鲜出炉的面包散发的香气，可能学员的眼睛都会放光；而柠檬、桂皮、薰衣草、玫瑰等香气都会促进思维敏锐，镇定神经。了解香气，善于灵活运用香气能够促进学员形成非常自然轻松的最佳学习状态。嗅觉是我们在学习环境中尚未充分利用的重要感觉，因为很多老师并不知道各种气味的功效，如果不了解就不建议轻易使用。当然，好学的老师也可以尝试着使用。

与教室里空气相关联的专业名词是"负离子"。我们在森林里、溪水旁、雨后室外的台阶上，都会感受到空气清新清爽，那是负离子带来的好处。教室的通风良好与否影响着空气中负离子的水平，负离子多意味着空气质量好，让人有较高的警醒状态和良好感觉，这是促进学习的重要因素。教室里的植物可以使空气更加清新和丰富，还可以改善和美化环境。一定的植物可以消除空气污染，增加空气中的负离子，使室内的空气饱含氧气。如果条件允许，可以在一个 100 平方米左右的教室放置 4～8 棵盆栽植物。请记住，大家都喜欢绿色植物。

另外，我们需要注意的是教室里的温度。教室里的温度不能过高，因为太热会降低智力以及让人心烦意乱；可是温度也不能过低，身体寒冷容易引起不适和疾病。所以，对教室的温度必须高度重视，但教室里感觉是冷是热因人而异，存在宽泛的体感范围。温度调节范围也受心情、天气和许多其他因素的影响，比如空气中的湿度的影响，如果空气干燥，则体感温度较高；如果空气湿度大，更会影响人体对温度的判断。理想的空气湿度水平是在 35%～65%，但南方多雨，空气湿度往往超过 70%，那么教室里的温度设置为多少摄氏度合适呢？实践经验证明，在夏天有空调的房间，室温保持在 25～26 ℃是合适的。冬天教室里的温度则没有太多的规矩，在我国北方的教室，室温保持在 20～22 ℃最好，但暖气片的温度有时难以控制，且容易使空气干燥；若是南方冬天的教室，在江南地区，需要空调或暖气调节室温；在岭南地区，除非气温特别低，一般不使用空调调节温度，室温就随着自然的温度变化而变化。

3．水

教室里的学员可不可以喝水？当然可以。

教室里，我们允许学员喝水，并且随时可以喝水是不成文的基本规定。水的作用太重要了，人体中的水分占 70% 左右，上课动脑，耗氧大，适时补充水分是必要的。身体一旦脱水，肯定会导致出现不好的学习表现，老师看到课堂上有些同学无精打采，昏昏欲睡，缺乏注意力，那有可能就是这些学员脱水了。有专家建议，依据每个人的不同情况及活动水平和天气，每人每天至少喝 8 杯水，这 8 杯水的意思就是至少每天要喝 1500 毫升的水，相当于 3 瓶 500 毫升矿泉水的量。当然，每天依据情况，也没必要喝太多的水。营养学家说，喝纯水比喝咖啡、茶以及果汁和饮料要好。我们老师在上课时，应该允许学员带水瓶进入教室喝水，并且记得提醒学员多喝水。

（三）教室里的色彩

教室里的阳光、空气和水，都是自然环境的一部分，但这也是师生常常忽略和忽视的地方。另外，教室里的视觉环境非常重要。我们每天 90% 的信息都要通过眼睛获得。我们的眼睛会优先注意颜色、光、移动、形式和深度。这些因素提供了吸引学员注意力的基础。因此，教室里的装修和装饰非常重要。装修意味着要注意教室的采光，要注意颜色格调的协调，要注意桌椅摆放和空间的大小，等等。颜色确实是教学的有力媒介，每一种颜色都有波长，对我们的大脑和身体有着不同的影响。颜色对学员的影响主要取决于学员的个性和当时的心理状态，学员一般是先记住颜色，然后才是内容。老师在教学中可以充分利用环境中颜色的潜力，充分应用彩色宣传品和 PPT（演示文稿）等。红色是参与和情感的颜色，黄色是大脑易于辨认的颜色，橙色是刺激学习的最佳颜色，蓝色是使人宁静的颜色。学校装修教室时，要慎重选择颜色；教室最好选用中性的颜色，特别是对于成年人的学习来说，要选择适合所有人观感的、大家普遍满意的颜色，还是以灰色等中性色调为宜。

（四）教室里的硬件设施

在上课时，如果老师授课的时间过长、内容过多，将导致学员的记忆力迅速下降，学员容易走神。若老师上课时利用教学辅助设备进行授课，就容易让学员产生较长时间的持续记忆。老师要善于运用学习环境，包括教室里的颜色、标语和口号等，更重要的是，要充分利用 PPT 和音响道具，改进物理环境，增进学员的学习气氛，让师生都感到舒适自在。

教学中，对老师所用的道具设备，我们可以列一个长长的清单，但对于学校装修教室时要考虑安装的硬件设备来说，我们需要的设备主要就是显示屏和音响。现代教室装修的发展趋势是用 LED（发光二级管）显示屏，其他的设备如投影仪、幻灯片、幕布等已经快被时代淘汰了。如果老师需要板书，那么有一个简易的活动白板即可。另外，如今很多显示屏都带有编辑、涂改和播放的功能，老师必须跟上现代播放仪器发展的步伐。音响也是教学时基本的道具，一个教室可以没有 LED 显示屏，但不能没有音响。购买音响时，我们要考虑成本问题，尽可能购买性价比高的音响用于教学。音响是放大老师声音的音箱，能够提高老师的音量，提升学员的听课效果。对于老师来说，上课要善于使用音响播放音乐，播放音乐需要好的音响。

（五）教室里的音乐

音乐影响人的心情。音乐可以通过镇定神经系统来改善学习环境。音乐可以改善记忆、认知、注意力和创造力。老师可以让音乐有目的地融入教学之中。课前放什么音乐，课中放什么音乐，课后放什么音乐，这些问题都需要老师认真考虑。老师在上课时可以放一些背景音乐，但这需要考虑具体的情况，比如在学员讨论时，或是学员进行一段诗朗诵时，我们适时播放一段背景音乐，这样做会促进学员学习效果的提升。有些音乐让人放松，有些音乐让人安静，有些音乐让人富有创造力，有些音乐使人兴奋、充满活力，有些音乐增进欢乐，当然，音乐随人而异，学员喜好的差异很大。老师上课时要考虑学员的文化背景、学习偏好、人格类型和先前课堂积累的经验，并且要考虑音量大小、音乐风格和乐器特色等因素。在课堂上，让学员参与选择音乐也是一个不错的选项。需要注意的是，教室里不宜过度使用音乐，播放音乐的时间要尽量控制在课堂时间的30%以内。

学员在上课时，除了课程内容，上课环境起着先入为主的作用，丰富的环境能够唤醒整个神经系统。注意教学中的环境要素，创设丰富的学习环境，能够有效促进大脑的活动，提高学习效率。学校和老师将教室打造为具有美感的舒适空间，创设为具有教育功能的、富有积极暗示的学习环境，无疑可以增强学员的学习动机，让沟通交流更加顺畅，让能量更好地流动，对学员的学习具有积极的促进作用。学习环境的作用有可能不会马上在学习效果中体现出来，但随着时间的推移，会对学员以后的学习实践产生影响。时代在进步，科技在发展，学校和老师到了需要高度重视教学环境的时候了。

（六）世界咖啡馆环境布置的参考标准

大家心目中的咖啡馆应该是街头各种各样的可以供客人或者游客休憩及聊天的比较舒适自在的咖啡馆。街头上的作为商业用途的咖啡馆一般的装饰是户外和户内都有座位，大多数咖啡馆布置以室内为主，如果室外风光秀丽、风景优美，咖啡馆也可以布置户外座位。咖啡馆最能体现美的丰富性和装修的差异性，咖啡馆的装饰装修一般没有相同的，否则就失去了它的格调和吸引力。但是，所有的咖啡馆都有相同的地方，比如说咖啡馆的功能是能够给客人提供简单的食物、点心和各类饮品，同时，客人可以惬意、舒适、自在地待在咖啡馆里阅读或者闲聊。

咖啡馆本身使人的心理产生认同感，用"世界咖啡馆"这个名字，当然听众或读者第一时间就会好奇，世界咖啡馆到底是一个什么样的咖啡馆呢？

当我们知道如何布置教室，如何按照"世界咖啡馆"基本的场景和环境要求去布置场地和安排用品时，一个教学用的"世界咖啡馆"自然就呈现在了学员面前。这个咖啡馆和商业用途的咖啡馆有点类似，但删繁就简，保留了商业咖啡馆的精髓和其精神理念内涵，去掉了没必要的繁文缛节，"如无必要，勿增实体"，布置世界咖啡馆就要像"奥康姆剃刀"原理一样，只保留应该保留的，其他的一概移出教室。

布置世界咖啡馆，除了参照商业用途的咖啡馆的理念和场景布置，还可以参照大学的图书馆、大型商场内外的公用空间，甚至教堂及古代书院等建筑的内景布置，以便于深入理解世界咖啡馆所倡导的精神和意向，更好地把世界咖啡馆这种研讨式教学模式办成融合情景式教学的研讨教学课程。

二、世界咖啡馆的场地布置要求

在《世界咖啡馆》一书中，华妮塔和大卫详细列出了一个世界咖啡馆会场布置安排的用品清单。若是我们自己开办世界咖啡馆，根据现实条件，可以不用按书籍所列的用品清单全部购买，也可以找相应的替代品。我们可以发挥想象力，创造性地进行空间布局，甚至不用桌子也可以开一场世界咖啡馆主题活动。如果条件允许，我们可以把世界咖啡馆主题活动开到户外去，开到校园草地或者海边沙滩上，找一些坐垫，然后分组坐下来就可以进行活动了。只要依据自己所处的环境，按照世界咖啡馆七条原则进行，一般都能成功举办世界咖啡馆主题活动（见图 2 - 14）。

图2-14　世界咖啡馆需要进行道具设置

依据华妮塔和大卫在《世界咖啡馆》一书中所列清单，根据国情和文化传统的异同，我罗列了如下举办世界咖啡馆的清单。

（一）会场的安排布置

（1）一间教室或一个会场。场地要足够大，但也不能太大，主要依据学员人数。空间大的话，人们就能舒适地在桌子之间移动，主持人也可以随时坐下与学员（与会者）一起交流。会场最好是选在一个可以自然采光的、能够看得见窗外绿色的地方。如果不能够自然采光，我们可以在房间里摆放一些鲜花和绿植，也会给会场增添大自然的气息。

（2）桌椅。圆桌若干，使用其他不同形状的桌子也可以，不过，圆桌给人的感觉比较惬意和舒适。一张桌子可以坐 4～5 人。桌子的排列不用太整齐。桌子摆放的方向最好都朝向前台或舞台中央，这样便于大组分享环节时，全体学员都集中注意力望向舞台中央。若会场内桌椅多了，工作人员就拿出去，保证会场里桌椅和学员的人数要求恰好匹配。

（3）桌布。可采用格子桌布或者一般的彩色台布。如果没有准备台布，可以自然地在桌子上放一些大白纸来代替台布作为装饰，也可以在桌子旁边放一些画架或白板架。椅子不一定需要椅套，但如果有椅套，可以增加教学的庄重感和仪式感。

（二）道具用品的准备

（1）在每张咖啡桌上，我们放置两张大白纸，学员可以随时在白纸上涂鸦画图，当然也可以放置更多的大白纸，让学员在大白纸上记录观点。

（2）如果有视觉引导师，可以准备特大白纸或者活动挂图纸，用来总结或展现整个教学流程，以及学员的观点和集体意见。

（3）用一整面墙或至少使用一个大型的移动白板来张贴壁画，这样有利于图示的记录；墙面也可以用于张贴从各桌收集来的纸张。

（4）每张桌子上可以放置盒子，并装上各种彩色笔，也可以直接放一盒白板笔、马克笔或者深颜色的记号笔。彩色笔应至少有黑色、蓝色、红色三种以上的颜色（见图2-15）。

（5）在教室前台旁边，专门准备一张咖啡桌，用来放置世界咖啡馆主持人的资料和道具等。

（6）在教室或者会场后方，找靠墙的位置摆上桌子，用来放置咖啡、茶水、茶点或者水果。

（7）为主持人和学员（与会者）准备标有姓名的名牌。

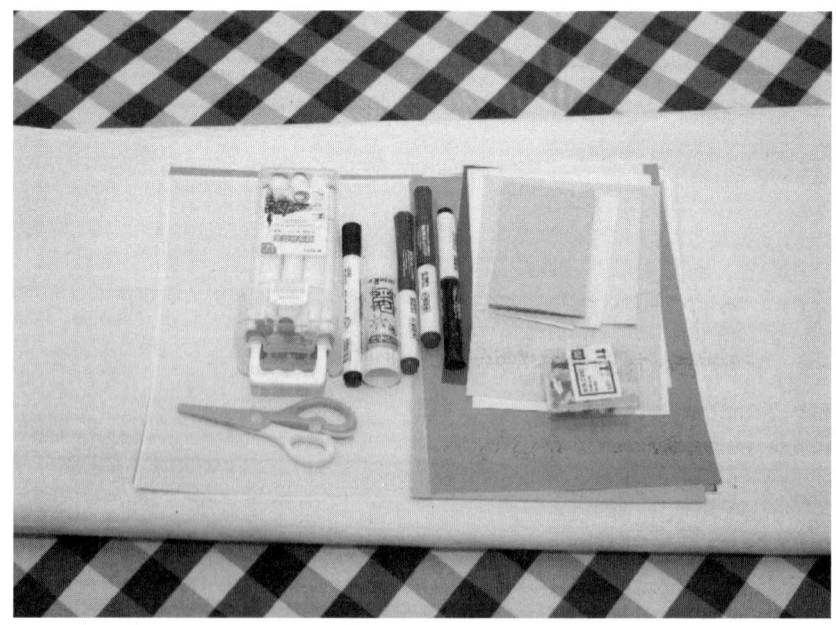

图2-15 道具用品的准备

（三）最简单、必要的道具清单

如果每次世界咖啡馆前期都能准备好以上的道具，当然是最好的选择，但也不是每次世界咖啡馆开始前都需要所有以上的设备，我们可以因陋就简，创造一个适合实际情况的让大家感觉满意的世界咖啡馆。依据教学或者会议目的的需要，世界咖啡馆需要提前布置会场。世界咖啡馆室内场地的布置和用品准备，依据实践经验，可以按照以下最简单的规格提前做好准备，道具清单如下。

（1）圆桌。直径0.8～1.3米，每张桌子坐4～5人（没有圆桌，就用方桌或者课桌代替）（见图2-16）。

（2）桌布。可以用格子桌布或者其他颜色的桌布（不用桌布也可以）。

（3）书写用的白板。至少有一张大的移动白板或者黑板，能够悬挂白纸。

（4）A1纸或A4纸若干张。每张桌子放置1～2张大白纸，便于书写。

（5）便笺纸。准备各色便笺纸（至少三色）若干，每桌至少放一沓便笺纸。

（6）签字笔若干。保证签字笔人手一支。

（7）彩色马克笔（白板笔）若干。保证每张桌子有一套彩笔。

（8）宣传画。可以随环境条件的变化来布置宣传画（也可以不用粘贴宣传画）。

（9）音响、麦克风、LED显示屏或投影等设备。

（10）其他道具如咖啡、茶水等饮料和点心。可以依环境需要来准备这些道具。

图2-16　世界咖啡馆要求每桌坐4～5人

三、世界咖啡馆要求每桌坐4～5人

世界咖啡馆场地一般设置在一个宽敞明亮的教室，或者是一个可以自然采光的、看得见窗外的绿色树木的会场。如果没有这种场地，也可以搬些绿植和鲜花放在会场四周，为会场增添大自然的气息。室内桌子为若干张可供 4～5 人入座的小型圆桌或者方桌。例如，一个班级 50 人，那我们准备 12 张桌子就可以了。如果没有圆桌或者方桌，长条形书桌也可以，不过圆桌的摆放比较契合咖啡馆的轻松氛围。那么，世界咖啡馆为什么要求每桌请 4～5 人入座呢？

世界咖啡馆的创办者华妮塔和大卫认为，世界咖啡馆每桌最好能坐 4～5 人，以便于每个人的声音都能被同桌其他学员充分听到。一桌如果不满 4 人入座，小组成员提出的见解可能不够多元化，但如果超过 5 人，又会限制组员的互动。根据多年来的实践工作经验，我们认为，一桌坐 6 人也可以，但一般最好以 4～5 人为宜。

人数少，大家容易开口。遇到比较温馨的世界咖啡馆场合，平常不太敢在大型团体里发言的人，反而能大方地提出各种独到的见解或有趣的意见、见地。在大部分的世界咖啡馆场合，只要有人提出问题，组员就会在别人的鼓励下展开对话，探索各种想法。因为这个场合是小范围的汇谈，平时内敛的人，此时也愿意开口进行讨论。

《原则》一书的作者瑞·达利欧（Ray Dalio）说："为了充分发挥个体在组织决策中的作用，我们需要对话、争论和辩论，这样我们才能找到解决问题的路径，这比我们各自分别想出来的主意都要好。"在对话的过程中，我们彼此需要极度求真和极度透明。极度求真就是能够开诚布公地讨论问题，寻找解决路径，找到同甘共苦的伙伴。极度透明就是让每个人几乎都能了解所有的事物；如果人们得到的信息不全面，就容易受他人影响，也无法做出正确的判断。

世界咖啡馆要求每桌坐 4～5 人，可以最大限度地保证每个人都可以充分发表自己的观点看法，又不至于遗漏或忽略某个人的意见和看法。在说与不说之间，在安全与冒险之间，我们做好平衡上的拿捏，是举办一场成功的世界咖啡馆的核心关键。采用小的咖啡桌，每桌最多坐 4～5 个人，有利于保持平衡。

世界咖啡馆用于上课的场合，属于研讨式教学范畴。研讨式教学最主要的特征就是分组，每次研讨式教学都会把与会者分成若干个小组。小组的人数应该依据研讨方法类型和教学实际情况设置，小组人数可多可少。世界咖啡馆为什么偏偏强调要 4～5 人一组呢？除了能够给每个人提供说话和发言的机会，安排 4～5 人一组还有其他的原因和理由。

（一）4～5 人对话沟通最高效

对话就是合作，对话就是行动。世界咖啡馆强调在对话中寻找答案，解决问题。为什么要对话？因为人与人极为不同，我们看待自己、看待世界都有自己独特的方式，为了组织的发展或者完成团队的任务，我们需要不断地努力去探究什么是事实以及该如何作为。小组有多少组员，对话的效率才会最高呢？其实心理学家已经认真研究过这个问题。人太少，不妥当；人太多，则容易出乱子。在知识经济时代，单打独斗是完全行不通的，两个人良好合作的效率是各自独立工作效率的 3 倍，因为两个人能看到对方疏忽的地方，而且，他们可以借助对方的能力，并相互借鉴和监督，从而达到更高的标准。4～5 人一组的效率要高于 10 人一组的效率。如果有 4～5 个精明强干且善于思考的人以开放的心态一起讨论问题，通常能找到问题的最佳答案。而在世界咖啡馆上课的往往是同一类型、同一背景的学员，解决的是同一领域的问题或者自己关心的问题，所以更容易得出答案。即便其中很多人聪明又有才华，但讨论人数过多，他们合作的效果可能适得其反。聪明有才的人给团队增加成员的共生效果是逐步递增的，直至到达顶点，过了顶点就不再产生增效，反而会带来效率递减。这是因为两三个人在对话中就可以贡献大部分重要的观点，让更多的人加入对话反而会增加矛盾和分歧。边际效益会随着团队人数的增多而减少；团队人数过多时，其互动效率低于小团队的互动效率。当然，实际中最好的结果取决于高素质人员及其提出的全面周到的观点和团队的高质量管理。

（二）4～5 人对话是人类社交的天性特征

牛津大学著名人类学家、进化心理学家罗宾·邓巴（Robin Dunbar）发现了一个后人称之为"邓巴数字"的人类社交规律。邓巴在研究灵长类动物的新皮层面积与群体规模之间的关系时发现，人类智力允许人类拥有稳定社交网络的人数是 148 人，四舍五入后约为 150 人，由此推算出人类的私人社交圈规模应该在 150 人左右，此"150"数字就称之为"邓巴数"。这 150 人由以下人员组成：5 个亲密朋友，15 个好朋友（包括 5 个亲密朋友），50 个朋友（包括前面的 5 个亲密朋友和 15 个好朋友），150 个熟人（包含全部分类）。最亲密的小圈子大概包括 3～5 人，这些人似乎构成了一个很小的核心圈，都是个人真正的朋友——遇到麻烦时，会听取他们的建议，寻求他们的安慰，甚至紧急时会找他们求助。我们与亲密朋友联系的频率最高，与其他类型的朋友联系的频率就没有亲密朋友高。所以，在一定的亲疏层次上，我们能够与之相处的人数似乎是有限的，社交圈中的最亲密的人的席位只有这么多。在世界咖啡馆，如果有一个不认识或者不熟悉的人突然和你坐在一起，和你进行深度对话，他（她）突然变成了你生命中最重要的人，当然此时此刻，他就容易变成你的亲密朋友，从而有助于相互信任、合作并共同探讨解决问题。另外，根据六度分隔理论，你和任何一个陌生人之间所间隔的人不会超过 6 个。这也就是说，最多通过 6 个人你就能认识任何一个陌生人。2016 年，Facebook 的研究结果表明，在互联网的人际关系中，网络直径是 3.57。这也就是说，在互联网上，任何两个陌生人之间的平均间隔不会超过 4 个人。当然，这些人际关系网络（包括互联网）又可以分为强关系网络和弱关系网络。强关系网络指的是社会网络同质性较强的关系；弱关系网络则相反，是指社会网络同质性较弱的关系。关系的强弱决定着能够获得信息的性质以及个人达到其行动目的的可能性。世界咖啡馆如果用于上课，与会者之间更多地表现的就是强关系，相对而言，一起研讨更容易解决问题或者达成一致目标（见图 2 - 17）。

图 2 - 17　世界咖啡馆学员研讨场景

(三) 4 ～ 5 人对话符合解决问题的思维路径

我们在工作和生活中常常碰到各种难题，有时靠一个人的思想和智慧根本解决不了这些难题，这时就需要找人商量讨论，当然可以向自己的亲密朋友寻求支持。在我们思考一个难以解决的问题时，如果能够像专业人士那样，拿起一支笔，在纸上画上横轴和纵轴两个坐标，那么，你就会神奇地发现，一个本来很难解决的难题因为多了两个思维的维度，就变成了两个可以解决问题的办法；而这两个维度又在空间上表现为四个象限，依据这四个象限，就基本可以解决大多数问题了。当世界咖啡馆的每张桌子有 4 ～ 5 人在座时，首先，这

4～5人的性格特征、背景、知识和经验都不同，就容易从不同角度阐释和解释要解决的问题，容易发生碰撞和交流，并且更加有利于他们从不同的思维维度寻找真正解决问题的方法。同时，4～5人面对面坐着，本身就构成了一个四象限平面，彼此的眼神、目光等肢体语言容易被捕捉，也容易获得信任和鼓励，就更容易沟通交流和解决问题。世界咖啡馆的主要特点就是换桌，并且可以进行两轮换桌，换桌就是当小组第一轮汇谈结束后，该桌的组长留下，其他人分别到其他不同的桌子上继续交流，收集其他桌子上的观点和意见，之后再回到本桌来丰富或者校正本桌之前的观点和意见。换桌起到了蜜蜂采蜜、异花授粉的作用，同时可以最大限度地弥补4～5人讨论时由于人数少而带来的思想过度偏颇或者思维观点过于单调一致的"短板"效应。

实践证明，世界咖啡馆每张桌子如果安排3个人，就很难实施真正的对话，有时讨论不起来，有时无话可说，又或者会出现一个人滔滔不绝的现象；如果世界咖啡馆的桌子安排6个人以上入座，又会出现事先规定的讨论时间不够用、小组中有人没有发言或者发言过于激烈的现象。

实践也一再证明，世界咖啡馆每桌的人数最好是4～5个。

【相关知识链接】

世界咖啡馆需要注重仪式和氛围

世界咖啡馆是一种教学活动。世界咖啡馆是一种情景式教学，也是一种体验式教学。世界咖啡馆先设定一个情境，为情境定调，确定研讨的主题、参加的人员、授课时间和地点，再布置会场（课室），并且将会场布置成真正的咖啡馆的样子，让学员一进来就有不一样的感觉，为学员提供了一种走进会场就想学习和研讨的氛围。

首先，世界咖啡馆需要将参加的人员分组；其次，进行小组研讨；最后，进行大组分享。老师和学员都可以在会场按照流程和规则进行学习研讨，大家沉浸在浓郁的学习氛围之中，用心聆听，认真思考，热烈讨论，好像忘记了时间的流逝。学习体验效果会异乎寻常地好，学员的学习收获都会很大。

为了更加突出世界咖啡馆情景式教学和沉浸式研讨的特点，主持人需要在事前、事中和事后都注重学习的仪式感的打造和学习氛围的营造。

1. 世界咖啡馆需要注重仪式感

生活需要仪式感，上课也需要仪式感，仪式感很重要。"仪式是之所以一天不同于另外一天，一个小时不同于另外一个小时的东西。"世界咖啡馆给学员创造了一种特别的、不同的学习体验，本身就富有仪式感。学员们走进世界咖啡馆，都会带着好奇和尊敬，渴望知道接下来要发生的事情，希望听到老师的授课或者指示。学员的注意力专注在上课的内容和流程上，学习收获就会很大。仪式感可以自然而然地形成，仪式感也需要主持人（老师）有意甚至刻意地去营造。例如，主持人身着正装或者盛装出场；上课开始时，学员起立，相互问候；对于发言精彩的同学，老师给予打分或奖励一个小礼物；大家在各自创作的海报前合影；在课程结束环节，师生互相鞠躬、相互感谢；等等。只要用心，上课时，我们可以处处营造仪式感。

2. 世界咖啡馆需要注重营造学习氛围

学习环境是可以打造的。主持人要打造一个可以学习的环境。身在一个可以学习的环境，学员会更乐于学习。世界咖啡馆的会场布置、桌椅摆放、教具用具的美感，包括墙壁周围张贴的海报或者宣传画，都是学员潜移默化能够学到的内容。如果学员走进世界咖啡馆，带着神秘和兴奋，也带着虔诚和投入的热情，像信徒走进教堂或者寺庙一样，那么世界咖啡馆的课程必然会非常成功。而在上课的过程中，保持浓厚的学习氛围更加重要。学习氛围的营造需要老师有意和积极为之。学习氛围因教学目的的不同而不同，欢乐、活泼、热烈、沉静、肃静、神圣等氛围，都需要老师依据教学目的去用心营造。

3. 世界咖啡馆需要端正学习态度

态度决定一切。学习的发生需要师生之间的互动，需要师生同时发力，需要师生双方有端正的学习态度。教和学是一个系统，需要全体师生积极地协商和建构，这首先要求端正态度，人和环境之间的连接就是态度，态度是我们附加情感的认知，包括接受、反应、价值化、信奉、性格化。学习态度要端正，就是要对学习信奉和虔诚，不要认为学习可有可无，要珍视每一次学习的机会，养成终身学习的习惯，坚持学习，并且要诚心诚意地投入到学习中去，甚至要带着一种信仰的心情去学习，学习研讨就容易"结出更多的果实"。

学习是一个自然发生的过程。在教学相长的活动中，一堂课结束后，我们发现，谁教比教什么更重要；跟谁一起学比跟谁学更重要；学习氛围比学习内容更重要。让学生相互学习、相互影响，就会产生强相关的学习情绪和氛围，而氛围和内容相互关联、相得益彰时，也会相互促进。上一堂课，老师的收获比学员更多，老师也应该向学员学习。老师有责任、有义务营造出适合教学目的的学习氛围。

当然，学到的知识、技能和态度是为了实践应用，每个人的头脑意识中都有学习区和执行区，两者分开则学习毫无收获，执行再多也没有进步。只有将学习区和执行区结合起来，两个区不断交叉重合，知行合一，才能不断促进能力的提升和素质的提高，这才是我们学习的意义，也是人生的要义。

第五节 世界咖啡馆的研讨框架和流程类比

当下的对话教学模式创新和发展都很快，各种新的汇谈形式如雨后春笋般不断涌现出来，如欣赏式探询、鱼缸会议、卓越元素等。每一种新的方法都是一种新的结构化研讨方式。世界咖啡馆就是一种结构化研讨方法。世界咖啡馆是一个系统，是一种系统化的教学设计（见图2-18）。世界咖啡馆和行动学习有着千丝万缕的关系，在世界咖啡馆也可以进行头脑风暴。世界咖啡馆和鱼缸会议等结构化研讨方式都是行动学习行之有效的研讨方法。

图2-18 世界咖啡馆是系统化的教学设计

一、世界咖啡馆是一个系统

系统论（system theory）是研究系统的结构、特点、行为、动态、原则、规律以及系统间的联系的学科和方法。系统论把研究和处理对象看作一个整体系统，从整体出发来研究系统整体和组成系统整体的各要素的相互关系。系统通常被定义为由若干要素以一定结构形式连接构成的具有某种功能的有机整体。这个定义包括了系统、要素、结构、功能等概念，表明了要素与要素、要素与系统、系统与环境三方面的关系。系统论的出现，使人类的思维方式发生了深刻的变化。

任何一个系统都包括三种构成要件：要素、连接（关系）、功能或目标。"功能"一词常用于非人类系统，而"目标"一词则用于人类系统，但它们之间的区分并不是绝对的，因为很多系统兼具人类和非人类的要素。"功能或目标"也可以统称为"机能"。在一个系统中，按照重要性划分，最重要的是机能，其次是关系，最后才是要素。

一个系统中可能包含很多子系统，而它也可以嵌入到其他更大的系统之中，成为更大的系统中的子系统。系统和子系统的这种包含和生成关系被称为层次性。没有任何内在连接或功能的随机组合不是一个系统。对于一个系统来说，整体大于部分之和。系统既有外在的整体性，也有一套内在的机制来保持其整体性。

系统具有适应力、自组织和层次性的特点。系统会产生各种变化，对各种事件做出反应，对各种错误和不足进行修补、改善和调整，以实现其目标并生机勃勃地生存下去。系统可以自组织，并且常能通过局部的瓦解来进行自我修复，具有很强的适应性。很多系统还可以自我进化，演化生成另外的全新系统。在新结构不断产生、复杂性逐渐增加的过程中，自组织经常生成一定的层级或层次性。

（一）世界咖啡馆的系统化特征

世界咖啡馆是一个系统，呈现的是主持人、学员、教学内容和教学流程以及教学环境，但作为一个更大的系统，世界咖啡馆主要包括的主体有组织管理部门、学员单位、培训机构、学员本人；世界咖啡馆的要素主要包括培训者、培训对象以及培训内容等。由此，我们从系统角度出发，主要探究两方面的关系：从宏观上探究四类管理主体之间的关系，即教育培训管理部门、施教机构、学员单位及学员之间的关系；从微观上探究教学过程中主持人（教师）、学员及培训内容、培训环境等方面的关系。

在宏观上，教育培训管理部门、施教机构、学员单位、学员四类主体主要涉及的关系和需要理顺的关系如下：一是对各主体的职责进行认定和划分。对各主体承担不同的职能的认定，影响着运行机制的形态及其作用的发挥。二是四个主体各自的关系要界定明确，处理得当。教育培训管理部门和施教机构是指导、管理和评估的关系；学员单位和施教机构是需求和实施（满足需求）的关系；学员单位和学员是人事隶属、管理与被管理的关系，施教机构和学员是教与学、培与训、管理与被管理的关系。当然，还有培训管理部门和用人单位的关系、培训管理部门和学员的关系等，都需要精准定位，统筹考虑，否则就会出现多头管理、沟通不畅、培训效果不佳的问题。三是各主体要在具体的培训内容和流程上分工明晰、协调推进，形成教育培训的合力。在需求调研、计划生成、学员选调、考核评估上，都要理顺各主体之间的关系，确保各司其职。四是各主体和干部管理部门的关系。组织人事部门（人力资源部门）是教育培训的主管部门，承担着选拔、任用、监督、培训等方面的职能。教育培训作为子系统也要处理好与组织人事系统之间的关系，切实解决训用结合的问题。

在微观上，教学过程中主要涉及主持人（教师）、学员、教学内容和教学环境等要素之间的关系。教师、学员、教学内容及教学环境等构成了一个场域。场域理论是指一个人的每个行动均被行动所产生的场域所影响，场域不仅是指物理环境，也包括他人的行为以及与此相连的许多因素。教学场域不仅包括师生两方面的关系，也包括教学内容、教学过程、教学环境等。教学场域主要涉及的关系包括教学目的和教学评估的关系、教学过程和教学效果的关系、教学需求和问题导向的关系、以老师为中心和以学生为中心的关系、教学方法与教学质量的关系、教学规模与质量效益的关系等。教育培训质量是教育部门的生命线，提升教育培训质量要注重教学方法及教师的培养和使用。教育培训要有规划战略目标，成人教育要做到以学员为中心，将使学员发生改变作为教学评估最重要的标准。

宏观管理各主体和微观教学各要素之间的交叉点就是需求。宏观管理的四个主体都涉及教育培训的需求，而微观教学就是要尽可能地满足主体的需求。需求主要分为组织需求、岗位需求和学员需求三类，学员需求服从于组织需求和岗位需求。教学上，教师应该选择组织需求、岗位需求和学员需求三个交叉圆环的中间点，这是选取需求的公约数。教师必须清楚这个公约数，然后实施教学，才能保证教学效果满足组织、岗位、学员三方面的需求。

把世界咖啡馆作为一个系统，系统各要素之间的关系就不言而喻了。分析清楚系统各要素之间的关系后，我们也就更易于推进世界咖啡馆的建设。"理论一经掌握群众，也会变成物质力量。"对世界咖啡馆系统论的深入客观的认识，也必将促进我们对世界咖啡馆本身的认识和发展。

（二）世界咖啡馆是系统化的教学设计

教学是指有目的地促进学习以达成既定学习目标的活动。教学是一个由学习者、教师、教学材料以及学习环境构成的系统。教学过程是一个旨在引发和促进学生学习的系统。

教学设计是指把学习与教学原理转化为对教学材料、活动、信息资源和评价进行规划的、系统的、反思的过程。教学设计应坚持系统观，也就是要充分重视教学系统中所有成分的作用和成分之间的有效互动。

教学设计系统化方法包括教学目标、教学开发、教学实施和教学评价。世界咖啡馆的教学目标建立在需求调研的基础上，属于"为背景定调"的一个环节；世界咖啡馆的教学开发可以遵循系统思维的要求去构建新的模型；世界咖啡馆的教学实施是指课堂呈现部分；世界咖啡馆的教学评价则是指课堂的绩效产出、作业和后续的宣传报道等。

在弄清楚教学需求和教学目标后，整个世界咖啡馆课程设计可以分成三个部分：一是对教学的分析，包括分析学习情境、了解学员、明晰学习任务等，这个阶段要清楚地知道整个课程需要研讨的问题、项目或任务，然后编写相应的题目；二是确定教学策略，包括组织策略、传输策略、管理策略等，制定教学策略的目的是产出教学成果；三是设计教学评价，课前需要理顺这些问题——希望达到的教学绩效是什么、如何达到、如何实施相应的评价以检验教学目标是否达到，老师要对这些问题进行课前设计，课后再根据教学评估情况进一步改进教学。每一次世界咖啡馆的研讨主题以及参加的学员各不相同，所以每次世界咖啡馆的举办都需要老师事先对其进行系统教学设计，以便于取得最好的成效（见图2-19）。

图2-19　学员的分享与聆听

二、　世界咖啡馆和其他结构化研讨法的类比

世界咖啡馆、行动学习、头脑风暴及鱼缸会议等都是结构化研讨学习方法和模式。每一种结构化研讨学习模式都有自己的规则、流程、结构、特色和优势，现实中需要针对不同情况、不同问题采取不同策略的结构化研讨模式。结构化研讨学习模式多达几十种，下面就常用的行动学习、头脑风暴、鱼缸会议与世界咖啡馆之间的关系做进一步的解析说明。

（一）世界咖啡馆和行动学习的关系

行动学习（action learning），又叫作行动学习法，是指在一个专门以学习为目标的背景环境中，以组织面临的重要问题为载体，学习者通过对实际工作中的问题、任务、项目等进行处理，从而达到开发人力资源和发展组织的目的。

　　行动学习是一组人共同解决真实的问题并从中学习的过程；它是一个功能强大的工具，能够在解决问题的同时，成功地发展领导者、团队和组织；它还是一种有效的研讨方式，能够发挥参与者的智慧和创造力，并让组织者和参与者受益。

　　行动学习肇始于英国物理学家雷格·瑞文斯（Reg Revans）教授，后人称瑞文斯为"行动学习之父"。1945 年，瑞文斯担任英国国家煤矿理事会的教育及培训主任期间，将行动学习应用于煤矿业的技术工人培训。后来，他在比利时参与领导的高级管理人员专题培训项目中，系统完整地使用了行动学习法。1971 年，他在《发展高效管理者》（*Developing Effective Managers*）一书中，正式提出行动学习的理论和方法。行动学习是一个以完成预定工作为目标，与同事或者小组成员一起持续不断学习和反思的过程。行动学习的信念是"在行动中学习，在学习中行动"。一个行动学习项目一般至少包括以下五个步骤：第一，成立行动学习小组，每组最好 4 ～ 8 人；第二，聚焦有希望解决的工作难题或者问题；第三，围绕难题进行研讨反思，寻找原因和对策，并形成行动方案；第四，小组成员回到各自的工作岗位开展行动，并定期集中学习研究，讨论解决行动中遇到的问题；第五，完成目标任务，总结汇报行动学习成果。

　　行动学习包括问题、小组、质疑、行动、学习、教练六个要素（见图 2 - 20）。

图 2 - 20　行动学习的要素

（1）问题：行动学习以解决问题、项目、挑战、机遇、任务为中心，小组成员有责任去解决这些问题。这些问题应该是重大且紧迫的，其解决方案对个人、团队和组织具有高度重要性。同时，该问题为小组成员提供了集体学习、获取知识以及开发个人、团队及组织能力的机会。

（2）小组：行动学习的核心实体是行动学习小组。一个小组由 4～8 人组成，他们共同努力解决通常不容易找到解决方案的组织问题。小组成员的背景和经验应该尽可能多样化，这促使他们能够从不同的角度来思考问题，并鼓励、激发他们产生新的观点。

（3）质疑：行动学习关注对陈述的观点的质疑与反思，强调正确的提问比正确的答案更为重要。行动学习小组成员要意识到他们不知道什么，知道什么。正确的提问能够提升团队的凝聚力，激发创造力和系统思维。

（4）行动：行动学习需要小组成员切实地就所要解决的问题采取行动。小组成员必须有权自己采取行动，或者确保他们的建议得以实施。行动学习中的行动始于问题的重新定义和目标的确定，之后才能确定策略和采取行动。

（5）学习：行动学习小组除非进行了学习，否则不可能创造性地解决复杂的问题。在解决问题的过程中，行动学习小组将重点放在学习及团队能力和个人能力的开发上，因此，行动学习小组的学习收获对组织具有更大的战略价值。

（6）教练：行动学习教练是提高行动学习小组的学习能力和采取积极行动的能力的服务型领导者。教练的关注点必须始终放在学习上，而不是问题上。学习是提升小组绩效的杠杆。对于帮助小组关注重要且紧迫的事情而言，教练是必需的，他能够帮助小组成员进行对自己的反思：我们正在学习什么，以及我们是如何解决问题的。教练不参与问题的解答，其通过选择性介入和富有洞察力的提问，能够帮助小组成员提升业绩和开发领导能力。

行动学习是一种有效的团队学习研讨实践方式，能够发挥参与者的智慧和创造力，并让组织和参与者受益。行动学习就是一组人共同解决真实的问题并从中学习的过程；行动学习是一个功能强大的工具，能够在解决问题的同时，成功地发展领导者、团队和组织。

进入 21 世纪，中国的众多企业开始关注行动学习，有些公司尝试在人才发展项目或者组织变革项目中引入行动学习，也有部分公司已经在应用行动学习中积累了丰富的经验。

行动学习倡导提问，认为"积极地提问"是所有学习必需的要素。行动学习体现了"发现问题—研究问题—解决问题"的工作思路。整个行动学习过程可以分为四个阶段：重构问题、确立目标、制定措施、采取行动。行动学习能够提供创新的、改革的并有效地解决问题的方案，同时可以促进个人、团队和组织的学习。

任何人的头脑都无法与集体智慧相匹敌。这个时代已经不再是个人修炼的时代，而是集体修炼的时代。行动学习使得世界各地的组织彻底改变了解决问题和处理危机的方式，成为领导力开发和高绩效团队建设的首选方法。组织通过行动学习项目改变了组织的文化和系统，而个人则改变了他们工作和生活的方式。将行动学习引入行政机关，可以促进行政效率的快速提高和组织的创新与变革。

行动学习是推动个人成长、组织发展、社会进步的重要工具和方法。经过几十年的不断发展和完善，行动学习已成为越来越多的企业和组织解决发展问题的有效管理工具。

行动学习法具有以实践活动为重点、以学习团队为单位、以真实案例为对象、以角色扮演为手段、以团体决断为要求等特点。行动学习法的基本步骤如下：首先，由发起人发起行动学习项目，包括确定研究的课题、指派具体负责人员或机构、提出要交付的成果和验收方式；其次，行动学习的具体负责人（机构）制定实施方案，选择参加人员，寻找外部支持专家，落实经费；再次，严格执行计划；最后，按计划由发起人组织成果验收。行动学习法的优点主要有：将学习者的注意力集中于结果和过程，减少由学习到应用的时间，能够降低成本，增强组织凝聚力，产生富有创意的解决方案。

在世界各地的组织中，行动学习迅速成为一个流行和强大的工具，能够以最小的成本，在相对较短的时间内，实现解决问题和促进个人、团队、组织发展的目的。正是行动学习具备这种能力——成本效益性，使得其可帮助组织走向成功。行动学习是一座真正丰富的宝藏！

1. 世界咖啡馆和行动学习的比较

世界咖啡馆是一种研讨式教学方法。当然，世界咖啡馆也是一种工作研讨方式、一种会议讨论的模式。世界咖啡馆可以广泛应用于工作和生活的各个方面，强调对话及学员之间的交流沟通，互动性很强。世界咖啡馆的精髓就是用对话找答案，学员在研讨中可以体验强大的集体创造力，并且其研讨结果是学员自己参与研讨产生的，容易推动学员发生改变，成为其以后行动的基础。从这层意义来说，有人把世界咖啡馆称为行动学习法的一种形式。它确实有行动学习法的要件，即学习是通过专业知识能力加上有深刻洞见的问题在研讨的过程中产生的。从行动学习法更强调解决问题的过程要与实际相结合、更强调结果的形式来看，行动学习法和世界咖啡馆还是有所区别的。由此，我倾向于认为世界咖啡馆是一种研讨式教学方法。

行动学习能够发挥参与者的智慧和创造力，并让组织和参与者受益。行动学习是小组共同解决真实的问题并从中学习的过程；行动学习为参与者对组织的重大复杂事务进行分析并提出解决方案提供了机会。行动学习强调在行动中学习，在学习中行动；没有学习就没有行动，没有行动也就不会发生学习。行动学习以问题、项目、挑战、机遇、任务为中心，其解决方案对于个人、团队和组织具有高度的重要性。项目所要解决的问题应该是重大且紧迫的，并且小组有责任去解决该问题。

行动学习其实是一个过程和项目。行动学习包括"发起项目—项目启动会—跟进辅导—知识导入—总结分享"五个基本步骤。它并不要求半天就能完成，实际的情况是，所涉及的项目花费半天时间常常是无法完成的，有的项目需要数日，而有些项目甚至需要长达半年。

世界咖啡馆应该是行动学习中的一个环节，一个可以使用并且能经常使用的研讨工具。有的人认为，世界咖啡馆本身就是行动学习，这也许是不懂行动学习的原委而带来的误解。有的人认为，世界咖啡馆是微行动学习，尽管这是把行动学习泛化和重新定义的结果，但也有其积极意义，对理解世界咖啡馆和行动学习的关系确有益处。从严格意义上说，行动学习并不是世界咖啡馆，世界咖啡馆也不是行动学习。

世界咖啡馆和行动学习项目在实施的过程中，都强调反思性探询和持续性学习，也强调提问和对话。这些对行动学习小组或者世界咖啡馆的组员都非常有益，其益处包括提升团队凝聚力、发起对话、产生创造力、开发领导能力以及鼓励系统性思考。提问和对话不会降低解决问题的速度，却能更快地产生更有价值的想法，组员能理解这些想法并努力去实现。问题和行动息息相关，提问会激发火花，左右注意力、观念、能量和努力的成果，提问本身就是行动。真正的提问会召唤出前所未见的观念和想法（见图 2-21）。

图2-21　学员在世界咖啡馆研讨

2. 行动学习的四个阶段和世界咖啡馆的流程高度相似

行动学习有四个阶段：第一阶段是理解和重构问题；第二阶段是制定目标；第三阶段是提出和制定措施；第四阶段是采取行动，并对行动进行反思。行动学习要求在着手解决问题之前最好先认真研究真正的问题是什么。

有的行动学习专家认为，发生在系统中的变化，称之为行动；发生在自己身上的变化，称之为学习。学会有效行动也就是学会如何有效地学习。行动学习通常有两个目标：一是提供创新的、改革的并能有效地解决问题的方案，二是促进个人、团队和组织的学习。

行动学习是一个神奇的工具。行动学习能够利用一种有效的研讨学习方式，把散落在参与者脑海中关于某一主题的智慧加以析取和整合，而这个过程和结果又能够让组织和参与者从中受益。

行动学习具有持续成功的效力，有以下四个原因：①用真正的突破性和持续性策略来切实高效地解决问题和迎接挑战；②开发21世纪管理者所需要的领导力和素质；③开发能持续提升自我执行能力和适应能力的高效团队；④在个人、小组、组织和社会层面上获取、传递、应用有价值的知识。

行动学习是系统的研讨学习工具，是学习型组织的工具。行动学习团队是一个小型的学习型组织。行动学习所学到的知识又可以运用到组织中去，是行动学习最大的长处；行动学习适用于任何组织，尤其适用于有愿景、有目标的组织。

3. 行动学习的研讨过程值得世界咖啡馆借鉴

我们可以将行动学习分成五个步骤来进行小组研讨。

（1）描述问题（讲解）：行动学习教练或问题所有者向小组成员描述问题，表达力求准确、清晰，便于组员理解。

（2）提出问题（提问）：小组成员围绕讨论主题向问题描述者提出自己的问题，问题描述者给予回答和反馈。

（3）质疑问题（对话）：每个小组成员必须提问，成员彼此质疑、反思，相互问答、探询，找出真正关键的问题。

（4）解决问题（陈述）：只针对提问进行陈述，小组成员彼此提供要点式的意见和建议，不用展开。

（5）采取行动（学习）：重构问题，确立目标，提出策略，获得支持和资源，实施策略，对行动进行反思。

基于学习结果的行动，学习才有意义。行动学习坚持的原理是没有行动就没有真正的学习，就像没有学习就没有行动一样。解决问题只是目标的一部分，利用这个机会进行学习也是一个目标。

行动学习的研讨和解决问题的流程严谨规范，值得世界咖啡馆借鉴。

行动学习的核心实体是行动学习小组，按照传统的行动学习理论，行动学习需要小组切实地就所要解决的问题采取行动，组织要赋权给小组成员，让他们自己采取行动，或者确保他们的建议得以实施。在传统教育理论上，行动学习其实是一种体验式学习，世界咖啡馆是一种研讨式学习。行动学习一般周期较长，少则三五天，多则半年，力求效果。行动学习是一种一切从实际出发，实事求是，理论联系实际的实践活动。我们在实践的过程中，确实也应该将西方理论中国化、传统事物现代化、理性认知实践化，这也是每个有责任感和使命感的人应该具有的担当。

很多研讨工具（如世界咖啡馆、六项思考帽法、头脑风暴、鱼缸会议等）都可以单独完整地被使用在行动学习过程中，也可以被用作行动学习中的研讨环节工具。每个研讨工具都是结构化研讨的一种方法。就像搭建积木一样，在开结构化研讨会的过程中，小组成员可以不断对研讨工具进行重新构思和运用，只要研讨会有规则、有流程，同时符合思维本身的内在规律，就可以大胆运用上面所述的所有的研讨工具。

我们不能把"结构化研讨"本身仅仅定义为上面众多研讨工具中的一种，结构化研讨是一个宽泛的概念。在实际的行动学习中，还常常用到头脑风暴和鱼缸会议。那么，什么是头脑风暴和鱼缸会议呢？它们和世界咖啡馆的关系如何？

（二）世界咖啡馆和头脑风暴的关系

头脑风暴（brainstorming）是一种结构化研讨方法。头脑风暴是指无限制自由的联想和讨论，其目的在于产生新观念或激发创新设计。头脑风暴法是由美国创造学家亚历克斯·费克尼·奥斯本（Alex Faickney Osborn）于1939年首次提出的一种激发大脑思维的方法。

当一群人围绕一个特定的兴趣领域产生新观点的时候，这种情境就叫作头脑风暴。头脑风暴的特点是让与会者敞开心扉，让各种设想在相互激荡、碰撞中产生各种创造的可能性。它虽然可以让参与者自由联想，但仍需事先制定规则和程序并遵守。如果研讨没有规则和程序，就谈不上结构化，更不用说科学和高效。头脑风暴法至少需要以下几个环节：确定议题、会前准备、确定与会人员、明确分工、遵守纪律以及掌握时间。除了在程序上的要求，头脑风暴法的其他方面都有相应的规定，比如，交谈方式是自由畅谈、延迟评判、禁止批评，因为我们面向未来，有各种可能性，提出的观点看法没有对错之分。在头脑风暴时，我们必须做好记录，追求尽可能多的设想，并且注重对设想的归类整理和评判，产生符合实际的、专家和学员都认可的观点和创意等。当然，作为教学法，如果老师或主持人研讨时使用头脑风暴法，也不必拘泥于特定形式，因为可以对头脑风暴法的结构进行灵活改动，只要其改动符合组织需要和学员特点即可。头脑风暴法追求的是灵活多变，作为研讨式教学法或工作方法时，可以随主题任务及环境条件的变化而变化，这也是在创新。法无定法，重在内在的脉络和机理，我们只需要掌握结构化研讨的精髓即可。

1. 世界咖啡馆里可以进行头脑风暴

世界咖啡馆可以是头脑风暴要求的一种结构化研讨方式，或者说是头脑风暴的一种研讨工具，其本身的规则和流程与头脑风暴相适应。反过来，如果世界咖啡馆是主体，是一个完整的研讨过程，那么也可以在世界咖啡馆进行一场头脑风暴，把头脑风暴设置为其中的一个环节。由此可见，世界咖啡馆和头脑风暴法无论在内容上还是在形式上，都是一种你中有我、我中有你的关系。

下面介绍一个真实的案例。

有一场世界咖啡馆研讨专题活动是制定某项工作的五年规划。这其实需要所有与会人员投入进去，由全体学员进行头脑风暴，制定愿景、目标与措施等。世界咖啡馆主持人最后和培训单位共同商讨的议题是："假如我们全体学员来到了五年后，你希望五年后工作的理想状态是什么？"这个面向未来的问题，需要大家集思广益，确立新的奋斗目标，寻找到理想状况和现状之间的差距，从而达到解决问题的目的；也需要与会人员展开想象，畅所欲言，进行头脑风暴、集体研讨，达成共识。这种研讨的过程契合世界咖啡馆的整个流程，用世界咖啡馆形式进行头脑风暴再合适不过。

2. 在世界咖啡馆来一场头脑风暴

如何在世界咖啡馆来一场头脑风暴？换句话说，如何在世界咖啡馆进行一次头脑风暴会议？

（1）需要一个专业的引导员。在世界咖啡馆中，引导员就是主持人。世界咖啡馆的主持人最好是局外人，是不参与研讨主题的人员。如果主持人是学员的领导或同事，有时会妨碍学员之间思想交流的迸发。同时，主持人需要有丰富的引导经验。此外，主持人还必须熟悉团队建设，能够分析团队的现状和问题，能够把控研讨的过程和效率，熟悉世界咖啡馆的流程且对所探讨的问题有一定的了解；具有演讲表达与沟通协调的能力，拥有稳定的情绪，耐心且善于处理现场的临时突发情况，从而确保整个世界咖啡馆主题活动的流畅性。

（2）有一个合适的讨论话题。在世界咖啡馆主题活动展开之前，我们要对话题做好充分的准备。事前设定合适的话题是研讨成功的关键。相对于头脑风暴要进行的议题，世界咖啡馆对事先要做的准备有两个要求。一方面，议题的范围大小要合适。范围太宽泛就会不妥当，而对于太具体的问题学员又无法深入开展讨论。也就是说，讨论的问题范围要适中，既要具体，也要有发挥创造力的空间。此处有一个诀窍，往往大家看似"大而空"的宏观议题，都可以按照问题的本质拆分成三个问题，比如，"理想状态的工作是什么样子"就可以拆分成三个子问题，让学员在开始讨论前独立静默思考：①你想象的五年后的情况是什么样子的？②现在的工作存在什么问题？③要想达到五年后理想的工作情况，我们还需要解决哪些问题，采取哪些措施，还有哪些好的建议可以促进我们理想目标的实现？另一方面，研讨的话题必须从系统宏观的角度，从组织或他人的立场来定义和思考问题，可以要求每个学员学会站在上级组织的高度来思考问题，同时，站在服务对象的立场来思考问题。学员也应在会前对研讨主题有所了解，并对研讨主题做出思考，这些都是讨论的前提和基础。

（3）轻松的研讨氛围。创新是发展的第一动力，创新的来源及营造合适的创意氛围的要求是放松。严肃、焦虑或沉闷的会场气氛则会妨碍创意的产生。引导员可以通过研讨前的暖场活动或团队拓展破冰游戏来达到让学员放松的目的。引导员要极力避免负面评价，要以正面评价为主。随着研讨的推进，那些优秀的富明创意的想法会如雨后春笋般涌现出来，而对于那些一般或平庸的想法我们也不必现场否决，最后它们自然就不会再被提及。将研讨环境设置成真正的咖啡馆，能够让大家迅速放松心情，从而产生对彼此的信任，轻松地参与到研讨中。

（4）鼓励每个人的参与和贡献。既来之则安之，每个人来到这里，都应该发挥自己的主观能动性，发挥自己的聪明才智，为讨论议题出谋划策。学员的积极参与需要事前引导。如果学员感到谈话氛围紧张或者有防御心理，或是有领导在场，且领导说话太多，有些学员就会失去参与研讨的积极性。引导员要知道每个人能被选来参加本次研讨会是有自己的特长的，应设法让与会者发挥自己的专长。领导不要打断别人说话，否则会让那些不喜欢这种方式的人不再发表自己的看法。有一个方法可以让每个人轮流发言，即在讨论前先向所有学员提问，并让他们独立完成，之后小组研讨开始时，让与会者轮流发言，将刚才的所想、所思、所写说给同桌的人听。这样，由于规则的原因，每个人都会发言，从而确保了每个人的参与和贡献。

（5）坚持领导最后发言原则。头脑风暴的要义就是开放和自由，领导也可以参与头脑风暴。每个桌子上的学员在发言时一般都会在意旁边人的看法，会下意识地辨别旁边人的级别（是否为自己的领导）。处理好与上级的关系，取悦领导是人之常情。我们要求大家都参与头脑风暴，所以，如果领导参加研讨，下属就必须谨慎选择发言时机，并且要注意措辞。而领导提出的问题不应带有任何成见或偏见，并且领导最好选择在研讨会最后发言。如果领导先发言，就会影响后面的讨论。这并不是要求领导选择闭口不言，而是要仔细思考自己参与其中的最好方式，不会事先表态，以确保不会中断学员的讨论。领导可以不断提问，发掘其他与会者的思想潜力。在会议的最后阶段，如果有批准本次研讨会举办的领导在场，则请他进行总结，头脑风暴会起到知行合一的多重良好效果。

（6）研讨的过程和结果都要坚持创新。头脑风暴是一个比喻，风暴意味着猛烈、多变，而且随机性很强。头脑风暴应该有始有终，在这个过程中，如果没有冲动、奇思妙想以及各种思想碰撞，进而迸发出激烈的火花，那就不叫头脑风暴。头脑风暴要允许人们畅所欲言，直抒己见，提出独辟蹊径的想法，并让其他人跟随这种想法深入下去，这也许是最有可能通向最终目标的方向。在这个过程中，引导人要能够做出判断，不能让话题走得太远，或严重偏离正题。如果偏离主题，要及时把他们拉回正题。头脑风暴的结果仅仅是个开始，需要以终为始，要求大家会后要做些事情去完善会上提出的想法，在形成实用的方案前，这些想法都需要进行持续改进和完善。

（7）使用研讨规则和道具来强化研讨效果。头脑风暴是一种发挥集体智慧、体验集体创造力的活动，其本质和世界咖啡馆相同。这就要求头脑风暴同样要遵守活动规则。这些头脑风暴规则包括推迟做判断，鼓励大胆的想法，完善他人的想法，始终围绕主题进行，用视觉方式呈现，等等。

世界咖啡馆本身也有一套规则，主要包括 3 ～ 4 轮的换桌小组研讨、大组分享以及研讨总结等阶段和步骤。在世界咖啡馆进行头脑风暴，也要遵循世界咖啡馆的既有规则，这样，它们才会珠联璧合，相得益彰，取得 1 + 1 > 2 的效果。

（三）世界咖啡馆和鱼缸会议的关系

鱼缸会议，又叫鱼缸法、鱼缸研讨法。鱼缸会议也是一种结构化研讨法。传统的鱼缸会议是将学员分成两个小组，所有成员分别围坐在内圈和外圈。内圈的人讨论或分析问题，或做各种练习活动；外圈的人则进行观察，进行提问或反馈，并且加以评论，最后达成解决问题的目的，大家在学习研讨中都有收获。

鱼缸是一个形象的称呼。内圈的人一般比作鱼缸里的鱼；外圈的人可以比作鱼缸里的水，也可以比喻成周围的观众。随着各种结构化研讨模式的重新构思和创建，现在也有说法是把要解决的问题或研讨议题比作鱼缸里的鱼，把问题的主人或议题提出者比作鱼缸中鱼的主人，其他人都是看鱼的观众，当然大家都可以参与研讨。

召开鱼缸会议时，大家可以围坐成 1 ～ 2 圈，中间可以有桌子；桌子上可以摆 1 个透明鱼缸，里面放 1 ～ 2 条小金鱼作为教具。研讨时，如果分成 2 圈，也可以外圈的人站着，内圈的人坐着，这样外圈的人容易观察内圈的人的言谈举止。户内、户外都可以举办鱼缸会议，环境轻松自在为好。鱼缸会议以 30 人以内形成 1 组为好，如果人数太多，容易消耗时间，并且程序比较冗杂。如果 1 个班的人数太多，可以分成若干组进行。

在举办鱼缸会议时，问题的主人可以发言或做中心发言，也可以不发言；对于其他人的提问，可以回答，也可以不回答。鱼缸会议规则是采取聆听和问答的形式，在一轮汇谈结束时，所有人说完后，问题的主人才能解释说明或归纳总结。当然，在传统的鱼缸会议中，作为"鱼"的部分（坐在内圈的人）往往是需要被对症下药或是被"解剖"的部门，也是大家有的放矢的对象，此部门可以不发言。也就是说，鱼虽然在水中央，人虽然坐在圈内，但可以不发言。另外也主要取决于研讨程序，有的研讨程序把内圈的人都看作"鱼"，每个人都有做"鱼"的机会，并且可以规定在做"鱼"时不能发言，或只能说"谢谢"。

每场鱼缸会议开始前，都要确定扮演"鱼"的角色的成员，也要确定记录员和每组的促动师或者催化师，最后发言总结时，也可以经过讨论确定新的成员代表本组发言。发言的内容包括对研讨问题的分析和解决的方案，接下来要采取的具体行动和步骤，希望达到的结果和效果，等等。

鱼缸会议的应用范围非常广泛，可以应用在单位会议、家庭会议、与客户沟通及团队建设等方面（见图 2 - 22）。鱼缸会议还有一些更具体的规则，比如对沟通反馈的要求、对事实的陈述、对目标的商定等。鱼缸会议对语言（如何发言）相应做一些限制，如评价时需要先提肯定性意见，再提出问题；在其他人说话时，要聆听；避免"一言堂"；有意见分歧时，要控制好情绪；等等。总之，事前规定好规则并知会所有人是非常重要的。

图 2 - 22　鱼缸会议

我们用一个在课堂上使用过的鱼缸会议实例来进一步说明鱼缸会议研讨的过程。

在一次教育培训管理者专题培训班上，全班 100 名学员先分组，而后通过鱼缸会议形式进行研讨。会议程序是先用 1 个小时的时间进行小组讨论，再用 1 个小时的时间每个组选出一位发言人进行大组分享，老师点评。在开鱼缸会议前，我们需要先征求全班的意见，即每人提出一个希望在鱼缸会议上得以深入讨论的问题。征集问题完毕后，通过合并同类项也就是归类汇总的方式，结合组织需求和岗位需求，我们提出鱼缸会议要讨论的十大问题。同时，全班分成 10 组，每组 10 个人讨论一个问题。通常让学员自愿选择自己想讨论的问题，再入组。每组学员坐下后，主持人让每组学员选出该组的问题的主人，有的问题若由此人提出或者他就是这方面的专家或业务骨干，学员可以优先选择他作为问题的主人。此时，问题即"鱼"，然后主持人确定研讨的规则，也就是观赏"鱼"的规则。观赏"鱼"要确定规则，否则会导致研讨秩序混乱，或可能"打翻鱼缸"。没有规则和流程的研讨是杂乱无章的。主持人按照研讨式教学经常采用的"发散—收敛"式思维模式，设计了三个小回合、一个大回合的"发散—收敛"讨论流程。以一组问题为例，具体的流程包括七轮。

第一轮，大家选出来的问题的主人对问题进行解释说明。

第二轮，所有人都可以针对此问题进行提问。

第三轮，让问题的主人解释并重新定义。

第四轮，所有人都可以对问题提出建议和意见。

第五轮，问题的主人归纳总结大家的意见，提出解决方案。

第六轮，所有人都谈一谈会议的收获体会。

第七轮，选出发言人并形成发言方案。

研讨式教学的课程设计是一个大的"发散—收敛"式的思维模式。在课程开始时，要求学员发散思维；到课程收尾时，需要学员收敛思维；在整个课程中，还可以贯穿多个小的"发散—收敛"式的思维模式。上述鱼缸会议七轮研讨中，第一轮是陈述背景，确定研讨议题或需要解决的问题；第二轮和第三轮是一个小的"发散—收敛"的思维讨论环节；第四轮和第五轮是一个"发散—收敛"的思维讨论环节；第六轮和第七轮也是一个"发散—收敛"的思维讨论环节。经过三次发散和三次收敛后，整个研讨课程基本上能够达到研讨的目的。而学员的收获不仅体现在最后的感想体会，更体现在研讨的过程中；因为学员自己主动参与学习，吸收的是集体智慧，通过生动活泼的形式，参加团队学习所带来的满足感也成为学员参加鱼缸会议的额外收获。

世界咖啡馆和鱼缸会议都是行动学习的研讨工具，行动学习也可以采用其他更多的学习形式和研讨工具。如果从定义和内涵来说，行动学习包括问题、小组、质疑、行动、学习、教练六要素，也有相应的实施步骤和措施，包括时间安排等。世界咖啡馆和鱼缸会议也需要问题、小组、提问、行动、学习、主持，主持人可以是催化师或促动师，同样也有实施的程序、规则、流程和步骤。行动学习在时间线上往往拉得更长，并且常以项目或任务的形式出现，动用的行政资源和人员更多，牵涉面更广，从这个角度说，世界咖啡馆又远不如行动学习。我们认为，世界咖啡馆或鱼缸会议可以设置成行动学习的一个环节，如果确实需要分析它们之间的内在联系，那么可以将它们的关系定义为：世界咖啡馆或鱼缸会议是一种"微行动学习"，它们兼具行动学习的精髓和特质，但还远远未达到或囊括不了行动学习的范围和用途。

　　世界咖啡馆、行动学习、头脑风暴、鱼缸会议，都需要有一个研讨主题；以结果为导向，追求教学目的的实现；都有起点和终点，也有自己的边界；都需要提问、质疑和反思，同时采取行动，在行动中学习。行动是系统的改变，学习是个体的改变，基于这个角度，行动学习、世界咖啡馆、头脑风暴、鱼缸会议都是结构化的研讨模式，都需要规则和程序，以及集体的参与，都是以学员为主体进行教学和研讨，这是它们的相同之处。当然，以上四者之间也有差异，在参与形式、时间、规模及流程等方面都有所不同。但如果在开放的状态下进行课程设计，四者又可以互为表里，互为工具和方法，能够相互衔接使用。而在实际教学中，也需要做到因地制宜及灵活运用，让无数研讨工具成为课程设计取胜的法宝和兵器，最后的目的就是"赢"，赢得结果，实现教学目标和完成教学任务。

【相关知识链接】

ABCD 沟通模型及其启示

　　我们常说：想的是 A，说的是 B，听的是 C，记住的是 D。从 A 到 D 之间差距非常大，就像我们儿时经常玩的传声筒游戏，声音传到最后，话语的意思会和第一个人所表达的不一样，甚至有时候是天壤之别。为什么差距会这么大呢？这涉及一个沟通和认知的问题。

　　我们把 A 和 B 标识为"说者"的思想和表达，把 C 和 D 标识为"听者"的接受和思想，表达 B 和接受 C 就是一个沟通关系。当然，A 和 C 以及 A 和 D 之间，包括 B 和 D 之间都有关系（见图 2 - 23）。

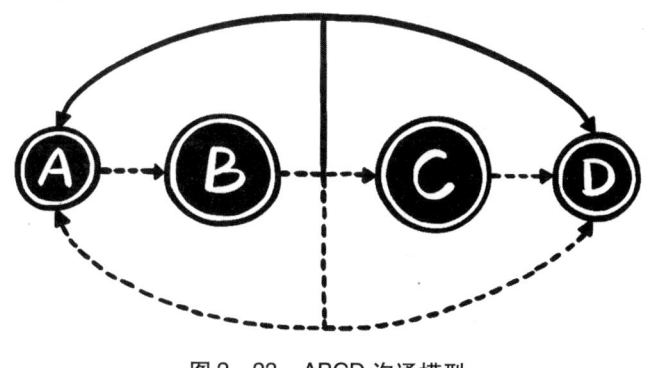

图 2 - 23　ABCD 沟通模型

　　沟通需要通过感官把相应的信息或者思想传递给对方，对方需要通过感官接收到相应的信息并且变成自己的思维或者思想，这是一个完整的信息传输过程。从 A 到 B 到 C 再到 D，我们可以分成 4 个步骤。A 代表说者头脑中的想法，作为说者，首先要确定自己想传达的想法；B 代表说者说出自己的想法的状态，说者说出自己接收到的 A 的想法，要通过什么样的感官形式表达，或是通过什么样的语音、语调、语气表达，甚至通过什么样的肢体语言表达，即要想清楚如何把自己的内在想法实现外化，让听者接收到相应的信息；C 表示听者的接收状态，听者通过自己的眼、耳、鼻、舌、身感官系统接收到的相应信息也包括传递信息时外在场景带给自己的感受；D 表示听者听到信息以后形成的自己的思想。

为什么在沟通过程中，B 和 C 之间会存在巨大的差距呢？我们可以用 73855 沟通模型来解释。美国心理学家艾伯特·麦拉宾（Albert Mehrabian）经过数年的研究认为，有效沟通主要包含三个要素——语言、声调和肢体语言。麦拉宾教授认为，在沟通中，说话内容的重要性仅占到了 7%，声调的重要性占到了 38%，肢体语言的重要性占到了 55%。这提醒我们在语言交流时，在说者和听者之间，说者要注意自己的肢体语言和声调的运用，听者要想正确理解说者的语言，除了注意说者语言表达的内容外，还要能够正确理解说者的声调及肢体语言。在 ABCD 沟通模型中，从 B 到 C 存在着多种沟通手段、多种信息传递的途径。即使听者的感官正确地接收到说者传来的信息，但是在信息接收时，由于每个人都会结合自己以往的经验连接新的信息，并且每个人自身有一个信息过滤器，所以当信息从 C 传到 D，变成 D 自己的思想时，也会发生差异，有时甚至会产生误会和不理解。

从 A 到 D 的信息传递和思想转化的过程中，听者和说者都有自己固有的思维模式，包括用于指导自己言行的世界观和方法论。我们人类的思维和语言的交流过程中，并不能像两台计算机之间的交流。两台计算机之间的交流可以简化为纯粹的逻辑，但人类的交流不行。人类的交流掺杂着太多的用现代科学还解释不了的东西，比如想象力、独立意志、道德良知、价值判断、情感情绪等，这些都掺杂在沟通交流里，所以人类要实现真正完全统一的、没有误解的思想交流，其实是一件很困难的事情。

在沟通交流中，我们产生思想差异的原因在于，如果说者和听者进行交流，首先彼此要信任，要了解彼此的感受；在了解彼此感受的情况下，还需要理性地知彼知己。对沟通中传达的相应内容和说者的声调、肢体语言，我们基本上能够做到相互理解。当说者通过沟通三要素进行表达时，听者有时不一定能够全部正确接收到来自沟通三要素的相应的信息。例如：当听者接收信息时，听者没有聆听，或是其注意力不够集中，或是通过自己的信息过滤器形成了自己的认知时，把一部分信息过滤掉了；听者把某些信息与以往的经验一起进行加工时，带上了自己的偏好；对于有些信息，听者理解得不够全面准确，就会导致在信息从 C 传到 D 而形成 D 自己的思想时，D 很有可能是误解了 C 想表达的意思，从而产生信息差异。

从 A 到 D，这是一个序列模型，也是一个知识结构图形。构建模型，一方面，是为了便于理解一些复杂的理论问题；另一方面，是为了便于记住相应的理论知识，此外，也是为了知识迁移，能够将模型用到其他领域或者实践中去。那么，ABCD 沟通模型对世界咖啡馆有什么启发呢？

在"A—B—C—D"整个信息传递的过程中，应该确保传递通道畅通、各个环节的传递情景高度相似，确保传递内容不失真、不走样，同时，要确保沟通双方注意力集中。如果在交流研讨和沟通的过程中，能够让信息传递从"A—B—C—D"变为"A—A′"，那信息传递就是成功的。为此，在世界咖啡馆教学中，老师要特别注重情景设定和集中学员的注意力。

1. 确定焦点

老师要让学员的注意力集中到教学目标上来，通过预设的海报或者背景、提前发放的课件资料、上课开始时和学员建立的约定，让学员的注意力尽早专注且始终保持在教学目标上。让学员始终关注教学的焦点且保持聚焦的状态，容易使信息得以"准确"地传达和传输。

2. 设定情境

老师要创造一个与教学目标相一致的思维方式，可充分利用图像和文字资料进行相应的暗示，通过教室的精心设计和布置营造一个教学需要的氛围，通过外在环境和学员的内在体验引发学员的联想，调动学员的想象力，调动学员的右半脑，让学员专心地投入到教学活动中来。环境本身发挥着"条件性知识"的作用，有助于"正确"地传播信息。

3. 启发意义

老师想要引起学员对课程的兴趣和重视，要让学员事先了解教学的意义，让他们知道这些课程是量身为他们定做的，让他们感受到老师的好意，这是非常重要的。当他们感受到老师的真诚，并且知道自己被重视、受尊重时，就会对学习格外重视。心理上对学习的重视会让学员更加专心，正在传递的信息因为学员用心听就不容易受损失。

4. 拉近关系

让学员了解和喜欢老师很重要。一般来说，学员会先接纳老师，然后才会容易接纳老师讲授的内容。老师在做自我介绍时一定要建立良好的第一印象，因为第一印象直接决定着教学的效果。例如，老师可以通过一些具体事例，让学员跟自己建立一些亲近关系，也可以通过确认和强调共同的归属感，达到让学员更容易接受自己的目的。

5. 专业权威

每一位老师都想使自己讲授的内容获得学员的认可和赞赏。如果老师本身是一个专家，具有权威性，或者在讲授的内容方面非常专业，那么也容易让讲授的内容得到学员的认可。教师在讲授内容时，可以多引用专业人士、伟人或者行业领导者所说的话或者思想，学员会因此更易于接受和认同讲授的内容。

6. 研讨提问

如何让学员积极主动地自主学习？一个强有力的提问胜过一打答案，老师可以设计提问让学员研讨回答，学员就容易集中注意力投入到学习中；还可以让学员自己提问、自己思考、自己研讨。学员通过小组研讨产生新思想，自己就会主动做出承诺，当然他们也会为自己的承诺付出行动。以学员为中心，老师来引导，让学员自学，自己掌握新知，学员就更容易记得住，知道并运用这一点对教学非常重要。

"用心聆听"可以解决沟通交流中80%以上的问题。"用心"就是要真诚地带着同理心去听对方说话；"聆听"就是要把对方的话听进心里去。老师要将"用心聆听"作为上课的一个规则，作为集中注意力的方法和工具；学员要认识到"用心聆听"是解决"A—B—C—D"信息传递偏差问题的关键方法，并且在上课的过程中，要始终能够做到"用心聆听"。研讨式教学的课程以学员沟通交流为主，这就需要老师事先进行精心的课程设计，注意在课堂发挥"用心聆听"的作用，抓住学员的注意力，引导学员按照流程进行学习，进而确保实现预定的教学目标。

第六节　世界咖啡馆的教学原理和底层逻辑

世界咖啡馆的诞生非常偶然，它的盛行则是因为其内在遵循了教育学、心理学、组织学、社会学等方面的规律和道理。可以说，当代教育学上流行且用于实践的前沿理论，都可以将世界咖啡馆作为载体和落地的措施；同时，世界咖啡馆也验证了这些理论的有效性，可谓相辅相成、相互促进、相得益彰。

一、世界咖啡馆的理论支撑

世界咖啡馆是一种研讨式教学模式，是高效组织会议的方法，是有效解决问题的办法；它是分享知识和催生集体智慧的最好方法之一，能够创造出众人认同的结论；其研讨规模从几十人到上千人不等，使用范围广泛，从探讨组织愿景、管理项目任务到解决各种疑难问题，世界咖啡馆都是一个有效的方法工具。学习型组织的倡建人彼得·圣吉说，世界咖啡馆是"目前为止遇到的对于我们所有人来说进入集体创造最可靠的方式"。通过世界咖啡馆，我们可以引导学员集体学习，聚焦工作中的重点、难点以及疑点问题，集中智慧，共同寻找解决问题的方法和技巧。在世界咖啡馆，我们可以进行头脑风暴，可增强学员的全局观念及统筹规划意识，讨论、碰撞出有价值的想法；还可以进行科学决策和创新性思维训练，锻炼学员听、说、读、写的综合能力，提升思考与表达的有效性。可以说，世界咖啡馆是研讨式教学或会议中非常好用，甚至是最为有用的方法。

世界咖啡馆的渊源理论来自何处？世界咖啡馆的创始人华妮塔和大卫认为："《世界咖啡馆》以及当年写的世界咖啡馆博士论文所用的研究调查手法，都是用欣赏式探询法（appreciative inquiry）。欣赏式探询法是一种组织学习和发展的方法，由大卫·库珀里德（David Cooperrider）及其凯斯西储大学（Case Western Reserve University）的同仁们首创。"[①] 欣赏式探询法能引导我们去注意真正有价值的事物，思考有什么事情可以为某种经验注入生命与活力，是否有可能将它发扬光大，等等。在世界咖啡馆，我们也可能会遇到各种各样的问题，在解决问题时，世界咖啡馆强调深入交流、小心求证并进行探索，探讨未来实现的可能性。在进行世界咖啡馆研讨时，因为思想成果是集体智慧的产物，往往能在个体心理上建立一种安全感，同时，能降低不当的自我吹嘘和固执己见。世界咖啡馆对话的特殊流程设计，往往能轻松解决在一般集会场合经常出现而又无法解决的问题。很多学员反映，带着集体研讨形成的智慧上台进行大组分享时，自己就会感受到集体力量和集体思想的正确性，从而使自己的发言有底气，越发坚定、自信，勇于采取行动。

（一）世界咖啡馆相关的教育学及心理学理论

世界咖啡馆于 2004 年被引入中国，2014 年开始引入中国的政府部门。随后世界咖啡馆的魅力在实践中日益呈现。为什么世界咖啡馆这么有吸引力？在长达 8 年多的时间里，在 300 多场世界咖啡馆的主持活动中，我们发现，只要遵循世界咖啡馆的七个原则，每次研讨活动都取得了圆满的成功。除了华妮塔和大卫在研究世界咖啡馆时使用的欣赏式探询法以外，我们也发现，世界咖啡馆符合现代教育培训的理论和技术要求，也符合心理学及脑科学的最新研究理论，包括欣赏式探询、行动学习、教练技术、引导技术和建构主义等。

---

① ［美］华妮塔·布朗、［美］大卫·伊萨克：《世界咖啡馆》，高子梅译，台湾脸谱出版社 2007 年版，第 43 页。

　　下面我们逐一解读世界咖啡馆符合这些前沿且被实践检验行之有效的理论的原因，我们先对各个理论流派进行简单的介绍，然后再阐述世界咖啡馆和各个理论之间的关系。

1. 欣赏式探询

　　欣赏式探询来自积极心理学，积极心理学强调积极情绪，而积极情绪容易让我们有扩展效应。扩展效应描述了我们在激发积极情绪时所经历的认知情感和生理变化，当感受到积极情绪时，我们会立即扩展注意力和思维，从而更开放地接受他人及其想法。此外，积极情绪让我们对可能性更加开放，能够扩展事业并延展我们的性情，并且让我们不再关注"我"，而是欣赏他人和更多地思考"我们"。积极情绪有助于我们迅速从压力中恢复过来，并变得更好；能让我们拓宽视野，丰富个人和社会资源。建构积极情绪是一项有价值的投资。积极情绪清单包括敬佩、感激、希望、激励、兴趣、喜悦、爱、自豪和宁静等。积极形象带来积极行动。在健康、教育、心理、宗教、政治、商业、体育和其他领域，有无数积极形象带来积极结果的例子。皮格马利翁效应便是如此，人们的表现会受到他人期待的影响，这对发展他人是非常重要的概念。欣赏式探询有以下三个特点。

　　（1）充分发挥个体的优势和长处。欣赏式探询的核心理念就是充分发掘与发挥个体和团体的优势和长处。欣赏式探询强调，为了成功和满足，我们要投资于优势，不管它们是什么。优势可以定义为在一项活动中持续的近乎完美的表现，只有非常清楚自己能够重复、快乐和成功地做时，能力才成为优势。一旦了解了个人的性格优势，就有可能清晰地表达和发展自己的性格，并能更好地将自己的天赋和能力转化为有意义和有吸引力的行为，从而改善自己和他人的生活。

　　（2）充分发挥组织的优势和长处。欣赏式探询还强调发挥团体和组织的优势。组织优势是组织所有资产的总和，包括个体才能和技能、产品服务技术、过程和系统、品牌和声誉等，这些组织优势成为梦想和设计组织所渴望的未来基础。"现代管理学之父"彼得·F. 德鲁克（Peter F. Drucker）说："领导力的任务就是打造和强化优势从而让不足变得无关紧要。"组织优势包括以下某种或全部要素：与自然和谐共处的可持续的环境、最先进的技术、装饰精美的艺术品、舒适的餐饮设施、灵活的工作时间、参与和共享的组织文化和价值观、持续学习和发展的机会、多样化的劳动、富有同情心和人性化的工作、相互尊敬的同事关系、创新与领先的产品及服务、有意义的工作或值得做下去的工作场所等。组织优势的核心部分是那些被赋能的和积极投入工作的员工队伍，他们理解和欣赏组织的愿景、使命、宗旨、方向、战略规划、系统和过程，他们有良好的决策水平和自制力，有良好的培训和学习机会，工作包含多样性，对工作感兴趣并有参与感。此外，员工们得到了最大限度的尊重，了解自己工作和贡献的意义和价值，并能看到未来，这些都是组织优势的一部分。欣赏式探询希望发掘并依赖于组织的优势和长处，从而让自身的效用得到发挥和取得成效。

（3）让个体优势和组织优势共同发挥作用。整体效用大于部分效用之和。共同发挥个体优势和组织优势才能取得整体效用大于部分效用之和的效果。在一个组织里，组织优势越能发挥，组织越富有效力和创造性，个体就越容易感到满足、幸福和富有成就感，个体优势也就能够得到充分发挥。而对于个体来说，想要发挥个体优势和取得成功，必须制订事业计划，必须"依靠自我"而不是组织。为了将来的成功，人们将迫使自己必须富有动力，不断学习。动力分为外在动力和内在动力。动力可以是组织带来的，例如，我们分配任务给员工，或赋能个体，或将组织需求目标转变为对员工更有吸引力的机会，这些机会将不断变成员工自身成长的需求和努力争取的目标。这时，外在动力就会转变成内在动力，这一相匹配的过程的成功在某种程度上决定着组织的效率，同时，也是让组织需求和个体需求相统一、组织目标和个体目标相统一、组织优势和个体优势相统一的关键。当然，个人有主动了解组织优势与组织需求以及让自己的目标和组织目标相统一的义务。随着个人不断觉察到自身的优势和组织优势，也会找到个人目标和组织目标的契合之处，从而找到自己的职业发展路径。个人目标和工作目标有冲突或难以调和的矛盾在所难免，这就需要组织或个人对个人需要和工作目标再次进行平衡和协调。其实，个人目标和工作目标相一致，本身就是一个动态调整、协调前进的过程。

下面我们谈谈欣赏式探询和世界咖啡馆的关系。

欣赏式探询成就了世界咖啡馆，但世界咖啡馆是一个新生事物，两者相比较，世界咖啡馆已经发生了质的变化。因为世界咖啡馆是欣赏式探询的具体化形式之一，丰富和发展了欣赏式探询的内涵和本质。世界咖啡馆通过一系列相对固定的活动规则，将发挥个体优势与团队优势、使个体优势和团队优势相融合的特点发展到了极致。在开展世界咖啡馆一系列活动后，自然会体现出个体需求和组织需求"双满足"、个人目标和组织目标相统一、个体优势和组织优势都发挥的效果。在世界咖啡馆小组研讨环节中，个体充分发挥各自的优势，组织可以博采众长、集思广益；在大组研讨环节中，通过几轮对话，集体智慧自然而然地被研讨和创造了出来，团体优势也随之呈现了出来，欣赏式探询的要义得以很好地诠释和展示。在世界咖啡馆最后的大组分享环节中，问题的解决方案或者建议以及措施等，都是由大家参与研讨所得出的结果，因此，自然会得到大家的认可，同时也会转换为实际行动。无论是有形的还是无形的，人们都对自己亲手创造的东西有着特殊的亲近感。让学员自己研讨、自己动手、自己创新，这样，一旦新思想或者新事物诞生，他们就倍感喜悦，倍加珍惜，倍增努力。欣赏式探询经常强调的一句话是"人们相信自己创造的东西"，当然，人们就会容易采取行动并进行实践，实践了就会将相信变成现实，相信就会看见。

2. 建构主义

20世纪90年代以来，建构主义在西方教育界广为流行，是甚至影响到政府教育政策的学习理论，其主要代表人物有 O. 科恩伯格（O. Kernberg）、R. J. 斯滕伯格（R. J. Sternberg）、D. 卡茨（D. Katz）、维果茨基等。他们的观点不一，但都坚信"知识是由认知主体主动建构的结果，学习是一个意义建构的过程"这一共同信条。

建构主义认为，"意义建构"是学习过程的最终目标，所要建构的"意义"指的是事物的性质、规律以及事物之间的内在联系。知识的"意义建构"如同建筑行业中将事先准备好的材料通过合成建造出新的结构性产品，即个体对学习内容所反映的事物性质、规律以及事物之间的内在联系达到较深刻的理解并组合成自己的认知结构。这种理解及组合成的认知结构在大脑中的长期存储形式就是"图式"，即个体的经验系统。

建构主义是发展于认知结构主义的现代学习理论流派。建构主义强调知识本质，来源的建构性、生成性和主观性，强调知识建构，生成的情境性、境遇性和相对性，认为原来已有的知识不可能适用于所有情境或问题，不可能拿来就用，也不能包医百病；在具体问题的解决中，需要根据问题的具体情境对知识进行再加工、再创造。建构主义强调知识习得，建构的经验性、个体性，认为原来已有的知识虽然通过语言、符号而获得了某种客观外在的、统一的形式，但这并不意味着学习者对同一知识有着同样的理解或解释。

建构主义认为，学习是由学生自己积极主动地进行知识建构的过程，而不是简单地由教师单向传递给学生，学生被动接收外部信息的过程。这种自主建构的过程是个体新旧知识经验之间的双向、反复作用的过程。学习者的意义建构是多元化的，每个学习者对同一事物所建构的意义不同。而在学习共同体中，这些差异本身就是一种宝贵的学习资源，所以应该加强交流和会话。对学习效果的评价，不应该用同一标准、同一把尺子去衡量所有的学习者。

学习不是知识传输的过程，而是一种基于问题解决的探究过程。建构主义提倡自主、协作和探究的学习策略。建构主义认为，学习者在学习过程中应充分发挥主观能动性。学习是学习者自己的事情，教师应从学生的实际出发，引导学生去找到并善用那把属于自己的意义建构的钥匙。建构主义认为，协作和会话可以提高知识建构的效率。学习不是一种孤立的个人行为，而主要是基于情境的师生之间、生生之间的协作式学习。会话是协作过程中最基本的方式和环节，会话将使每个学习者的思维成果为整个学习群体所共享，将会促进个体知识和隐性知识的公共化、显性化，因此，会话是达到意义建构的重要手段之一。

下面我们说说世界咖啡馆和建构主义的关系。

建构主义强调以学员为中心，强调对话，强调每个人都有属于自己的独特资源，都能自主解决问题。与以往行为主义和认知主义不同，建构主义更强调个体的独立自主性，在教育上，认为老师应该是引导员，更多的是给学员以引导和辅导，而不是灌输和给予。

世界咖啡馆的整个研讨流程和运作规律符合建构主义的主张，它强调学员之间的人人平等，强调学员之间要共同交谈，通过对话找到必要的智慧来解决真正重要的问题。世界咖啡馆可以消除人与人之间的隔阂，释放集体智慧，以利于行动的布局和展开。在世界咖啡馆，人们好像又回到了一个大家喜欢一起共事的世界，人们可以靠同步对话来碰撞出共同见地并采取行动。对话是我们用来合作思考和协调行动的核心课程，是用来创造和维持甚至改造生活现实的一种方法。对话会让人产生更多的想法，激发出更多的观点和集体智慧，这些集体智慧由于是集体讨论产生的结果，也就容易变成以后的行动。

3. 教练技术

教练技术（coaching）起源于20世纪70年代初的美国，是从日常生活、对话、运动心理学以及教育学等发展出来的一种新兴和有效的管理技术，能使被教练者洞察自我，发挥个人潜能，能有效激发团队并发挥整体力量，进而提升组织和个人的生产力。

国际教练联合会（International Coach Federation）将教练技术定义为教练（coach）与自愿被教练者（coachee）在人格深层次的信念、价值观和愿景方面相互联结的一种协作伙伴关系。教练技术通过持续的流程"挖掘—目标设定—明确行动步骤"，进而实现卓越的成果。教练技术是知识的载体，是专注于发展人的潜能的一种技术和形式，同时还是教练与被教练者彼此共同发展的互动过程。

教练技术实际上是一种教练和被教练者之间进行的有效对话，这种对话是一种发现性的对话，令被教练者发现问题、意义及答案；这种对话是一种扩展性的对话，令被教练者看到更多的机会和选择；这种对话也是一种动力对话，激发教练与被教练者朝向预期的目标，并不断挑战自己，提高业绩，力争创造非凡的表现。

教练技术是一门通过完善被教练者的心智模式来发挥被教练者的潜能、提升被教练者的效率的管理技术，其通过一系列有方向性的、有策略性的过程，洞察被教练者的心智模式，向内挖掘潜能，向外发现可能性，令被教练者有效达到目标。

教练技术的运用，即教练采用询问及内在发掘的方法去建立被教练者自省及负责任的能力，同时，在这个过程中为被教练者提供支持，响应及整合被教练者。对于被教练者而言，教练技术的运用过程比任何方法都更快、更有效，能更轻易地支持被教练者，使被教练者达到他们设定的事业及个人目标。教练与被教练者之间是一种教学相长的互动关系。教练不会告诉被教练者方法，只会激励对方自己去找到方法。教练如同一面镜子，通过聆听和发问，反映对方的心态，从而区分对方的行为对达成目标是否有效，并给予直接回应，进而使被教练者调整心态，清晰目标，专注行动，最终创造更大的成果。同时，被教练者自身的素质和能力也能在此过程中得到提升。

教练型领导把体育教练理念中最精华的观念融合成一套自己的体系，并应用于组织、企业和个人成长领域。教练型领导的出现，使组织绩效的大幅度提高成为可能。教练型领导以"人"为核心；传统的管理是管"事"的方法，而教练式管理是管"人"的方法。

下面谈谈世界咖啡馆和教练技术的关系。

教练技术强调对话，强调教练本身中立的角色，不给出答案，只是提问和引导。教练技术强调六种能力：①聆听能力，聆听是建立信任最有效的方法；②发问能力，只有会发问，才能了解到问题的实质；③区分能力，教练施教的过程是区分的过程；④回应能力，就是将自己对他人的想法和看法真实且客观地反馈给对方；⑤直觉能力，直觉是瞬间洞察本质的反应；⑥觉醒能力，在行动之前就知道什么样的行动可以带来想要的结果。教练要依据一定的程序对当事人进行引导和支持。首先，要厘清目标；其次，要反映真相；再次，要调整心态；最后，要按计划行动。

世界咖啡馆的主持人也需要像教练一样保持中立的角色，并且要学会引导和提问，同时，要让整个研讨按既定的流程进行，达成最初设定的目标。教练技术往往是一对一的谈话，而世界咖啡馆则是众多学员之间的研讨。教练需要亲自上阵和被教练者谈话，而世界咖啡馆的主持人则不需要与具体学员进行深入谈话。世界咖啡馆的主持人如果能够学习并熟悉教练技术更好，教练技术的原则和理念、方法和技巧，都有助于主持人更好地主持世界咖啡馆，使世界咖啡馆取得更好的研讨和对话效果。

4. 引导技术

引导（facilitation）的实践始于心理学上行为科学的研究。20世纪80年代，随着经济的快速发展，管理者意识到必须发挥每个团队成员的智慧，才能获得成功。引导工具和技术对运用集体智慧、制订计划和决策非常有效。引导技术现在越来越受到各界的重视，并成为当今竞争激烈的环境中激发集体思考与创新的核心技能之一。所谓引导，原意就是让事情更容易，即如何协助一群人从A点更容易地走到B点。

引导关注的是如何把人们汇聚在一起工作，发挥集体创造力。引导能够确保每个人的想法都被其他人听到和理解，帮助公众汇聚智慧，共同参与团队建设。引导是在创建一种合作的文化。

运用引导方法，对引导者本身也是成长的过程。在引导过程中，他们能够更深入洞察和理解人与人之间的互动和群体内的动力，从而更好地应对复杂的人际互动。引导能帮助人们更好地自我觉察，面对人际关系更加有信心。

在教育领域，引导也正在发挥着巨大的作用。老师使用引导方法，从传统的讲授方式，更多地转向鼓励学生去主动探索，通过提出好问题和设计结构性学习体验，鼓励学生发展思维能力。通过引导方法，课堂成了"好点子"激发、碰撞、整合的场所。

引导者（facilitator）一般扮演中立的角色。在引导的过程中，需要引导学员放下怀疑和评判，让整个团队的真实力量呈现出来，让每个人贡献自己的想法和经验，分享感受和期待，并且在呈现的过程中汇聚成集体智慧，激发大家的积极性与主动性。

引导技术最早发端于1950年的罗杰斯议事规则，之后，在广告公司中因为创意需求而形成的"头脑风暴法"，使得引导技术更规范。1965年，布鲁斯·塔克曼（Bruce Tuckman）提出了团队发展阶段模型，指出团队动力有形成期、风暴期、规范期、绩效期和休整期，团队发展阶段模型也是引导技术的雏形。1968年，杰夫·博尔（Geoff Ball）创造了通过图画和图像来记录小组信息的方法。

引导是技术，也是科学，它能帮助群体更有效地研讨并做出决策，能提升人与人之间、群体之间的互动质量，使之聚焦在成果上。引导者通过设计和引导结构化的互动过程，协助一个团体或团队更有效地交流互动，达成高质量的决策或共识。引导者的目标就是要支持团队实现他们的目标。

引导者需要具备以下五种核心能力：①保持中立；②积极聆听—提问—复述；③收集想法—综合想法—浮现假设；④聚焦主题—给予意见—接受反馈；⑤总结和跟进。

下面谈谈世界咖啡馆和引导技术的关系。

引导技术随着行动学习的发展而盛行,引导者是一个中立的学习过程的设计者。引导者的核心任务是帮助团队在解决问题的过程中达成学习目标,其职责主要表现在对内容中立,但必须通过过程的设计和引导,促进参与者提供充分的内容,从而达成会话目的,并实现深刻学习。在行动学习的过程中,引导者需要将关注焦点始终集中在过程设计、过程引导和促进学习三个方面。

行动学习和世界咖啡馆都是经验学习或体验学习。体验学习的要义是学习中要有具体体验,或者学习在体验中展开,能够将结论主动应用于新环境中,并且注重观察与反思。在学习中,体验学习强调抽象概括,摘要观念形成结论,并且在研讨中涉及调适性知识、扩散性知识、聚敛性知识及同化性知识等。

引导者和世界咖啡馆的主持人需要具备以下 12 种相同的信念:①努力保持中立;②让所有想法平等地呈现出来;③包容个人不认同的观点;④在引导研讨时,尽量不带有自身的期望及会影响引导结果的想法;⑤关注每个参与者的感受,并平等对待每一个参与者;⑥关注那些让人忽视的成员;⑦认真倾听并尽力全面理解参与者的发言;⑧确保每个参与者都认同并享有会议成果;⑨营造开放和信任的氛围;⑩提出正确的问题,帮助团队思考问题并付诸行动;⑪保持灵活性,如果需要可以调整方向;⑫会使用基本的研讨工具,并进行过程设计。

(二) 世界咖啡馆和相关支撑理论的关系

世界咖啡馆虽然是偶然间产生的,但它一定符合这个时代大家公认的道理和规律。任何事物都有一个兴衰更替的过程,一旦在实践中兴起新的理论,且世界咖啡馆不再符合这个时代的要求,那么它也会走向没落。

哲学上有一个"我注六经"和"六经注我"的论题。"我注六经"是指阅读者去尽量理解六经的本义,根据其他典籍提供的知识来注解经书,力求追寻经书的原始意义;而"六经注我"却是阅读者利用六经的话,来解释自己的思想。所谓"六经注我",可以理解为在"我注六经"的基础上,做更深入的研究,融汇其他领域的知识,打通经文与经文之间的思想壁垒与价值壁垒,对原有的经文加以引申,提出建设性的学术观点,建立新的思想体系的过程,即六经为我所用。

当讨论世界咖啡馆与其支撑理论之间的关系问题时,我们到底是在进行着"我注六经"还是"六经注我"的工作呢?这是一个鸡生蛋和蛋生鸡的问题。我们用建构主义去解释世界咖啡馆时,发现世界咖啡馆符合建构主义的内在精髓；我们用世界咖啡馆去验证建构主义时，发现建构主义在实践中是行之有效的，两者相互促进、相得益彰。至于为什么在心理学上只选择建构主义而没有选择心理学发端的行为主义或者认知主义，那是因为建构主义后来居上，综合了行为主义和认知主义的思想，并且在观点和实践上向前迈出了一大步。教练技术、引导技术和行动学习，都是教育培训应该关注和应用的、前沿的、实用的教学手段和方法。世界咖啡馆是行动学习的环节之一，也可以将世界咖啡馆理解为解决现实问题的工作坊；世界咖啡馆的主持人要运用教练技术和引导技术，而教练技术和引导技术能让主持人或者引导者更加专业。

世界咖啡馆是横空出世的，也许并没有依赖这些理论。我们没有想给世界咖啡馆找一个高大上的理论靠山，世界咖啡馆是可以独立存在的。只是我们在深入践行世界咖啡馆的过程中，发现建构主义、教练技术和引导技术都可以有用武之地，能更好地促进世界咖啡馆的深入研究和发展。

（三）世界咖啡馆主持人需要掌握相关教学理论

我们常说"技多不压身"。作为世界咖啡馆的主持人，如果你掌握了教练技术、引导技术、行动学习等多门技能，知道脑科学、心理学等前沿理论且能应用到实践中，知行合一，那么必然有助于自身职业技能的提升，从而有助于世界咖啡馆的成功。

也许世界咖啡馆本身并不需要上述理论的支撑，因为世界咖啡馆是在实践中偶然产生的，也没有依据哪一种理论而产生。但如果想让世界咖啡馆成功举办，获得更好的评价和效果，主持人就需要懂得更多的知识、技能和相关的理论。建构主义、教练技术、引导技术、行动学习、视觉引导等，都是主持人应该掌握的，这会确保每次世界咖啡馆研讨活动的专业性和成效性。

理论能够有效指导实践。世界咖啡馆的主持人应该主动学习和消化教育学、心理学、社会学等方面的理论，一旦通过学习思考变成属于自己认知的理论，那么理论必然也就会指导新的实践。世界咖啡馆是用来讨论和解决问题的研讨式教学方法，主持人并不需要正面解决要讨论的问题，但是主持人如果懂得解决问题的理论框架或流程方法，肯定有助于学员去寻找解决问题的方案。

世界咖啡馆的支撑理论和结构框架是世界咖啡馆的主持人需要掌握的内容。掌握了世界咖啡馆的理论、框架和规则，我们在解决问题、寻找答案的过程中就会走思维捷径，并且常常会事半功倍。

二、世界咖啡馆的底层逻辑

世界咖啡馆是一种教学模式，是一种集体学习研讨工具，它围绕着职业话题或问题进行。

世界咖啡馆通过规则建立连接，大脑的脑细胞、神经单元的连接就是学习，连接发生就是学习结果产生了。

世界咖啡馆有一套相对固定的流程和规则。在繁杂的表象、热闹的研讨和发言中，能否透过现象看到本质，通过故事看到其中的隐喻，透过表面的浮华看到内在更深层次的道理和规律，这是世界咖啡馆应该关注的效果和结果。

世界咖啡馆在任意一个阶段，无论是主持人的引导词、小组研讨、大组分享，还是主持人点评或领导点评，都有一个内在的深层逻辑架构，都需要符合相应的逻辑架构，从而在让流程更顺畅的同时，能够保证发言质量和整体质效。

世界咖啡馆坚持的是目标导向、结果导向和实效导向。目标导向追求的是教学目标的实现，结果导向是希望投入产出都要符合预期，实效导向是需要严格按照过程流程进行。在"过程—结果"的教学目标中，要符合绩效，取得成效。

世界咖啡馆在整个流程中主要涉及以下六个环节，每个环节都有相应的深层逻辑架构。一是设定世界咖啡馆的教学目标。我们希望通过世界咖啡馆研讨教学后，学员有行为的改变；也就是说，学员通过学习后，有了收获。二是提出世界咖啡馆研讨的问题。研讨的问题要符合问题解决的基本讨论规则。三是学员的个体发言，包括小组讨论、大组分享时的学员个人发言。学员在讨论发言时，要符合金字塔原理的发言框架。四是学员之间的讨论发言。在小组研讨时的头脑风暴环节，需要我们认清事实和真相，辨别真伪，同时要有基本的方法论。五是研讨后期对集体研讨成果的梳理与整理。在集体智慧梳理汇总阶段，我们需要利用一些思维模型和框架，进行经验的萃取和金句的形成，这些都需要基本的方法和套路。六是小组研讨后的大组分享。在大组分享阶段，每个代表的发言或文章作业，需要符合大家认可的发言或文章写作的套路，需要用到论点、论证、论据来谋篇布局，分段落、分层次的发言稿（文章）结构需要符合基本的文章写作规律和写作套路。

（一）世界咖啡馆的教学目标是让学员的行为发生改变

学员在课堂上发生的改变，也是学员学习后的收获。学习是通过学习者自身的努力而发生的。真正的教育目标并不是要教师从事某些活动，而是让学生的行为模式发生显著的改变。柯氏四级评估标准也着重强调了学员改变的重要性，并且强调学员改变了并且产生了绩效才是真正的改变。

对学员行为改变的维度我们采用美国教育学家布卢姆（Bloom）和马扎诺

（Marzano）的分类标准进行分析。布卢姆把教学目标定义为学员经过学习之后的行为变化，并且把学员的行为变化归类为"了解、理解、应用、分析、综合、评价"六个层次。马扎诺在此理论基础上，把人的认知系统分成"信息提取、理解、分析、知识应用"四项内容。马扎诺认为，由于每个学员的经验和经历不同，在学习活动中，有人感觉收获颇丰，有人感觉收获甚微，但收获大小并没有公认的统一标准。

泰勒（Tyler）在其《课程建设论》一书中认为，教育的真正目标不在于教师做了什么（或要求教师从事某些活动），而在于学生做了什么，即"要使学生行为方式发生有重大意义的变化"。界定课程目标，"应该是陈述要求学生发生的变化"或"指明期望学生产生的各种变化"，强调课程目标的具体化、标准化、连贯性、可行性和可达性。

教育目标是选择教学材料、勾勒教学内容、形成教学步骤，以及准备测验和考试的标准。教育计划的方方面面确实都是实现基本教育目标的手段。教育目标归根结底是一个事关选择的问题，因而也是相关当事人（教育培训管理者或者教师）经过深思熟虑之后做出的价值判断。开展调查研究能为选择教育目标提供有用的信息和知识。

在某种意义上具有整合性和连贯性的相互一致的学习内容，能彼此强化；反之，那些彼此分割或互不一致的内容，则要花更多的时间来学习，并可能在实际学习中相互干扰。这提示我们应该检查各种不同的教学目标，以确保它们相互一致，而且能让学生在思想意识和行动上达到某种程度的整合和连贯统一，这样才能产生学习最大的心理效益。

（二）世界咖啡馆研讨的问题要符合解决问题的基本流程和步骤

我们常说解决问题分三步走，即"发现问题—分析问题—解决问题"。这个流程走完以后，就是发现新的问题，然后重复以上过程。

这个思维所隐含的行为是把两个或两个以上的观念联系起来，而不是单纯地记忆和重复某些观念。学生应该在自己解决问题的经验中学会思考。若只是由教师来解决问题，学生只能旁观，那么就无法学会思考。有些学生缺乏一种可用来分析问题并处理其中各种元素的关系的概念结构。教学生思考，包括让他们使用基本的概念和逻辑结构，观察正在思考的现象，这样他们就能形成一种分析和解决问题的心理机制。

杜威在《我们怎样思维·经验与教育》一书中认为，在学生获得解决问题的初步经验时，有必要构建某种情境，以使他按照一般的顺序理解并遵循思维的步骤。这种顺序可能包含以下六个步骤：①觉察到一个目前无法解决的困难或问题；②通过分析更清楚地确认该问题；③收集相关事实；④提出可能的假设，即对该问题提出各种可能的解释或可选择的解决方法；⑤以合适的方法检验这些假设；⑥得出结论，即解决问题。杜威认为，并不需要一一进行所有的步骤，但能够熟练运用这些步骤是有必要的。

全球最大的管理顾问咨询公司麦肯锡要求所有员工学会解决问题的技巧，并且把解决问题分成七个步骤：定义问题—分解问题—划分优先级—制订工作计划—进行关键分析—综合调查论证—阐明观点。我们简单对这七个步骤进行解释说明：①清晰地陈述要解决的问题，问题、目标或者假设是要求具体的、有内容的、可行动的，最好符合 SMART（Specific，Measurable，Attainable，Relevant，Time-based，具体的、可衡量的、可以达到的、有相关性的、有明确的起止时间的）原则。②分析问题时，可以将大问题分成几个可以解决的小问题，解决好问题的各个部分，大问题也同时得到了解决。要给出解决问题的假设，然后加以验证。③反复推敲假设和数据之间的关系，使用 80/20 法则的思考方式，重点解决最重要的问题。④每个议题或问题都尽量具体明确，必要时可以进一步细分。⑤以假设和结果为导向，反复地进行假设和数据分析，尽可能地简化分析。⑥陈述问题在当下的情况，将困难之处详细列出来，提出可能的解决方法和途径，主要结论要有论点、论据和行动。⑦以讲故事的形式将论点和结构进行完整表达，可以通过带有图表的 PPT 进行展示。

（三）学员的个体发言要符合结构化思维和逻辑要求

世界咖啡馆无论在哪一个环节，无论是小组讨论还是大组分享，学员的发言都要符合逻辑规则，都要做到结构严谨、条理清晰、逻辑分明。基本的逻辑规则包括归纳、演绎和三段论等。学员要懂得并善于应用逻辑规则，在进行分类时，要符合"不重复，不遗漏"原则；在做语义选择时，要懂得合取和析取的意义及推导；等等。遵守基本逻辑规则，才能进行有效的交流。不在同一规则下活动，游戏就无法进行。

人类的思维一般由宏观开始切入，之后再进行微观思考。先是概要，然后是假设和细节，最后是具体执行。在研讨对话时，思维也应该先从水平思考开始，再进入垂直思考。水平思考，即大范围、概略性地分析整体环境，确定优选顺序，寻找最重要的部分；之后再进行垂直思考，对特定的部分进行深入剖析。在思考时，最好结合水平思考及垂直思考的特性，不要立即进入垂直思考。要先以水平思考的方式理顺整体与局部之间的关系，即使是在垂直思考阶段，也要不时地以水平思考的方式探视周围的状况。

在发言时，学员最好用结构化思维思考问题。结构化思维就是让思维有内在逻辑结构。基于结构化思维的发言表达要求做到中心思想明确，即先说结论，后用论据进行论证；先说问题，后解释原因，并寻找对策；等等。结构化思维可以简单概况为金字塔原理的基本要求。金字塔原理符合大多数人的思维习惯，是站在受众者的角度想问题，关注受众的意图和需求点，因此得到了大多数人的认同。金字塔原理可以提高思考和表达能力，能够准确、高效地阐述思想，交流沟通的效果好、效率高。

（四）在相互讨论时，学员的发言要符合一定的结构和流程步骤

在小组研讨的头脑风暴环节，我们既要认清事实和真相，辨别真伪，又要有基本的方法论，能够进行"道法术器"的划分以及有辩证法和二元论的思维能力，能从具体到抽象、经验到科学、过程到结果等角度进行思考。

小组讨论的环节之一是每个人轮流发言，当其他人说出自己的意见和建议时，另外一些人因为有所触动或有疑惑，在反思的基础上可以进行质疑和探究。这样就形成了大家一起说、一起讨论的情景，你一言我一语，甚至有时会激烈地争论，这就是头脑风暴经常出现的场景。头脑风暴法要求与会人员在和谐、融洽、民主、平等的氛围中，不受限制地进行自由讨论和座谈，借此希望与会人员打破常规，积极思考，畅所欲言，充分发表看法。在使用头脑风暴法时，在目标集中的情况下，我们追求设想的数量越多越好，最后从中择其优，确定一个或者多个备选方案或建议。在使用头脑风暴法时，与会人员一律平等，禁止与会人员在讨论的过程中批评和评论他人，同时，人人都要积极发言。与会人员要把各种设想全部记录下来，鼓励每个人巧妙地利用和改善他人的设想和创意。头脑风暴法主张独立思考、任意思考，提倡自由发言、畅所欲言。通过智慧碰撞，脑力激荡，以及不断的深入讨论，与会人员就有可能将创意或空想变成兼具成熟性和实用性的设想和建议。

在小组相互讨论的阶段，当其他人发言时，与会人员要学会区分他人发言内容的表层和深层的东西，并且能够有基本的深层逻辑框架来对其表层的东西进行分类，进而有相应的思维行动。

我们要区分发言人所说的内容，要学会区分真伪，考虑他说的是否是事实；他说的故事想要表达的内涵是什么；他的数据和图表想说明的结论是什么；论证本身是否符合逻辑，能否支持结论；等等。

发言的所有内容、表层和深层的划分，其实可以简单地归类为道和器两个层面，"形而上者谓之道，形而下者谓之器"。与会人员要在别人发言时善于区分"道"和"器"的内容，进而在"道"和"器"中间增加"法"和"术"两个层次。任何事物都可以分为"道法术器"四个层次，当我们用"道

法术器"四个层次来归类时，发现很多问题开始变得明晰起来。与会者的思维要学会在"道法术器"四个层次来回穿梭，从实际状况、实践经验上升到法理制度和道理规律层面，这叫作"上堆"，是从实践中提取经验和道理。从道理规律和法理制度层面映射、对标或者观照、观测实践和实际状况，这叫作"下切"，是用理论来指导实践。王阳明把道和器之间的转化称之为"上达下学"。"上达下学"和"上堆下切"思维方法类似，旨在强调要知行合一。在逻辑学上，"上堆"就是向上归类，"下切"就是向下分类。"上堆"和"下切"有助于我们在研讨过程中对发言内容抽象概况或具体细化，进而在归类和分类的基础上进行创意和检验，直到提出切实可行且为大家所认可的设想和建议（见图2-24）。

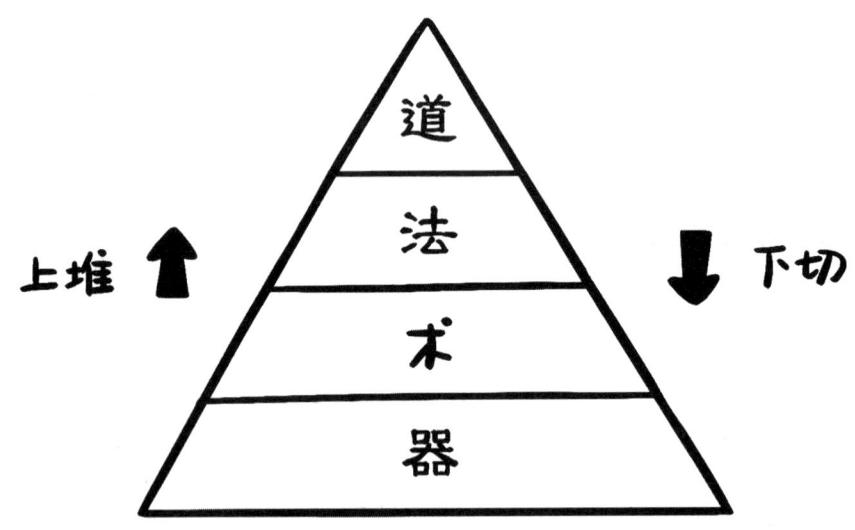

图2-24　道法术器

在"上堆"和"下切"上下穿梭的过程中，我们需要用到二元论的辩证方法，"道"和"器"本来就是二元的，具象和抽象、形和意、时间和空间等也是二元的。在二元思维的过程中，我们还需要注重"过程—结果"的思维方法，过程和结果都要注重，结果导向和实效导向需要并驾齐驱。在"上堆下切"的过程中，还要注意区分经验和科学、"道"和"器"等方面的二元特征，所有这些区分，都是为了能够更好地形成大家公认的建议或结论。

（五）在研讨后期的研讨成果梳理总结阶段，研讨成果要有约定俗成的模型和框架

在集体智慧梳理汇总阶段，研讨需要符合分析推理逻辑，需要经验萃取和形成金句，这些都需要有一些基本的方法和套路。

在集体研讨后，往往需要对集体研讨形成的智慧进行梳理和汇总，形成小组认可的论点、论据、论证，并且梳理出发言提纲。世界咖啡馆还要求小组集体画出一张图，通过一张集体创造的图来讲解本组的观点或创意。当要求集体画出一张图画时，也是将集体思路重新梳理的过程，学员可以一边画图，一边继续研讨，让思维不得不化繁就简，把繁多的头绪捋清楚。画图本身要求的主题突出和简洁明快，会促进思维简化和主题鲜明。人类的大脑分成左半脑和右半脑，左半脑是负责逻辑、语言和数据的；右半脑是负责艺术、情绪和运动的，比如图画和音乐。当我们要求学员用图画表达自己的思想时，其实是要求"用右半脑去表达左半脑"，这就发挥了全脑的作用，这是让学员用全脑进行思考，这个过程也是锻炼思维的过程。

在用右半脑表达左半脑时，我们需要一些思维模型和逻辑框架。除了逻辑树、思维导图、鱼骨架、金字塔等常用的图形以外，很多逻辑模型是公认的，需要我们有意识地应用这些深层框架。这些深层框架也是记忆模型，是为了更好地记忆和便于其他人理解而设置出来的。我们最常用的思维框架模型有以下六种（见图2-25）。

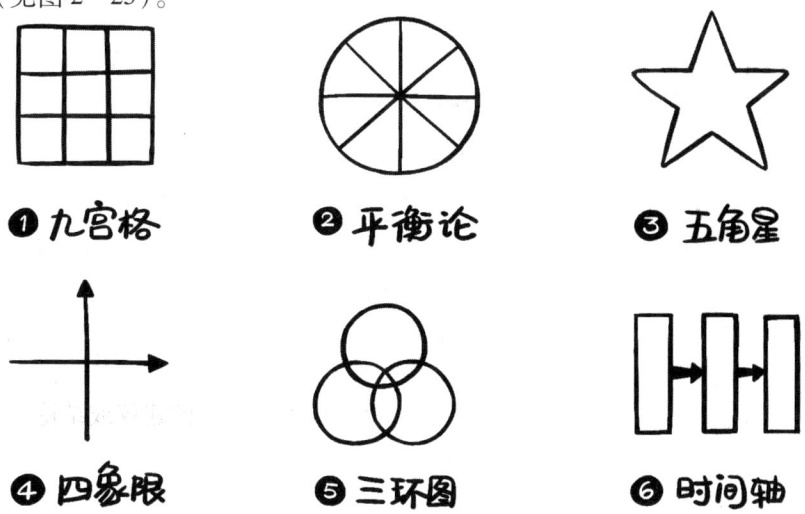

① 九宫格　② 平衡论　③ 五角星

④ 四象限　⑤ 三环图　⑥ 时间轴

图2-25　研讨总结中常用的六种记忆模型

1. 九宫格

九宫格是东方人的思维模式，九宫格发源于曼陀罗图形。微信朋友圈就是采用九宫格模型，九宫格的中心格用来填充主题，其他格可以按照发散或顺时针的方式填充内容。

2. 平衡论

平衡论是教练技术中常用的思维模型。在教学研讨中，常常会用到平衡论。使用平衡论，并不一定是把一个圆画成八个空格，也可以画成六个空格。平衡论常被用来列明或探索一个事物或问题的几个特征或特点等。

3. 五角星

与太阳、月亮相对应的就是星星。五角星是隐喻，更多地代表某个事物有五个方面并列的内容需要表达。中国的传统文化里，"金、木、水、火、土"五行以及身体的五脏六腑等，都有"五"的痕迹。在日常生活中，用五角星表达事物也很常见，例如，画个五菱形或者五角大楼的设计等。

4. 四象限

四象限发端于笛卡尔坐标系，是当代管理咨询领域最好用的一个图形。"正确的坐标系能把一个不可能解决的问题，变成两个可以解决的难题。"要解决一个复杂的不容易解决的问题，总可以通过画出两个维度，得出四个稍微复杂的能够解决的问题，最终加以解决。其实很多领导学、管理学的书籍最后的落脚点就是在讲一个四象限图，如 4D 领导力模型，就是画出了信息获取渠道和决策渠道两个维度，进而把信息渠道的两端分成了感觉和直觉，把决策渠道的两端分成了情感和逻辑，共两个起点和两个终点，由此把领导力分成了培养型、展望型、包容型和指导型四种类型。培养型领导善于欣赏和感激，为人赋能；展望型领导善于思考、创新和变革；包容型领导善于建立关系和给人归属感；指导型领导善于组织、管理和做确定性工作。

5. 三环图

三环图也可以画成三角形。三环图的三个环可以重叠，也可以不重叠，这要根据内容的需要，看分类有无交集，或者它们之间的内在逻辑关系是什么。"三"意味着多，在生活和工作中最常见。在分析和思考事物或问题时，"三"是最好用的，比如我们平常即兴发言时，会说把问题分为"三个要点"进行分析。整体可以化成部分，化为三个部分最直观，符合人脑先天的模型架构。三原色（红、绿、蓝）可以产生多种多色光。"三"不仅代表着多，而且代表着全。

6. 时间轴

按照时间进度划分的步骤或程序，可以通过画图表达出来。我们画时间轴时，要注意沿顺时针方向，从左到右或者从上到下。每个步骤或程序环节可以用框架文字或者图形来表达，中间用箭头示意。时间轴在空间上也可以画成进阶图。进阶图是按照空间和内容意义的基准设计的图形，可以像台阶或楼梯，可以从下到上或从上到下，也可以两者结合起来。其目的是通过空间高低的关系，说明内容各个部分之间的关系，从而让受众有直观的感受和理解。

另外，我们讲话或者总结时最常用到的是缩略语。缩略语是中文和英文中常用的高度概括内容的工具，比方说心理学的 ABC 理论，就是由美国心理学家埃利斯（Ellis）创建的。ABC 理论认为，激发事件 A（activating event）只是引发情绪和行为后果 C（consequence）的间接原因，而引起 C 的直接原因则是个体对激发事件 A 的认知和评价而产生的信念 B（belief），即人的消极情绪和行为障碍结果（C），不是由于某一激发事件（A）直接引发的，而是由经受这一事件的个体对它不正确的认知和评价所产生的某种信念（B）直接引起的。这种信念也称为非理性信念。还有 4D 领导力的"D"也代表四个不同的英文字母。我们中文讲话中常说的经济"三板斧""四个自信"等，都是缩略语。

上面的框架模型其实是一种反思和萃取经验的便于学习记忆的模型，从严格意义上来说，它们不同于学术研究和实验室中通过数据和事实运用数学推演出来的模型，也不是思维模型，只是一些便于我们平时记忆、理解及掌握应用的记忆方法而已。

学会提炼金句。金句是对复杂思想的高度凝练和概括。金句不同于名言警句，不是古代谚语。每个人都能创造属于自己的金句。金句给人印象深刻，说者容易用自己的金句表达思想，听者听到金句也容易理解说者所表达的意思。金句是深刻而精准的思想总结，也是一个人能够高屋建瓴、切中肯綮、鞭辟入里地梳理和归纳思想的象征。金句大多数时候非常简短，字数并没有固定要求，一般在 30 字以内，给人印象深刻的、能够流传且有影响力的句子都可以称之为"金句"。萃取经验或思想，都需要通过语言来描述。语言是思想表达的工具，而精练的语言可以组成简短的句子，有些简短的句子就是金句。思想可以很复杂，复杂的背面就是简单，复杂后面运行的规则也往往简单。如果能够把复杂的思想通过语言文字表达，又能把语言文字浓缩为金句，就是掌握了反思和概括总结的能力和本领。

提炼金句的前提需要有丰富、完善、成熟的思想，需要一些得到大家认可的或者别人心中有而笔下无的想法和观点，如果这些思想是自己思考后形成的，就往往容易形成金句。

金句可以让道理变成一种自动的思维习惯。我们对于学过的知识容易健忘，金句可以不断地提醒我们，帮助我们记忆。学会提炼金句也是主持人的一项必要的技能。

（六）小组研讨后的大组分享阶段，发言稿要符合公认的发言或写作要求

在大组分享阶段，每个发言人在其发言稿或文章作业中需要集齐论点、论证、论据，需要懂系统论；其发言稿或文章结构需要符合基本的规律和套路，做到整篇文章的谋篇布局合理，段落层次分明。

在发言或写文章的时候，论点、论证、论据是发言或者写文章的三大要素。它们之间的关系是发言人或作者需要掌握应用的最基本的关系。论点鲜明，主题突出；论点有相应的论据做支撑，论据就是事实清楚，案例有典型性，数据能说明问题；论证就是把论据用于证明论点的过程，论证需要符合逻辑，条理清晰，有相应的框架结构。当梳理清楚论点、论证、论据三者之间的关系后，再去发言或写文章，就容易得到读者或受众的认同，因为大家的底层逻辑结构是一样的。

有时，世界咖啡馆布置的作业是写文章。在写作时，在用论据对论点进行论证的过程中，学员要懂得如何安排篇章结构，分段落、分层次地完成写作。一般在写作时，先列出大纲，拟定标题，确定文章分几个层次、大标题和各自的小标题是什么、大标题之间的关系是什么、小标题准备阐述什么内容等。有了写作提纲，接下来就是填充内容，根据提纲把相应内容填充进去。这些内容可以是论点、论据，也可以是论证的过程。论点、论据或论证都是通过文字或语言的形式进行表达。语言或文字体现发言人或者作者的能力和功夫。发言水平的高低、写作能力的强弱，会因为是否符合这些文章的深层逻辑结构而体现得淋漓尽致。文章符合基本的逻辑结构，说明学员按照文章写作规则行事；文章不符合基本的逻辑结构，学员往往不能收到好的发言效果，其相应的写作水平也不容易得到读者的认同。

【相关知识链接】

五星教学原理及其启示

五星教学原理的创建者 M. 戴维·梅里尔（M. David Merrill），是美国犹他州立大学的荣誉退休教授、世界上最有影响力的学者之一，也是国际公认的一流教学设计专家和教育技术专家。

梅里尔教授在考察和比较了 11 种教学模式的基础上，于 2001 年发表了《首要教学原理》一文。该文中勾勒出了首要教学原理的基本框架。首要教学

原理也称为五星教学原理，是梅里尔教授40多年致力于教学设计研究的结果。梅里尔教授趣称，只有在教学中贯彻了这五大原理，才能称为五星级的教学。

　　五星教学原理，有助于教学设计的科学化和提升学习者的学习能力，能更加迅速、更加成功地解决现实中的问题，完成现实世界的复杂任务。

　　五星教学原理，包含了五项原理：①聚焦任务原理；②激活旧知原理；③示证新知原理；④应用新知原理；⑤融会贯通原理（见图2-26）。

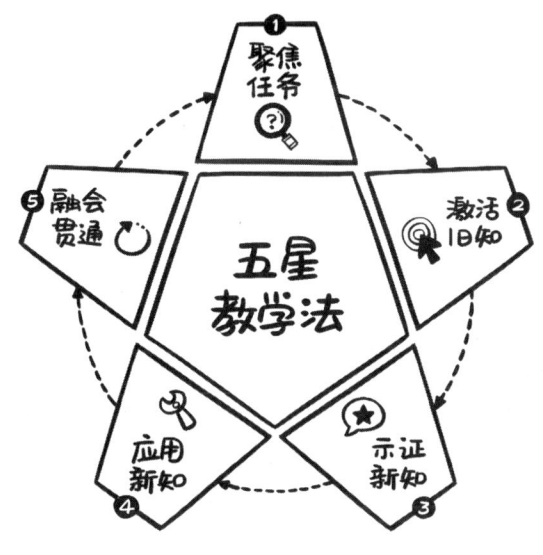

图2-26　五星教学原理

1. 聚焦任务原理
当学习者主动参与面向完整任务的教学，才能促进其学习。

2. 激活旧知原理
当学习者回忆、说明或者展示相关的原有知识或者经验，从而激活了相关的认知结构时，才能重新进入学习状态；当学习者能够与同伴分享原有的经验时，能够增强其激活旧知的效果。

3. 示证新知原理
当学习者关注教师示证新知识或者新技能时，才能促进其学习；当学习者之间开展讨论并与同伴示证时，能够增强其示证新知的效果。

4. 应用新知原理
当学习者积极参与应用新知识时，才能促进其学习；当学习者之间开展同伴合作时，能够增强其应用新知的效果。

5．融会贯通原理

当学习者通过反思、质疑和辩护等过程将新学到的知识与技能整合到日常工作和生活中时，能够促进其学习；当学习者之间开展同伴评价时，能够增强彼此所学知识融会贯通的效果；当学习者公开展示新学到的知识与技能时，能够增强自己所学知识融会贯通的效果。

五星教学原理构成了一个教学循环圈。围绕教学任务，激活旧知，示证新知，应用新知，融会贯通，构成了教学的四阶段循环圈。有效的教学过程就是这四个阶段的不断循环，学习者以此掌握知识与技能，完成教学任务。

梅里尔教授提出的五星教学原理，适合于培养高层次的认知能力。

五星教学原理融入了现代教学理论、教育心理学和教育技术学研究的最新成果。五星教学模式既关系到如何备课，又关系到如何上课，对如何设计组织课程提出了重大改进。

五星教学原理一经推出，就在国际上取得了很大反响。五星教学模式是面向 21 世纪的新主流教学模式。

通过对五星教学原理的解读，我们发现，世界咖啡馆的流程和原理都符合五星教学原理的要求：一是世界咖啡馆每场研讨活动都有一个清晰重要的主题。世界咖啡馆的目标非常明确，就是为了解决问题，这也是世界咖啡馆的七个原则之一。二是世界咖啡馆研讨环节。世界咖啡馆要求学员对问题进行质疑、反思；学员要调动既有的知识和经验，有效激活旧知，即在研讨时，必须回忆过往的知识经验。三是世界咖啡馆是一个博采众长、集思广益的过程。每个人都有自己的长处和优势，都是其他人的老师，都能贡献自己独特的聪明才智，这个研讨的过程也是学员学习新知的过程。四是世界咖啡馆通过共同合作、集体讨论，形成了大家一致认可的集体智慧。人们更容易对自己创造的思想采取行动，在世界咖啡馆形成的集体智慧也就容易变成实践行为，而学员的研讨过程也是在应用新知。五是经过至少三轮小组研讨和一轮大组分享，经过充分的从不同角度和维度的研讨和解读，世界咖啡馆进而形成结论。世界咖啡馆的研讨过程是一个学员对知识融会贯通的过程，最后的公开展示集体思想智慧的环节是进一步强化新知识并对其融会贯通的有效途径。

从以上五星教学原理的五个步骤和世界咖啡馆研讨流程的对比，我们发现，世界咖啡馆完全符合五星教学模式的要求，可以说，世界咖啡馆就是五星教学模式。

世界咖啡馆
行动和实践

下篇 行

第三章　如何主持世界咖啡馆

- ●主持人的角色和使命
- ●主持人的素质和能力
- ●主持人的学习和成长
- ●主持人的思维和实践

　　一场成功的世界咖啡馆需要一名优秀的世界咖啡馆主持人。本章对主持人该如何主持世界咖啡馆做了详尽的阐述。主持人在世界咖啡馆中的身份和角色是什么、主持人的使命和责任是什么、主持人应该具备哪些能力、如何成为一名优秀的主持人等问题都是本章关注的要点，我们对相应的理论和经验做了全面的分析和系统的总结。

第一节 主持人的角色和使命

当世界咖啡馆作为教学研讨方法使用时，教师就成为世界咖啡馆的主持人。当好世界咖啡馆的主持人，教师对自己的角色定位非常关键。在成人教育培训中，很多教师是兼职教师，也存在如何为自己定位、如何在组织中定位的问题。换言之，世界咖啡馆主持人的角色和使命是什么，以及如何让主持人的工作富有意义，是我们需要厘清的重要问题。

一、主持人的角色定位和使命担当

世界咖啡馆可以作为教学培训模式，也可以作为工作方法或解决问题的方法。以世界咖啡馆的形式进行教学培训或工作研讨时，将会产生丰硕的思想成果，并且这些思想成果都是由学员自己研讨所得，从而有利于学员将这些思想内化为行为，进而促进成果落地，提升教学成效。世界咖啡馆是一种"以学员为中心，以教师为引导"的培训研讨模式，每次的活动都会围绕一个主题进行。世界咖啡馆除了能让学员在认知、情感和行为上发生改变以外，还能让学员在人际关系上发生改变。在世界咖啡馆，学员通过小组讨论和大组分享等活动，与他人敞开心扉，开诚布公地进行交流，互相了解，这促进了人际关系，甚至还有一些学员通过世界咖啡馆遇到了志同道合的同事，使得他们在日常工作中的合作更加高效。

（一）主持人的角色定位

原则上，世界咖啡馆的主持人需要熟悉和了解世界咖啡馆的流程及其操作步骤。倘若你有工作或者研讨的实际需要，并且热衷于举办世界咖啡馆活动，那么你就能够成为世界咖啡馆的主持人。世界咖啡馆的主持人不限于教师或者专职讲师，也可以是普通的员工或者干部职工。当然，如果由领导来主持世界咖啡馆，这会让世界咖啡馆更加成功。

无论是在政府机关还是在企业等组织的培训中，世界咖啡馆都可作为研讨方法工具。对世界咖啡馆的主持人，我们没有特别的要求限制，只要用心工作，认真投入工作，都可以组织、指挥和协调好一次世界咖啡馆研讨活动。

世界咖啡馆是成人教育培训经常使用的教学方法。如果世界咖啡馆的主要参加人员都来自组织内部，承担教学任务的人员是组织内部的兼职教师，那么主持人也可以由组织内部产生，通常是由兼职教师来担任。这里的兼职教师是指在该组织内部工作，同时因为工作需要，承担着内部讲师或者教师的角色，也常常被称为内训师。他们平时主要以业务工作为主，在组织需要时，才承担起教师的职责和任务。在现在的一些大型企业或者组织，如互联网领军企业等大型公司，内部的兼职教师承担的教学培训任务达到 90% 以上。政府机关的专业培训任务基本上也由内部兼职教师来承担，例如在税务系统中，有些省份的兼职教师承担的教学任务已经达到 90% 以上。由内部兼职教师承担主体教学任务，将成为未来教育培训工作的发展趋势。

世界咖啡馆主持人，本身定位为专业人士，需要具备一定的技术和能力水平。世界咖啡馆主持人区别于其他类型主持人的主要标志是掌握一门结构化研讨教学方法，需具备课程设计和课堂展现两种基本能力。如果没有相应的能力水平，那么就不能成为一名真正的世界咖啡馆主持人。高水平的世界咖啡馆主持人具备更多的专业技术性。此外，部分世界咖啡馆主持人的个人品格特征，使他们具有不可替代性。

世界咖啡馆主持人也是管理人员，具有管理属性。如果管理人员的工作按照传统被界定为计划、组织、控制和协调这四项内容，那么主持人的工作内容也包括这四项，即对照自己的目标和期望来规划和协调相应的工作。在课堂上，组织和控制必不可少。同时，主持人还需要将自己的工作与组织中其他人的工作相协调，与自己所属单位相协调。尤其重要的是，为了取得成果，主持人还必须进行横向协调，即与那些会共同运用这项工作成果到其他领域或其他职能部门的人进行协调。因此，从这个意义上说，主持人同样是管理人员。

世界咖啡馆主持人是组织中的专家或行家里手。因为主持人的任务正是要对所在组织的成员进行教育培训，进而拓展他们的视野，向他们展示新的机会、新的境界和更高的标准等。

角色就是身份。在筹备世界咖啡馆主题活动时，主持人要优先考虑自己的角色、地位、价值观、能力、行为和环境等要素。如果想成为一名高水平的主持人，那么首先要想清楚自己是一个什么样的人，需要明确自己的价值观、使命和责任，以及世界咖啡馆要求的标准等，需要思考自己与世界咖啡馆主持人所具备的能力之间的差距，并进一步完善和提高。为了让自己满足主持人的标准，成为一名合格甚至优秀的主持人，需要思考自己还能够在哪些方面采取行动，提升能力，同时，还需营造周围的人文环境，要处理好自身与教育培训管理者、上级领导之间的关系，为教学或个人成长营造良好的环境氛围。

主持人要处理好自身和教育培训管理者的关系。主持人在主持世界咖啡馆主题活动时，遇到的第一个问题就是与教育培训管理者打交道。在主持人的选拔、培养、使用和评估过程中，教育培训管理者承担着领导和管理职责，并为世界咖啡馆主题活动创造了条件。因此，主持人需要重视与教育培训管理者沟通的问题。为了取得好的教学效果，主持人必须得到至少一位教育培训管理者的大力支持。教育培训管理者并不是主持人的上司，而是"向导"。在教学中，主持人必须积极与其沟通、协调。教育培训管理者的工作为主持人提供了渠道，通过这一渠道，主持人可以把自己拥有的相关知识、能力以及工作经验投入共同的成果中，同时能够知晓自己所属组织的优势和机会。

成为世界咖啡馆主持人，意味着组织给了自己一个施展才华的平台、一个发展自己的机遇。也恰恰是因为自己原有的专业能力足够强，才有了主持世界咖啡馆的机会。但世界咖啡馆对主持人的要求不局限于其专业能力，更需要主持人具备相应的教学能力。

世界咖啡馆主持人必须保持学习常态化。保持学习和成长的内在动力，才有助于正确认识自己的角色定位，更好地肩负起自己的职责使命。通过担任主持人这个机会，参与行动学习、团队建设和教学实践，主持人会得到进一步的成长，其品格、个性、能力及课程设计的目的性、课堂控场的活跃度等各方面都得到了显著提升。这是吸引主持人乐于教学并一直向前的真正动力。

主持人从事教学实践或主持会议活动，可以使主持人的能力得到提升，进而得到成长和发展，同时，也能彰显自我价值，为组织贡献力量。对世界咖啡馆主持人的能力要求大于他所在组织中的领导能力要求，如果他恰好也是领导，那可以肯定地说，他所具备的职业能力会更全面、更强大。在教学实践和教学相长的过程中，主持人通过前期调研沟通、备课教学和反馈评估，能够快速成长，也能够使学员学有所思、学有所获、学有所成，促使学员成长和进步。在教学改革创新成为必然趋势的情况下，主持人掌握一套引导技术和方法，不仅会引导研讨，还会控场，这样使教学效果得以有效提升。通过每一场世界咖啡馆主题活动的成功举办，主持人会获得很大的成就感，通过教学能让学员成长，这是实实在在的教学成效。当然，主持人不能故步自封，不能小成则满，要不断接受新思想，保持学习常态化，并且要勇于变革和创新，让自己能够跟上时代的潮流，走在时代的前列。

(二) 主持人的使命担当

世界咖啡馆主持人首先要热爱教育培训事业，唯有热爱才能产生无限动力克服一切困难，并且能够让我们走得更远。

世界咖啡馆主持人的使命就是要确保每一次世界咖啡馆主题活动的成功举办及卓有成效，让世界咖啡馆成为对话研讨的重要工具和方法，成为开展会议和教学的重要载体和平台，成为建设学习型组织和学习型个人的重要依托和杠杆。这也是主持人的信念之光。

世界咖啡馆主持人要具有内生积极性和自主性。主持人往往是一个临时的、兼职的角色，不具有层级组织中的正式权力，也少了权力组织中的程序化，以及从上到下必须遵循的行政命令和内在权威，这也给了个体更大的自主和自由（自由的另一面也是责任）。自主是一柄双刃剑，主持人在得到自主和自由的同时，也需要给予学员充分的自主和自由。自主意味着可以激发更多的积极性，充实内在的自我。正因为如此，主持人更应该清醒地认识到自己肩负的使命和秉持的信念，进而在工作中更好地履职尽责。

世界咖啡馆主持人不仅由个体构成，也可以形成主持人团队，在这个团队中，谁都有能力单独或合作成功举办世界咖啡馆主题活动。作为世界咖啡馆主持人，要具备四个方面的特点：一是胜任力，有能力完成自己的工作，确保世界咖啡馆主题活动的成功举办；二是主动性，确保主动地将问题或工作任务在大多数时候及时、就地解决；三是认同感，为自己所做的事情感到骄傲，为自己主持人的角色感到自豪；四是协调力，对相应行动进行有效、快速、低成本的协调。

即使是兼职的，也要清醒地勾勒和描绘出自己在教学上的愿景，即致力于成为什么样的教师、未来某个时间达到什么目标，对这些都应该有清醒的认识。成为世界咖啡馆主持人不是某种荣誉，不能主持过一次世界咖啡馆，就以为已经满足所有的教学要求。教学或研讨能力及水平是无限延展的，主持人也需要不断学习、终身学习，让自己永远处在学习状态中。主持人也不能只学习而不实践，不踏踏实实地走上讲台，没有实践支撑，自身的主持能力和水平也就会止步不前。

世界咖啡馆主持人要有愿景和目标、使命和责任，要将个体目标和组织目标相统一，使个体身份和角色得到确定和认同，将组织目标和个人努力结合好，主持过程就会更为快捷、实效。

二、主持人要使学习行为发生

世界咖啡馆主持人承担的首要任务是让学习行为发生。学习行为不会自然而然地发生，这需要目标，也需要引领。

每次开展世界咖啡馆主题活动前，主持人首先要了解自己的学员，包括学员的特点、背景、经验、地域、学历，这是教学的基础和基本要求。在教学中，如果要让学习行为发生，作为教师，就要用学员既有的知识经验来做基础，所有新知都要建立在学员既有旧知的基础上，以旧知连接新知；多用案例、故事、比喻、新闻、数据等调动学员的积极性；要学会跨界、跨学科讲授各类知识；要用通俗的语言，用学员听得懂的语言来讲授知识。此外，讲授内容一定要和学员有关联性，虽然学员的知识和背景不同，但教师要让每个学员能够依据自己的旧有经验，轻松地理解所学知识。

讲课是一门艺术，需要融合学术语言和日常语言，并消化成自己的语言，让学员能够听懂并理解。我们常说，在上课时要"说人话"就是这个意思。根据教学对象的不同，主持人要灵活变换语言表达方式。如果学员都是专业人士，那么课堂用语偏向学术或使用专业术语都是可以的；但如果学员是非专业人士，或者学员之间的差异性较大，那么就要使用通俗易懂的语言。不管使用哪种形式的语言和文字，首要前提就是要让学员听懂。

教学类型有三类，分别是以内容为中心、以评估为中心、以学员为中心。以内容为中心时，容易向传统讲授式教学模式靠拢；以评估为中心时，更多地将外在教学环境和教学效果评价纳入进来；只有以学员为中心，才是培训的正确途径，才能真正达到教书育人、促人改变的目的。

《自由学习》（*Freedom to Learn*）一书的作者卡尔·罗杰斯（Carl Rogers）和 H. 杰罗姆·弗赖伯格（H. Jerome Feriberg）认为，真正在学习的学员"是从真实生活中有所发现，然后把这个发现变成自己的财富的人"。教师要以真实的面貌与学员互动，将学员作为一个完整的人来珍视、信任和接纳，设身处地地为学员着想，关注学员的情绪情感，这样才能成为学员自主和自由学习的促进者，这样的教学才能促使学员认知和情感的统一协调发展。换言之，只要在与学员互动的过程中，教师营造出真诚、尊重和同感的氛围，就会产生自由的学习行为，自然会出现自主学习的学员。

自由学习是一种状态和氛围，同样适用于成人教育。成人教育理论认为，成人学习首先是自愿的，这样才能学进去；其次是自主的，最好的方式是在放松、不强迫的状态下进行；再次，成人学习的内容一定要建立在以往的相关经验的基础上；最后，最好的方式是让成人主动学习，相互学习，多种方式学习，这样才不会累。基于成人特点而授课的教师，要甘为配角，或成为引导员，让学员成为主角，成为课堂的主体和中心，对许多教师而言，这是一道必过的心理关口。

（一）让学员自发地学习

以学员为中心，意味着教师（主持人）要习惯于"站在教室后面"，支持学员摸索和探索，让他们按照自己的学习规则和方式开展学习。教师可以制定规则并给予相应的引导，也可以和学员一起讨论规则，让学员相互学习。这时，教师不仅需要定力，还需要爱心和创造力。如果教师能满足学员自发学习的需要，学习就能对学员产生巨大的影响，他们会更加热爱学习。以学员为中心，是学习行为发生的必要条件。

教师的首要任务是允许学员自主自愿地学习，让学员能够自发地学习。换句话说，教师要成为自发学习的促进者。学比教更困难。真正的教师，要让学员自发地学习，从表面上看，学员在课堂上似乎没有学到具体的内容，但通过真正自发自觉地学，在未来的某个时机会豁然开朗，明白自己已然掌握了教师教授的获得有用信息的方式、方法。就这一点而言，教师要走在学员的前面，要让学员自发地学习，自己则需要更加虚心地学习，学习更多的知识，更敢于质疑知识。

（二）让学员有意义地学习

教学的目的是促进学习。我们说的学习是真正的学习，而不是将学员牢牢捆绑在课堂上，把那些无趣、枯燥、毫无价值、学过就忘的知识一味地灌输到他们脑中。真正的学习是学员在源源不断的好奇心的驱使下，不断学习他们所听所见的一切有意义的事物。有意义的学习包括四个要素：第一个要素是个人卷入的程度，让整个人的身心，包括情感和认知，都成为学习的一部分；第二个要素是自我主动的投入，刺激来自外部，但探索、理解和掌握的愿望是发自学习者的内心；第三个要素是变化，学习者通过学习，在认知、行为、态度甚至人格上都能有所改变；第四个要素是学习者对学习内容的评价，学习者应该清楚，所学的学习内容是否能满足自己的需要，是否能属于自己想要了解的领域，是否能恰好填补自己的空白处。评价的核心在于学习者自身。对于学习者而言，学习的本质是意义，当这样的学习行为发生时，对学习者有意义的元素也会融入其他经验。

有意义的学习也是全脑的学习。全脑学习意味着解放右脑，我们应该充分发挥右脑的作用，右脑能够使人从整体上把握事物结构，善于隐喻，具有审美而非逻辑功能，能使思维产生创造性的飞跃。有意义的学习包括逻辑思维和直觉思维、智力和情感、概念和经验、观念和意义。当我们进行有意义的学习时，我们是完整的个体，我们可以充分使用左脑和右脑进行全脑学习。

（三）教师应该具有同理心

同理心要求教师能够站在学员的角度看问题，对发生的事情不做评判，能够理解学员的认知并进行管理，同时采取适当的行为进行沟通引导。

当教师能够理解学员的内心反应，敏锐地捕捉到学员眼中的教育和学习"闪光"时，产生有意义的学习的可能性就会大大增加。通常的评估性理解与同理心的理解大相径庭，评估性理解者通常表现为："我知道你错在哪里"；

但如果是面对具有敏锐同理心的理解者，学习者的反应模式则是："终于有人理解我的感受了，他不会对我进行分析，也不会妄加评判，现在我能尽情地发展、成长和学习了。"这种设身处地地站在别人的角度看问题的态度，以学员的视角看世界的态度，在现在的课堂上还是较为少见的。课堂上可能会有很多师生互动，但较少见到清晰的沟通以及敏感、准确、具有同理心的理解。但是同理心的理解一旦出现，就会产生神奇的扩散效应。如果学员得到理解，且教师没有评价和判断，那么学员就会对教师怀有感激心理。如果教师试着对某个学员的言行做出非评价式的、接纳的和具有同理心的反馈，那么他就能发现这种同理心的理解具有巨大力量。

作为教师，应该展示真实的自己。教师应该成为学员学习的促进者，多采用研讨式、案例式、模拟式、体验式教学方法，为学员创造促进性的学习环境。同时，要更多地了解学员的感受，更多地进行教学互动，更多地与学员进行讨论交流，更多地对学员微笑。

教师在课堂上不应该"装"，不要"戴上面具"与学生交流。如果教与被教的关系是真诚的，那种无所不至的权威或官方权力就会没有立足之地。当放下教师的架子后，课堂就会发生积极的化学反应，学员们开始热爱学习，在人际交往和学习成长的道路上也会发生令人难以置信的正向变化。

让学员自发地进行学习，其实也给了教师学习和成长的机会。在师生互动中，教师也可以放下面具做自己，学员也会鼓励教师做真实的自己，教师也会成为一名真正的学习促进者。在师生相长的学习氛围中，学员和教师在课堂上进行开放性交流，这种在自我价值感、创造性、温暖的人际关系等方面的成长令人兴奋，使人欣慰。只要是学员自发自主地学习，尽管他们只是着眼于学习某一具体学科，但此后这些学习习惯可以持续多年，甚至伴随终身，使他们终身受益。

如果教师真诚地与学员互动，那么他的工作就会更卓有成效。这意味着他随时可以察觉到学员的状态，他所体验到的感受是随时可以获得的。在这样的师生关系中，教师是一个真实的人，他可以对学员的热情或者厌烦的表现也充满兴趣，他把学员的情感表现视为自己的感受，所以他不会把问题强加于学员或者控制学员的思维。对学员而言，教师也是一个真实的人，而不只是课程标准内容的讲授者，也不是向学员灌输知识的机器。教师要成为学员的学习促进者，以学员为中心，为学员的自发学习创造环境和条件，同时，更要做真实的自己，与学员加强情感上的交流互动，让学员全身心投入，从而有助于产生最佳的学习效果。

三、 主持人要使课堂生动

世界咖啡馆是"以学员为中心，以教师为引导"，每次的研讨会是为了解决与工作密切相关的高质量问题。世界咖啡馆的主持人是教师，也是引导员，教师的主要职责就是最大限度地促进每个人的参与和互动。如果教师担当专家或权威的角色，学员就不愿意自己去发现问题和寻找答案。如果学员把教师视为权威，不管小组讨论出的答案是什么，都会想通过教师来求证答案是否正确。教师可能确实比大多数学员懂得多，也懂得深，但是，在世界咖啡馆主题活动中，即使教师知道答案，也不能直接告诉学员。不论学员如何发问，在大组分享之前，教师都不能说出自己的见解，但是到了大组分享阶段，如果学员的发言有明显的错误，教师（主持人）需要委婉地予以纠正。无论如何，教师都需要先肯定学员的发言，再谈自己的观点。世界咖啡馆的教师更多地充当引导员和协调者的角色，而不是专家，更不是权威。在成人教育培训中，特别是在干部教育培训中，很多世界咖啡馆的主持人授课的对象是与自己平级甚至职务比自己还高的学员，如果这时教师（主持人）以专家或权威的身份出现，可能有些学员并不会买账。因此，教师以引导员的身份进行课堂授课效果更佳。

教师（主持人）作为引导员，不仅要引导好整个课程流程，更重要的是要通过引导，让课堂生动起来，呈现出聚焦主题、投入注意力、集中讨论的学习氛围。如何让课堂变得生动活泼，主持人需要注意三个方面的事项。

（一）时刻明确自身的责任

每举办一场世界咖啡馆主题活动，教师都希望能够帮助学员形成自己的想法，并学会运用相应的工具和技术，使用相关材料，整合自身和同学的资源，以便能形成关于研讨问题的有效解决方案。作为教师，当某个问题的答案有对错之分时，应该提供各种资源和模型，帮助学员找到正确的方法和解决方案。学员必须使用他们所知道的或有办法找到的资源，而不是让教师通过判定对与错来达成一致。教师的主要目的并不是咨询、说明、指导，不应该以其他的任何方式，引导学员认为教师会给他们提供正确的答案；教师也应该让世界咖啡馆的场馆布置、教学道具、项目案例及其他的教学材料成为学员解决问题、开发自己行动计划的资源，让学员通过集体研讨找到问题的答案。

为了让研讨更好地展开，教师在开始上课前要向学员说明自己的身份为引领者和引导员，不讲授知识，也不是给学员做决定的专家或权威。"以学员为中心，以讲师为引导"的培训方式，本意就是设计一个"学员自己学"的项目，学员必须自己付出成倍努力，之后才能获得丰硕回报。这一切都要靠他们自己。学员的思路、发现和决定都是来源于他们自己，而不是教师，在接受完培训之后，学员仍要依靠自己将学习成果转化到实际运用当中。

世界咖啡馆的引导方法要求教师具备更强的自律性。当教师能够真正做到自律后，才能帮助学员用新方法来更好地发现自我。在世界咖啡馆中，从表面上看，教师（主持人）这一角色或许比不上那些滔滔不绝的传统授课型教师那么耀眼，但在世界咖啡馆中，教师这一角色至关重要，他所获得的关注度不一定很高，但影响力会更大。无论何时，教师都需要留意的问题是："你希望学员在多大程度上依赖于你？"作为教师，可以进行教学指引，但绝不要让自己陷入学员的小组讨论或辩论中，即便是遇到小组成员看起来被困于窘境，或是在讨论时小组成员之间产生了巨大分歧。世界咖啡馆的重点在于增强学员回到工作岗位后运用所学的能力，因此，教师为学员解答问题解答得越多，他们的独立运用的能力就越小，回到工作岗位后的工作效率就越低。因此，教师要营造一种支持性的氛围，让学员自己去发现、讨论，从而获得自己的体悟，这个发现的过程也是他们增强自信心的过程。

（二）充分调动学员参与

在世界咖啡馆中，每个小组人数通常是 4～5 人，小组讨论或完成活动的时间都要事先设定好。世界咖啡馆的创立者华妮塔和大卫得出结论，参与小组讨论的成员最好为 4 人。在实际教学中，随着形势和环境的变化，小组人数有时会突破限制，有时会是 6～8 人。依据我们的实践经验，4～5 名学员形成一个小组，则可以保持小组最大的活力，并且这个小组的交流和沟通往往是平衡的，无论是内向型或外向型的人都有机会参与讨论，展示自我。当小组人数设置在 4 人以下时，将会出现两种情况：一是人数太少，大家三言两语讨论后则会无话可说；二是外向型的人主导整个小组。当小组设置在 6 人以上时，由于人数过多，有些人得过且过，参与积极性较低，同时，讨论和发言的次数和时间也较难掌控。

在世界咖啡馆中，会展开 3～4 轮讨论，其中，最有趣的环节就是换组讨论。第一轮讨论后，除了小组选出的组长留在原桌外，其他组员都要分散到其他桌子参加第二轮讨论，第三轮讨论也可以以同样的换桌方式进行；或者是开始第三轮讨论时，第二轮出去换桌讨论的学员再回到最初第一轮的桌子，继续进行讨论和总结。如此换组讨论，学员们可以把从其他桌学习的研讨成果最大限度地带回来，丰富本桌研讨问题的解决方案。这与蜜蜂采蜜类似，博采众长，集思广益，每个学员都尽可能多地获得了不同的思想和观点。

在世界咖啡馆里，分组和引导分组都是教师（主持人）的职责，而教师将分组任务完成后，学员将独自去完成研讨任务。换桌带来的新鲜感和参与感以及思想研讨后的获得感，都让学员乐在其中。学员通过换桌还能认识及深入了解更多的同学，这也是换桌讨论带来的额外益处。

学员一旦参与其中，就会努力去表现自己并希望获得尊重和认可。学员自身的思想得到小组中绝大多数人的认可，这无疑是对学员最大的鼓励，他也会更乐意在大组分享阶段积极发言，希望向更多的学员分享自己的思想和观点。作为教师，要懂得限定自己的讲授时间和内容，一场世界咖啡馆主题活动，教师的讲授时间最多占据整个课程 1/3 的时间，主要内容是向学员讲解研讨规则，然后留下尽可能多的时间，让学员自己去思考、研讨、发现和参与。此时，可能会出现一种现象，就是在学员研讨时似乎不需要教师的存在，但实际上教师是不可或缺的。在学员讨论时，教师可以用学员不易察觉的方式引导学员讨论，解答学员对规则的疑问，也可以在学员讨论时旁听，指导和深化学员讨论的内容。教师要充当洞察学员改变和成长的辅助者，在教师的引导下，让学员自己找到答案。教师的个人态度和角色将会奠定学员参与的基调，严谨明确的目标、周密的课程规划、对原则的坚持不懈以及对内容、学员的兴趣与热情，都对促使每个学员发生改变和主动学习有帮助。

比如在一场世界咖啡馆主题活动中，可能会出现一些学员不太配合的现象，他们看起来心不在焉、上课迟到、偶尔看看手机或做出刻薄的评论等，这些都是教学过程中的正常现象。如果教师充满耐心，学员将会自己解决这些问题，这也是小组成员互动、相互帮助、支持和吸引过程中的一部分。小组成员相互影响，有时他们自己可能都意识不到这一点：一个成员的行为会在其他人的身上反映出来，每个人都潜移默化地参与了另一个人的改变过程。当然，教师也不例外。

所以请相信，只要主持人充满自信地举办一场世界咖啡馆主题活动，大部分学员会充满热情地给予支持。虽然个别学员会抱怨、批评、争辩、戏谑或者退出，但作为教师要充分理解这些情况，不要被这些小挫折击败。实际上，无论一个教师采取何种教学方法，总会有学员不满意。面对这些阻碍和抵触，耐心和理解会将其逐一击破。教师要对世界咖啡馆充满信心，并不露声色地保持引导者的角色，激励学员，让他们积极做出反应。

作为组织世界咖啡馆的主持人，要以低调的方式保持对研讨过程的控制，并坚持着最初的计划。（教师）主持人要提前布置好世界咖啡馆，在课程前后分别留出时间让学员交流，课程开始前 20 分钟要到达课堂，让学员看出教师对他们感兴趣，教师的计划和准备是非常充足的，这些步骤将会创造出强大的气场。课程内容需要尽可能紧密地围绕教学大纲，而且在实施既定教学项目的过程中，其他想法和热情也会随着教学实践的推进和学员的反应变化逐一显现出来。这对教师以后再举办此类教学研讨会大有裨益，这都是一点一滴地积累丰富教学经验的过程。如果由于课堂时长限制，课程结束后学员想继续交流他们在课堂上讨论的内容，那么教师可以在课后通过面对面、微信、电子邮件等交流方式与他们继续交流、讨论。

（三）掌握必要的引导技巧

没有一次世界咖啡馆会是重复的，因为每一次来的学员和解决的问题都会有所不同。世界咖啡馆的组织方式确实大同小异，但也有技巧和规律可循。引导的技巧和规律会随着教学实践的增多而获得累积，这样就会不断地提高下一次的教学质量。作为世界咖啡馆的主持人，教师依据自己的职责定位，需要了解并掌握以下要点。

1. 始终保持引导员的角色

不要对他人进行说教，或是将自己的想法强加给他人，不要随意打断学员的讨论和报告，发表自己的观点。当然，教师要对培训的内容非常熟悉，要能够回答相关问题，也能给出一些有见地的洞察和总结，但这不是目的。学员重视他们自己的发现，但如果出现与教师竞争的感觉，他们将会放弃自我发现，这会间接扼杀学员参与的热情。所以，作为教师要避免树立专家和权威的形象，教师可以巧妙地想办法、举例子来引导学员改正那些原则性错误的观点，但如果批评、羞辱或取笑学员，那教师将失去学员的尊重。如果学员表达出不同的观点，如非原则性错误，那也要引起重视。

2. 引导激发学员的参与热情

在世界咖啡馆主题活动中，不是每个研讨环节都需要所有学员参与完成，例如在大组分享阶段，每组会派出一位代表上台发言，如果发言人发言时枯燥无味，就容易失去吸引力和学员的注意力。遇到这种情况，教师就需要采取一些技巧，比如让学员给发言人的发言内容打分，或是给发言人掌声等，从而让学员充分参与到活动中来。教师也应该记住学员的名字，随时提问，或应对学员的提问或回答。如果班里人数太多，教师可以提前看学员手册，熟知几个自己印象深刻的学员的名字。学员被教师叫到名字时，就会有被重视的感觉，也会更加投入其中。要鼓励不同类型的学员坐在一起，多次改变分组，会帮助全班学员增强凝聚力。此外，还可以让单个学员的问题成为整个小组的问题，如果某位学员问教师一个问题，教师可以这样回答："这是一个有趣的问题。你介意我问问其他学员对这个问题怎么看吗？"教师可以通过将学员个人的问题转化为全班的问题，促进学员共同成长。教师要引导学员一起合作，让小组所有人都去关注共同的问题，帮助他们把各自掌握的资源整合起来，共同去寻找解决方案，这样能够加强学员对知识的理解，实现共同成长。

3. 严格遵循上课规则和习惯

世界咖啡馆是一种教学方式，也可以说是一个培训项目。教师在上课时要记得按时开始和按时结束，这是对学员的尊重。如果总是等迟到的学员来了才开始，那么每次开课时间都会推迟，这是在无形中助长迟到的坏习惯。如果学员知道是严格按照课程表时间开课的，他们会变得更加自律，及时赶到教室。教师要第一个到达教室，检查好设备，整理好教学材料，这样可以为即将开始的培训项目做好充分准备，最后一个离开。教师也要培养自己的人格魅力，即热情、愉快、积极并充满关怀。教师要使用一种轻松随意的引导风格，避免发出诸如"停！"这样突然的命令，而诸如"让我们开始吧"或是"时间到了"此类说法，是能营造轻松氛围的方式。学员是喜欢自我掌控的成年人，所以要尝试用建议而不是用命令的口气。教师在参加学员讨论时，要大大方方地旁听，避免给学员留下偷听的印象；在参加小组讨论时，不要静坐在原地，一言不发，要学会适当地插话，引导小组讨论的方向，注意规则等。当然，在世界咖啡馆大组分享阶段，教师要控制时间，要礼貌而坚定地做到这一点。如果教师无法实现对课堂的控制，学员则会发出抱怨之声。教师可以提前限制发言时间，还可以拿一个闹钟进行计时，时间到后对发言人进行提醒，也可以说："时间到，请大家给发言人掌声。"这样，大家都会遵守发言的时间要求。

【相关知识链接】

当一名好教师需要工匠精神

不仅企业和社会，教育培训领域同样需要具备"工匠精神"的教师。工匠精神（craftsman's spirit）是指工匠对自己的产品精雕细琢、精益求精的精神理念。工匠们喜欢不断雕琢产品，持续改善工艺，享受产品在双手中升华的过程。工匠对细节有很高的要求，追求完美和极致，对精品有着执着的坚持和爱好，乐意并自愿地不断提升产品品质，其利虽微，却长久造福社会。

在目前的培训领域中，对于个别培训工作者来说，培训只是一份工作，就是办一个班，找几个教师，上几门课，办班过程中不出现问题就可以了。这类人就是通常所说的"培训贩子"，他们显然没有具备"工匠精神"。做教育培训工作，如果能够把培训当成产品，把每次办班看成一次产品设计和生产的过程，用"工匠精神"对待每一个培训项目或培训课程，那每个教育培训管理者或教师就需具备以下四种特征：①精益求精。注重细节，追求完美和极致，不吝啬时间、精力，孜孜不倦，反复改进产品，把精细度无限提升。②严谨细致，一丝不苟。不投机取巧，确保每个环节的质量，对产品采取严格的检测标准，不达到要求绝不轻易交货。③耐心、专注、坚持。不断提升产品和服务的质量，因为真正的工匠在专业领域上绝对不会停止进步的追求，无论是使用的材料、设计还是生产流程，都在不断完善。④专业、敬业。打造本行业最优质的产品，其他同行无法匹敌的卓越产品。如果具备上述特征，就是真正的工匠精神。

培训是一门职业，当然需要职业精神，而工匠精神应该是职业精神中一种较高境界的体现。

工匠精神要求做到完美，这意味着费心思、耗时长、成本高。工匠精神也意味着制作产品不是流水作业，而需要亲自操作，甚至口传心授。当今社会，有些人追求"短平快"带来的即时利益，还美其名曰"投资少，见效快"，忽略了产品质量，甚至牺牲了产品口碑。工匠精神是一种信念和信仰，无论最终成功与否，这个秉持着工匠精神做事的过程都是高贵的、脱俗的，同样也是正面的、积极的。作为教育培训领域的管理者或教师，同样也需要有不怕吃苦、不怕费心思、不怕耗时长、不怕麻烦的特点，这样才能考虑周全，照顾到方方面面的需求。作为教师，其工匠精神体现为：将课程与实际需求相结合，能够打磨出精品课程，也能够讲授出精品课程，每次讲授精品课程都取得了物超所值的成效。

工匠精神的传承不仅需要传授手艺，还需要传授耐心、专注、坚持等内在的品格。内在的品格常常无法量化，无法用文字记录、用程序指引，只能依赖于人与人之间的情感交流和行为感染，依靠言传身教、自然传承，这种精神在教育培训领域同样需要。现在，很多大型企业和政府机关都实施了"传帮带"制度，就是对新进企业或机关的人员实施指导教师辅导培养制度，很多地方也落实了这项制度，有的甚至规定实施"传帮带"时间至少半年以上。这本来是件好事，但如果规定这项制度的部门流于形式，且辅导教师不具备工匠精神，或者光有教师名分但没有行使教师的责任，效果就会大打折扣。在"传帮带"的过程中，有些指导可以立竿见影，有些需要长期的、充满耐心和爱心的、毫无保留的辅导和培养。无论如何，落实这项制度同样需要工匠精神。每个教师或辅导员都需要具备工匠精神，才能把辅导与培养相融合的"导师制"贯彻执行好，把好事做好，切实提升教育培训的质量和效果，推动各项工作更好地开展。

第二节　主持人的素质和能力

虽然有志于担任世界咖啡馆主持的人，都可以担任此角色，但若想将世界咖啡馆主持得有声有色，使其能够达到或远超教学目标及预期目的，就需要主持人具备相应的思维认知和教学引导能力，具有相应的专业知识和综合基础知识背景，同时还需要主持人有高超的语言技巧及临场应变、沟通协调的能力等。如果主持人的表现能促使学员的学习行为自然而然地发生，并且使学员高效地获得学习成果，那么这就是主持人的最高标准。

一、主持人的专业知识和素质要求

首先，世界咖啡馆主持人不仅要了解和熟知世界咖啡馆的整个流程和规则，同时还需要具备演讲、讲解、点评的语言表达能力和艺术表现能力。其次，主持人要想组织好一次世界咖啡馆主题活动，还需要具备教育培训管理、组织筹备、设计实施和具体落实的能力。世界咖啡馆可以综合考量主持人的能力和素质。此外，主持人也要有必要的学识。在基础知识方面，主持人要对国际国内形势和行业态势、国情环境和文化传统等有一定的了解，要关注当前热点和难点问题。主持人还要有大局观，坚持实事求是的精神，理论联系实际，这样才能确保世界咖啡馆研讨过程的顺利进行。

在世界咖啡馆的研讨过程中，主持人要和学员形成良好的互动氛围，具备犹如"破壁机"般的能力。破壁机的原理是机器通过每分钟超过 1 万转的高速旋转力，瞬间击破食物细胞壁，有效释放植物生化素。作为教师，则是指要有能力通过不断跨界、跨学科去积累和萃取知识精华，讲究方式、方法，准确及时地把学员需要的知识提供给学员。

在互联网时代，知识更新速度加快，人们在网上可以轻易学到或获得大部分的常用知识，这使得以知识传递为基础的课堂培训模式面临巨大的挑战。主持人在课堂上讲究合作、以引导为主的同时，也要在课堂上讲共同创造新知识。每个教师都应该具备瞬间萃取和整合有用知识的能力，并给学员提供有用的工具去消化知识。世界咖啡馆主持人要基于需求，勇于改革，面向未来，以学员的真实问题为导向，在课堂上以引导技术为工具，结合知识传输和转化，激发学员既有的知识经验，同时启发新知识，掌握新知识，实现学习效果的最大化。

（一）主持人要有马克思主义哲学观和方法论

主持人（教师）要有正确的世界观、人生观和价值观，要适应形势需要，注重当前形势、行业态势、国情和文化传统等。在干部教育培训领域，主持人还需要具备马克思主义哲学观和方法论。

主持人要有哲学观。哲学是世界观和方法论的统一。哲学强调要掌握具有统一性和普遍性的原理和规律。约翰·杜威在其所著的《民主主义与教育》（*Democracy and Education: An Introduction to the Philosophy of Education*）一书里说道："在哲学家的态度和接受他的结论的人的态度方面，他们总想尽可能获得一个统一的、前后一致的和完整的经验观。"哲学和思维有别于知识。有所根据的知识就是科学。知识所代表的对象是已经根据理性决定进行整理和处理完成的。至于思维，思维的发生是由于有未解决的事情，思维的目的在于克服干扰。哲学是关于可能事物的观念，不是关于既成事实的记录。因此，与一切思维相同，哲学是具有假设性的，提示着我们将要去做或者尝试做的事情。

主持人要有政治观。讲政治、有大局观、了解当前国际、国内形势和国情，这是教学的底层逻辑和根本要求。主持人要注重问题导向，要有强烈的问题意识，以重大问题和疑难问题为导向，抓住关键问题进行思考研究。主持人要坚持实事求是做学问的精神，要有讲政治的意识和能力。关于政治学（政党与人民）、政治经济学（政府与市场）等，要有判断标准和原则。

主持人要掌握基本的哲学原理和二元论的思维方法，要掌握马克思主义的世界观和方法论。思维方法和工作方法起着承上启下和融会贯通的作用。就教育培训内容和个体要学习掌握的知识技能来说，从上到下大体可分为三个层次：理想信念和价值观、思维方法和工作方法、综合知识和工作技能。思维方法和工作方法是下层"综合知识和工作技能"的指导工具，是综合知识和技能知识的概括和规律总结；思维方法和工作方法又是上层"理想信念和价值观"的深层结构和逻辑支撑，理想信念和价值观可通过思维方法和工作方法得以论证和实践。思维方法和工作方法可以说是上下两层贯通的工具、途径和渠道。

马克思主义唯物辩证法有基本规律和基本范畴，其基本规律包括对立统一、质量互变、否定之否定等规律；其基本范畴包括本质与现象、内容与形式、原因与结果、必然与偶然、可能与现实等。

主持人要掌握基本的思想方法和工作方法，可以从以下六个方面着手。

（1）学习和掌握马克思主义哲学。马克思主义哲学深刻揭示了客观世界特别是人类社会发展的一般规律，是科学的世界观和方法论的统一。科学的思想方法和工作方法是马克思主义哲学在思维活动和实际工作中的运用。

（2）保持战略定力。战略是管全局的。坚持科学的思想方法和工作方法，首先要有对战略全局的准确判断，有科学的谋划，有强大的战略定力。在具有战略规划能力的同时，也要具备战略解读和战略执行的能力。

（3）提高科学思维能力。要提高战略思维能力、法治思维能力、历史思维能力、辩证思维能力、系统思维能力、创新思维能力和底线思维能力。人类特有的理性思维能力是构成认识和改造世界的能力的关键性因素。科学思维能力能够在实践学习中得到不断提升。

（4）练好调查研究基本功。调查研究是把科学理论同具体实际相结合的基本方法和现实途径，是谋事之基、成事之道。学习和掌握科学的思想方法和工作方法，需要不断增强看问题的眼力、谋事情的脑力、实际调查的脚力，学会通过全面深入的调查研究弄清情况和问题，制定政策，推进工作。

（5）发扬"钉钉子"的精神。方法和精神是分不开的，掌握科学的思想方法和工作方法，必须有"钉钉子"的精神。这既是干事业的精神，又是重要的工作方法。

（6）依靠学习走向未来。掌握科学的思想方法和工作方法，归根到底要靠善于学习、善于重新学习。面对迅速变化发展的中国和世界，要解决层出不穷的新问题，唯一的途径是加强学习。

以上六个方面之间的关系可以总结为三点：①马克思主义哲学是科学的思想方法和工作方法的世界观、方法论基础；②战略定力、思维能力、调查研究的基本功和"钉钉子"的精神分别是建立在这一基础之上的思想方法和工作方法在各方面、各环节的展开；③勤于学习、善于学习是把思想方法和工作方法不断推进和创新的不竭动力。

（二）主持人要具备专业知识和综合基础知识

在一堂课中，主持人（教师）要向学员进行讲授和解答，对学员的发言要进行判断、评价和总结等，这都是说话的过程。说话是一门艺术，需要有相应的知识和逻辑判断能力。这涉及领导学、管理学、心理学、社会学、组织学、组织行为学等方面的知识理论体系，需要演讲和口才等方面的素质能力。知识和信息可以让人对事物的认知从模糊变得清晰，也可以提供更多的看待事物的视角。主持人要坚持学习，对于知识和信息，要保持"宁可备而不用，不可用而不备"的学习态度。

在世界咖啡馆，经常会遇到领导学、管理学、组织学、社会学和心理学等方面的背景知识，同时主持人还要对学员的发言进行评判，这些都需要具备多方面的知识体系和思维模型。当主持人讲解或点评学员发言时，常涉及学员所说的观点，以及一些概念和信息。学员的这些观点立足于某些理论框架和聚焦的角度，人们称之为政治角度、科学角度、社会角度、心理角度等。主持人只要理解学员从哪个角度出发，就能更好地理解其整体的发言内容和思路。世界咖啡馆所涉及的领域十分广泛，每个学员的经历、经验、知识和背景各不相同，所以谈到的观念也存在明显的差异，涉及的概念含义也非常广泛。概念是用来理解某一事物的观念，要想成为思考者，就必须通过所见所体验去创造概念，成为赋予事物概念的主人。作为世界咖啡馆的主持人，需要了解的背景知识和信息很多，也不可能全部掌握，但主持人可以并且应该掌握和了解世界咖啡馆主题活动所探讨的问题，以及与问题关联的相应领域的知识和信息，特别是要了解和掌握关于本问题所涉及的专业知识和信息。

掌握专业知识和技能会让主持人增加信服力和说服力。主持人的专业能力越强，说服力就越强，因为学员会给予主持人充分的信任，从而主持人对学员产生的影响力也会增强，给学员带来的改变也越大。关于世界咖啡馆需要研讨的问题，主持人对此问题的了解越深入越好，但并不一定要发言或评判。主持人除具备专业知识，还要广泛涉猎其他的基础知识和信息。

在《穷查理宝典》（*Poor Charlie's Almanack*）一书中，作者查理·托马斯·芒格（Charlie Thomas Munger）屡屡提到了一种影响他生活、学习和决策的思维方法。这个思维方法建立在多元思维模型的基础之上，他提倡要不断学习众多学科的知识，形成思维模型的复式框架。

查理·芒格喜欢把人们的观念和方法比作工具。我们常说"手里拿着一把锤子，满眼都是钉子"，很多人只是用一种思维模型或工具来解决所有问题。"锤子综合征"能够把人变成智力障碍者，而治疗它的唯一良方是拥有全套工具，不能只拥有一把铁锤。

多元思维模型是全套工具。查理·芒格所说的工具是指历史学、心理学、生理学、数学、工程学、生物学、物理学、化学、统计学、经济学、管理学等学科中常用的思维模型。多元思维模型看似复杂，简单来说，就是综合各学科的常识——基础知识来分析问题。当然，芒格定义的常识可能会比我们眼中的常识高几个层次，但学无止境，知识积累得再多也不为过。芒格说，拥有常识不但意味着有能力辨认智慧，也意味着有能力拒绝愚蠢，"你拥有的基本知识越多，你需要吸取的新知识就越少"。他认为，学习就应该回到最初的样子，需要学什么就学什么，知识没有界限，张开眼睛就看得到，伸出手就触摸得到，所以，每个人都应该有属于自己的一套多元思维模型。这个模型可能不会使自己变得像芒格一样聪明，但至少会让自己变得比过去更聪明。

二、主持人的引导能力和技巧

世界咖啡馆主持人的引导能力可以比喻为引导魔方。

魔方（rubik's cube），又叫鲁比克方块，最早由匈牙利布达佩斯建筑学院的厄尔诺·鲁比克（Ernß Rubik）教授于1974年发明。通常意义下的魔方，是指三阶魔方。三阶魔方的形状一般是正方体，由有弹性的硬塑料制成。魔方竞速是一项手部极限运动，常规竞速玩法是将魔方打乱，然后在最短时间内复原。玩魔方需要具备技巧和套路，需要手眼脑并用、注意力高度集中，也需要刻意练习，才能逐渐熟练，提高速度。本书中，"魔方"（见图3-1）只是用来打个比方，是为了更形象地比喻主持人应该具备的引导能力和技巧。

图3-1　魔方

（一）主持人应该具备的六种引导能力

一般来说，魔方有六个面，六个面六种颜色，每个面都为九宫格的形状，随着魔方的旋转，摩方的每一面都可以变成不同的颜色。我们接下来用魔方的六个面隐喻主持人应该具备的六种能力，即讲解、提问、对话、示范、评价、总结能力。同时也隐喻了一个前提，这六种能力是互通的，且基本上都属于语言和沟通交流方面的能力。

1. 讲解

讲解能力是指传统的讲授能力。主持人的演讲和口才是基本功。演讲和讲授的内涵稍有不同，但对内在能力的要求是一致的。主持人在研讨式教学课程上首先应该能够讲解课程的相关内容和流程。研讨式教学课程就其内容来说，主持人有时需要对内容进行深入的了解和掌握，有时只需要泛泛地了解，保持中立立场，让整个研讨过程顺利进行即可。无论主持人对内容了解与否，主持人要具备的最重要和最基本的引导能力就是口才。如果主持人没有口才，甚至不具备讲解研讨流程的能力，那么很大程度上会导致研讨式教学无法进行下去。

2. 提问

提问也是一种能力。提问比答案更重要，提问会开启学员主动学习的阀门。如今互联网上的各类搜索网站，让我们很容易找到答案，但是，提出一个高质量的问题，特别是在课堂上师生互动或学员之间研讨时，能够提出一个高质量问题，这是一个让研讨能够深入下去并且保持正确方向的捷径。

提问分成封闭式问题和开放式问题。问题是打开"回答表述盒子"的"钥匙"，任何封闭式问题都可以变成开放式问题。在提问的过程中，任何假设都需要与对方进行澄清。作为主持人，要学会五种高质量提问方式：①澄清式，即澄清问题的背景和环境；②角度式，即从自己、对方或其他角度进行提问；③假想式，也就是"如果、那么、怎么样"的问题类型；④挖掘式，即追问原因的问题；⑤对比式，即在两者之间进行比较的问题。当然，还有其他提问的类型，也有一些问题类型在课堂上是较为忌讳的，如反问式、暗示式、判断式、告知式等类型。

3. 对话

对话能力，是指在课堂上主持人能够流畅地和学员有问有答，具备在问题探讨时随机应变的能力。对话能力能够看出主持人的临场应变能力和备课程度。课堂上的对话也分为"师生对话"和"生生对话"。在"师生对话"中，主持人常常需要在全班同学面前提问或发言，身在一个"场"中，必然受到场域的影响，也就是说，主持人的思维容易受对话内容、对话对象及周围环境的影响。

4. 示范

示范能力是在传统讲授式教学中，教师常常无意或有意忽略的一种能力。在研讨式教学中，如果教师增加示范环节，无疑会让教学增色，提高课堂的吸引力。学习就是模仿的过程。模仿分为直接模仿和间接模仿。直接模仿是现实具象的模仿，间接模仿是对抽象理论的模仿。我们从小到大的各类学习其实都是一个模仿和被模仿的过程。

示范是简单有效的模仿方式，主持人进行示范教学，就能够让复杂问题简单化、理论问题具象化、言语问题行为化。同时，示范是让左右脑思维结合的最佳方式。举例就是示范，举例除具象的示范外，还包括列举一些概念或原理的句子。举例的同义词有示例、列举和实例化等。

5. 评价

评价能力体现了主持人的综合素质能力的高低，对主持人的能力要求极高。评价分为两类：一类是主持人要求学员对事件或学习内容进行评价；另一类是主持人对学员或学习内容本身的评价。评价是基于准则和标准做出的判断。判断可以是定量的，也可以是定性的。评价的前提是有事件发生或产生一种观点。在主持人要求学员对事件或事实进行评价时，常常采用循序渐进的引导方式，如主持人常用的 ORID 法（即焦点研讨法）诠释，通过事实（objective）、感受（reflective）、想法（interpretive）、决定（decisional）四个方面的连续提问，就可以让学员自己找到答案。在 ORID 法的提问过程中，主持人让学员说出"感受和想法"，其实就是在让学员对学习内容进行评价。

主持人评价任何事物一定都要慎之又慎，最好不要评价学员，一旦对学员进行评价，教师就容易被打上自以为是、对任何事物都高高在上的标签。若要评价，就评价学员的学习内容。在学习内容方面，除非学员明显偏离主题和原则，对学员的学习内容的评价，主持人也应保持中立立场。

6. 总结

总结能力是让研讨式教学课程产出成果的必要能力。总结是指用简洁明了的概括性语言，描述呈现的信息或主题。总结的同义词是概括和归纳。总结能力也是培训界流行的另一个说法——"萃取能力"。总结能力的高低对课程产出成果至关重要。学员的研讨结果能否达到教学目的，主持人的总结起到了至关重要的作用。

总结是在研讨的基础上，人们经过大脑思考对事实和观点综合浓缩而成的结论。总结研讨内容体现着一种透过现象看本质的能力，一般要经过逻辑梳理，要去粗取精、去伪存真、由表及里、由浅入深，进而让真正重要的结论凸显出来，把本质和规律揭示出来。教师在课程的最后可以对课程内容本身进行总结，也可以对课程的研讨方法和流程进行总结，并布置后续作业或展望未来等。

（二）主持人的五个位置

我们玩魔方时涉及的五要素是游戏者、魔方、时间、地点、环境。也就是说，玩魔方必然涉及什么时间、什么地点、什么人来玩魔方，以及玩魔方是作为比赛还是自娱自乐，是一个人独自玩还是多人参与玩。由此类推，研讨式教学主持人要注意在教学过程中的五个位置，即"我""学员""旁观者""时间线""我们"。在主持研讨课时，主持人可以灵活安排这五个位置，以便于更好地进行课堂展现和控场，从而达到更好的教学目的和培训效果（见图3-2）。

图3-2　主持人要注意的五个位置

1.第一个位置：我

当教师在课堂上课时，传统的模式一般是教师在上面授课，学员在下面听讲，这就需要教师以更多的精力和情感投入到教学中，以便于引导学员集中精力投入到学习中去。但如果教师在上课过程中只是待在第一个位置，那么当在教室中遇到突发情况时，比如学员看手机、聊天、睡觉等，就难以灵活处理。

2.第二个位置：学员

在上课时，教师要站在学员的立场想问题，认真思考学员的需求。如果在一堂课的绝大多数时间里，教师是站在第二个位置看问题，这就达到了"以学员为中心"的要求。比如，教师可以从学员的肢体语言中觉察到自己此时的讲课枯燥乏味，并且知道学员的大脑无法再支撑听课的要求。如果教师在第二个位置，就容易换位思考，从而及时改进自己的授课方法和课堂展现方式。

3.第三个位置：旁观者

在上课时，教师有时不需要待在自己的状态中，也不必时刻待在第二个位置，可以偶尔站在第三个位置，把自己想象成教室墙壁上的蝴蝶，从蝴蝶的角度来看当下的自己和学员是什么状态？觉察到什么？自己和学员的视觉、听觉以及感受如何？哪里需要改进？如何改进？第三个位置的使用需要刻意练习。一旦可以从蝴蝶的位置看自己和学员，教师就具备了全局观和系统观，就可以知道整个教室在发生着什么，整个场和整个集体是什么状态，甚至可以为这个场定义状态，并且引导这个状态朝着最好的方向前进。

4. 第四个位置：时间线

作为教师来说，第四个位置相当于在第三个位置之上增加了一个纬度，增加了一条时间线。第四个位置相当于放在教室正上方的摄像机，只不过这个摄像机不仅录制了整个教学的过程，还可以将课前学员和教师的状态、学员需求、教师的课程设计和构思计划等录制进去；也可以录制课后的教学评估效果、学员背后对教师的评价、学员的前后变化（学员是否运用所学改变自己，是否促进学员的工作或生活发生改变）等。适当地在时间线上观察教学状态，有助于及时发现初心，坚持成果导向，回归教学目标，从而更好地保证课堂效果和课程质量。

5. 第五个位置：我们

超越时间从"我们"的位置看，这是一种集体和整体的体验。对于教师来说，在第五个位置时，可以感受到自己的感受，也可以感受到当下所有的学员和自己有一样的感受。这时，教师可以使用"对焦镜头"看所有人的感受，可以聚焦到所有人深层次体验的感受。在整个教室中，当整个场域被一种能量和正向意义的情感所包裹，教师就能感受到其中能量的涌动，这时，教师能做的就是注意到自己的体验并保存所有的体验。这种体验是刹那的，也是永恒的，属于人类的过去、现在和将来。

感知位置非常重要。一个人总是或只会待在同样的位置，那就不可能引发行动。因为一直只待在一个位置，人就会保持随波逐流的状态，容易受到自己情绪脑和自身局限的控制。如果没有学会多角度地看待事物，就会失去对事物多样性和多元性的感知。

作为教师，在这五个位置中，至少应该学会运用三个位置看待和体验事物，最好能够掌握并灵活运用这五个位置。五个位置的运用并不复杂，但需要刻意练习。可喜的是，一种好习惯的养成只需要 3 ～ 4 周的时间。教师一旦具备了灵活运用五个位置的习惯和能力，这种能力将永远属于自己，这也将促进自身授课水平的快速提升。

（三）主持人深层思维的四象限

常见的魔方是正 6 面体，有 12 个棱块、54 个颜色点，有千变万化的样式和图案。玩魔方有特定的规律可循。玩魔方时，首先，用眼睛观察魔方整体，这需要系统的眼光；其次，需使用逻辑思维，从整体上考虑整个流程；最后，就是动手实践和体验。魔方因其无穷的魅力被称之为魔术方块。玩魔方是包括"具体—形象—抽象"的立体体验。我们尝试用玩魔方的四种思维能力来描述主持人需要具备的四种思维意识，分别是系统、逻辑、体验和隐喻。这四种思维意识也构成了主持人深层思维的四象限。

1. 系统思维

系统思维是指整个研讨式教学课程是一个系统，需要对教学课程进行系统思考。教学系统包括师生、课件、教学内容、教学过程等要素。系统思考就是要思考教学系统各要素之间的关系，师生之间要建立亲和关系，同时生生之间要讨论和合作，教师要设定课程目标，展开对话、付诸行动，要让课程产生有价值的成果，最后还要有总结、庆祝等。系统思维在教学中是一种宏观战略思维。

2. 逻辑思维

逻辑思维是指一种狭义上的逻辑思维概念，包括判断、推理、演绎、归纳、三段论等。进行演绎推理要按照时间线或因果关系等内在次序进行。归纳推理分为完全归纳和不完全归纳，归纳是提取规律和本质的一种方法。三段论是指由亚里士多德（Aristotle）发现和总结，并流传到现在的三段论。三段论是判断推理的另外一种形式。当然，逻辑推理有很多内容，包括合取和析取、分类、归因等，都是需要我们从底线上遵守的思维规则。

3. 体验

体验是一种能力，也是主持人应该具备的一种意识。体验是主持人对上课过程和上课场域的觉察能力。体验包括切身体验，如果能够通过身体扩延状态，找到自己的情绪状态并能够超越它，就是一种情感智能。体验也包括有意识地让学员共同沉浸在某种状态或情绪之中，从而更好地达到教学目的。

4. 隐喻

隐喻是一种讲授、叙述的能力。主持人需要具备隐喻意识。很多时候，隐喻体现为讲故事，故事内容是高级隐喻。讲故事时，主持人可以通过肢体语言拓展空间，呈现画面，使故事形象生动起来，从而更好地展现故事的隐喻。主持人通过肢体语言来使用空间，可以丰富故事的细节，增强表达强度，也更容易让学员全身心投入并沉浸其中。肢体语言本身也是隐喻，主持人用不同的语音、语气、语调或者带有情绪地重复主题句等，也能够起到强调的作用，从而凸显隐喻的效果。

（四）研讨式教学课程设计的三条逻辑主线

我们玩一个魔方游戏，可以集体比赛，抑或自娱自乐。玩魔方作为比赛时，是看谁完成得更快；而自娱自乐时，是看自己能否完成任务，有没有比以前更熟练或更有效率。魔方游戏包括三要素：一是时间，比赛有时间规定，看最快多久能够完成；二是内容，玩什么；三是形式，怎么玩，用什么技巧玩，按照什么规则去玩。将玩魔方游戏类比到教学培训中，则任何课程设计都包括时间、内容、形式三条逻辑主线（见图3－3）。

·时间线
·内容线
·形式线

图3－3　研讨式教学课程设计的三条逻辑主线

1. 时间线

时间线是做研讨式教学课程设计时必须注意和明确的一条逻辑主线。在做研讨式课程设计的过程中，一般会设计"讲解—研讨—练习—总结"四个阶段，并且这四个阶段是循环状态。至于每个循环阶段的时间长短以及需要循环的次数，在做课程设计时，主持人都要予以充分考虑，做好计划。

2. 内容线

内容线指的是要考虑课程内容和流程，思考如何将其安排得更加合理。一堂课中，安排的内容要恰如其分，内容讲解的顺序设置要有章法，内容设计的难易要与学员吸收内容的能力和记忆程度相符。课程的整体内容一般分成"总—分—总"三个部分，也可以按照金字塔架构或者其他结构进行设计，具体的内容框架设计要根据具体情况。

3. 形式线

形式线指的是研讨式课程设计的方式方法。讲解、研讨、练习、总结都需要不同的教学方法。教学方法和技巧千变万化。"教学无法，教无定法，贵在得法"，所有教学方法都是为教学目的的服务的。要想获得合适的教学方法就要依据各自方法的有效性，结合教学内容进行选择。因此，在课程设计时，主持人需要精心筹划和准备教学方法。

魔方玩家玩游戏的目的可以是赢得比赛，也可以是挑战自我，刷新时间记录。魔方玩家常常是带着一个单纯的目的去参与游戏，也就是要在尽可能短的时间内完成游戏任务。对于教师来说，教学时也要秉持一个单纯的目的，那就是完成教学目标。

教师在引导的过程中需要始终牢记教学目标。教学目标是教学的初心和出发点。培训只是手段，重要的是达成目标。目标不明，一切都是空谈。教师根据目标去了解组织方和学员的具体需求，再去进行课程设计，这就做到了有的放矢。而现实情况是，有时组织方本身对教学目的并不是很明确，或是在教学过程中教师忘记了教学目的，必然影响教学成果的产出。在研讨式教学过程中，主持人要确保研讨内容和过程不偏离主题和规则。主持人要牢记目标才容易达到教学目的。若是没有完成教学目标，那么就是教师在给学员开具口头支票；若是如期完成教学目标，才是教师送给学员的实实在在的礼物。

三、主持人的讲话能力和技巧

主持人在讲课时，讲解和点评等都属于讲话的范畴。讲话没有固定的套路和格式。讲课和说话都是沟通，包含着三方面的内容：一是语言内容，即说话和文字的内容；二是语音、语气、语调，包括说话声音的高低、强弱、粗细、快慢等；三是身体语言，包括面部表情、头与身躯的姿势、手势等。以上这三个部分也称"有效沟通的三要素"。肢体语言非常重要，在很多时候，我们确实需要当面沟通，线上和视频的沟通，往往会流失大量的肢体语言信息。另外，讲课时的语音、语气、语调和肢体语言与平时的讲话有很大的不同，需要主持人刻意分清楚课堂语言和日常语言，并善于在课堂上运用语音、语气、语调和肢体语言来表达和传授内容。

主持人要提升自己讲话的技巧和艺术，把课讲好。会讲和讲好是两回事，一个高水平的教师，讲话往往具备以下八个特点：一是经常提到理想信念和价值意义；二是会立即表达自己当下的观点；三是说话简洁明快；四是说话直指问题核心；五是带着积极乐观的心态讲课；六是话题内容常常聚焦未来；七是说话内容都是真实可信的；八是总是代表某个立场或为想要达到某个目的而发言。

主持人或教师可以自行对照检查，其上课内容和方式如果具备了以上八个特征，那么课堂就会精彩出色。

　　现在的成人教育培训，特别是针对工作业务进行的专题培训，要求兼职教师做到"讲干货、接地气、说人话"，这九个字可以概括教育培训课的大部分要点。"讲干货"就是教师要讲自己思考后形成自己观点的话。随着现代科学技术的发展，知识和信息海量存在并且免费。讲知识的深度和广度，我们比不过互联网搜索引擎，那就说一些自己的思考成果。"接地气"就是授课内容一定要和工作、生活相关，不能脱离实际。"说人话"就是说出的话别人要一听就懂，"教师也应该惜字如金，不要随便说，除非你确信那些话是你必须要说的，并且，你要确保你说的话，一个七岁的孩子经你解释后也能听得懂"。如果整堂课下来能做到"讲干货、接地气、说人话"，那么课堂效果肯定不会差。

　　主持人要讲好故事。在课上讲故事是技巧，而讲好故事是艺术。好故事就是值得讲且学员也愿意听的故事。讲好故事，如果断句为"讲—好故事"，则是说故事内容应该是好的；如果断句为"讲好—故事"，则重点是如何讲才能把故事讲好。在课堂讲故事的原因在于，工作、生活和人生都是由一个个故事构成的。学员听教师讲故事，就可以充分调动学员的潜意识，可以把学员的既有经验和知识带入故事情境中，让学员通过故事，印证知识以及自身早已认可的道理，从而自发学习和运用故事带给自己的情感认知投入工作。教师在课堂上讲故事是最容易让学员投入学习的一种方式，教练技术其中有一项就是教教练如何讲故事。课堂上，教师讲故事，学员也讲故事，就能达到教和练以及教学相长的目的。

　　教师如何在上课时讲好故事呢？这里有五个基本要点，掌握这五个要点中的任何一点，都可以讲故事。如果在讲故事时，如果灵活运用以下五个要点，就能够讲好故事。

（一）好故事要有一个灵魂

　　一个好故事应该有一个灵魂，这个灵魂就是真实。在上课时，教师最好讲自己的故事。如果这个故事是唯一的，也是原发的，这个故事就真实，就会打动人。听别人的故事，我们听过数次就不再有新鲜感，并且因为不是自己的故事或自己发现的故事，学员就不会沉浸其中，经常会说"这个故事我听过"，或者说"这个故事似曾相识"。而如果故事是原发的，那么就一定带有讲故事者自己的感悟。讲故事者可以与其他人分享人生体验，这样也就可以用独一无二的、具有自己特性的表现手段，真情实感地去讲好这个故事。当然，故事的独创性也是内容和形式的融合，讲故事者应该选择独具慧眼的主题，再加上匠心独运的故事形态就能讲好故事。故事的内容和形式要相辅相成、相得益彰且相互影响。也就是说，一个故事的核心不仅是讲的内容，而且包括讲的方式。故事内容首先应该是新颖和独创的，如果内容是陈词滥调，那么讲述手段也会陈规老套。更进一步来说，上课时讲故事，最基本的要求是要和上课内容密切相关，如果准备讲幽默的段子，或者热点话题、网络新闻，但其与上课内容无关，那就千万不要讲；那些与上课内容相关且属于自动生成的幽默段子，才是真正的好故事。有了好故事，教师还需要对故事进行精心设计，在课上通过特定的语音、语气、语调，在与学员的互动中娓娓道来，这时，教师讲的故事一定会吸引学员，上课效果也会事半功倍。

（二）好故事要有明暗两条主线

故事是生活的映射。教师只有通过勤学苦练，才可以提高自己讲故事的技巧和能力。我们不求成为讲好故事的天才，但可以掌握讲好故事的能力和技巧。

讲故事要有主题，而主题应该有明、暗两条线。教师上课讲的故事，其语言所呈现的是故事情节，这是一条明线。故事所蕴含的寓意，则是故事最终应该表达的落脚点，这是故事的暗线。在故事的结尾，有时教师会依据课程内容的需要，把明、暗线融合在一起，揭示故事本身蕴含的道理。而更多的好故事，则孕育在故事的过程中，让受众感受到暗线的存在，并且好故事本身就应该包含更广更深的寓意，而不只是包含讲故事的人所希望呈现的结论。因为每个人的背景和经历不同，对每个故事的理解也会有所差异，教师要允许和包容这种差异的存在。

在教练技术中，讲故事是最好的隐喻。隐喻又是打通学员的意识和潜意识、激发学员的潜意识的最好方式。上课时，教师要常用隐喻的技巧，要把隐喻在讲故事中体现出来，但又不能过于直白。在语言上体现一个好故事的寓意应该是明朗的，并且呈现的方式应该是出人意料的，要能够引起人们的共鸣和反思，这样，讲故事才有培训功效和教育意义。

（三）好故事要有"开始—过程—结尾"的时间线

每个故事都有一个时间线。每个故事都围绕着"开始—过程—结尾"的时间线进行。所有故事都包括"何时、何地、何人、何事、为何、如何"六要素，这六个要素缺一不可。讲故事要有时间安排，可以按照顺叙、倒叙和插叙等方式讲故事。在按照时间轴构思故事的过程中，作为故事的主讲人，应该构建出一个循序渐进的故事开展过程。这就要求故事的时间轴中，要有开始、高潮和结尾三个部分。最好能够做到"起承转合"，开始时先讲解来龙去脉，之后再交代相关细节及冲突，最后到达高潮。如果故事情节一波三折最佳，但上课时间有限，有时也没必要出现一波三折的情节。故事是时间的艺术，教师要能通过讲故事引起学员的兴趣，始终如一地保持学员注意力的集中，带着学员在时间的隧道中穿行，又不让学员意识到时间的流逝。

　　一个完整的故事，教师在上课期间用时多久讲完它是最好的呢？按照现代人的生活节奏，教师最好在5分钟之内讲完它，最长不超过10分钟；如果超过10分钟，即便讲得再好都会影响效果。TED演讲对于时长就有严格的限制，要求最多只能是18分钟，且这18分钟只讲一个演讲主题而不是讲一个故事，在这18分钟内可以讲好多个故事。TED关于18分钟的限制是基于更深层次的心理学和教育学基础而设定的。无论教师是讲自己的故事，还是讲与自己有关的故事，关于故事的时间安排都应该依据课程内容的需要去编排。

　　（四）好故事要包括"冲突、细节、感情、简洁"四要素

　　一个好故事一定要有冲突，若无冲突，故事中的一切都不可能向前发展。只要冲突占据我们的思想情感，我们在时间中旅行时，就不会有意识地去衡量我们所走过的路程有多远了。冲突是故事的主旨，活着就置身于永恒的冲突中。可以说，生活就是冲突，冲突是生活的本质。教师个人的故事或身边的故事一般较为简单，但简单并不代表不复杂。讲一个情节简单而寓意复杂的故事，这正是课堂需要的好故事。

　　细节决定成败。好故事里一定要有好细节。一个没有细节的故事，所呈现的人物形象就不会那么丰满了，场景描述就不会那么形象了，动作流程就不会那么生动了。细节，是把人直接带入场景的最好方式，因此在教师讲故事时，要讲出主要的细节，如声音、颜色、形状，采用比喻、拟人等手法，都是可以的。细节让故事变得鲜活，给人印象也更加深刻。

　　讲故事要带有感情。触动学员情感是好故事的必然产物。讲故事就是许诺："如果你注意听我讲，我就给你惊奇，接下来便是发现生活的喜悦，在你从未想象过的层面和方向探知生活的喜怒哀乐。"讲故事的教师必须把过程讲得轻松自然，以便学员不知不觉中被引向那些发现。比如，当学员在听故事时突然获得某种见解，看似是他们自己做到了这一点，那故事就讲成功了，而教师能做的就是，继续用自己的语言把故事讲完。当教师在讲故事的过程中，能够触动到学员的内心，使学员经历观点的转变，此时，学员便会产生情绪，随之就会发生感情。情绪的流动会产生改变的力量，体验到的情感变化就是认知。

　　简洁也是讲好故事的基本要求之一。简洁就是美，讲故事要做到简约而不简单。讲故事要条理清楚，逻辑分明。故事应该从最少的事件中挤出最多的生命力，摒弃拙劣而深奥的素材，留下精彩而琐碎的素材。讲故事切忌拖沓冗长，冗长使人乏味。故事本身要有内在结构，去除不必要的细节，留下枝干以及必要的枝丫和树叶即可。寥寥几笔的中国山水画，意境常常比西方写实油画更加丰富多彩，绝妙之处就在于懂得留白。讲故事只需要交代好主线，宁缺毋滥。一部电影有主情节和次情节，在课堂上讲故事时，保留主要情节即可。

（五）好故事要符合"SCORE"结构化法则

　　"SCORE"是英语里"背景（situation）、冲突（confliction）、选择（option）、结果（result）、评价（evaluation）"五个单词的首字母缩写。"吃不着葡萄说葡萄酸"的故事可以充分说明这个结构："一天，狐狸发现一个葡萄藤，长满葡萄（背景）。狐狸很渴，就想吃葡萄。但葡萄藤太高，狐狸够不着（冲突），它就用尽力气跳呀跳，又试着爬藤，但始终吃不到葡萄（选择）。狐狸就想，这葡萄一定是酸的，便垂头丧气地回家了（结果）。失败的人总是为自己找借口（评价）。"这就是一个简单的结构化故事。如果教师讲的故事符合"SCORE"法则，那么就是一个可以在课堂上讲的故事了。当然，教师讲故事时，如果学生能用这五个字母"SCORE"提炼出教师讲的故事的主旨，这也是做笔记的好方法。我们在讲故事时，不一定要严格按照 SCORE 的顺序来讲，倒叙或插叙都可以，只要包含这几个因素，就是一个好故事。SCORE法则也可以运用在教师对学员的提问过程中，学员通过与教师的问答互动描述他经历的真实情境，复活整个事件，一个故事就诞生了（见图3-4）。

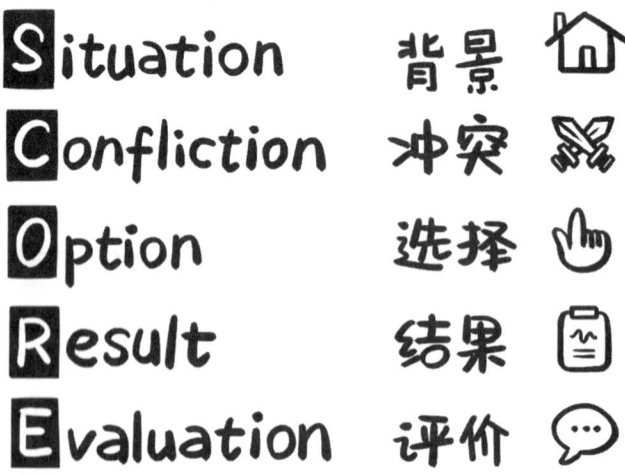

图3-4　SCORE 结构化法则

需要说明的是，故事不是案例，但故事可以变成案例。上课时教师和学员讲述的案例可以分为大案例、中案例和小案例。大案例类似于哈佛商学院或大型企业培训中使用的案例；中案例是贯穿于课程始终的，是小组或整个班级讨论和解决问题的案例；小案例则主要用于课堂上进行知识萃取，包括在教学课程中由讲师设计出来的案例以及学员所讲述的自身案例等。这里所说的讲好故事，主要指的是讲好小案例。人们爱听故事胜于爱听案例，因此无论案例大小，教师或学员如果能够以讲故事的方式叙述出来，那么肯定能够增强授课效果。

【相关知识链接】

如何实现演讲和 PPT 展示两者的完美结合

世界咖啡馆主持人（教师）在引导过程中，有时需要演讲并使用 PPT。如何让演讲和 PPT 展示完美地结合，这也是主持人迫切需要解决的问题。世界咖啡馆主持人所呈现出来的完美状态，应该是其演讲能够打动人、PPT 展示能够吸引人、演讲和 PPT 展示能够完美结合，从而感染人、打动人。

1. 对演讲稿要尽全力修改并刻意练习

演讲者能够讲打动人心，靠的是与他人产生共鸣而不是说服他人。如果是要引导他人，首先演讲者要能说清楚相应规则，但演讲需要打动听众并引起听众的共鸣。人们是无法仅依靠被说服而去开展行动的，要想让听众主动学习采取行动，演讲者必须引起听众的感动与共鸣。

演讲要用到演讲稿。演讲稿是演讲的基础，要由演讲者自己撰写。演讲者要竭尽全力写好演讲稿，只要是绞尽脑汁的成品，就会显现出演讲者的想法，也就更容易打动人心。当然，在写的时候，也可以寻求他人的支持，"惑而不从师，其为惑也，终不解矣"。当遇到问题时，不要闭门造车，可以与其他人讨论，尽可能多地询问他人的意见。演讲稿写成之后，可以拿给其他人或专业人士看看，再进行修改润色。通过这个过程，我们就更容易创作出让人产生共鸣的稿子。如果是专职演讲者，最好能够培养每天写稿子的习惯，天天练习写作，在创作中激发新的灵感，每天进步一点点，才能写出大家都认可的稿子。另外，演讲者要善于把新想法或新点子通过故事的形式呈现出来，故事呈现的内容和价值会远超大家的想象。

2. PPT 的制作要做到精致、简洁并震撼人心

当前，无论是演讲还是上课，使用 PPT 是必不可少的，那么我们就需要精心制作每一页 PPT。制作 PPT 时，我们要秉持一种信念："PPT 上我们使用

的每一张照片，都有可能改变观众的人生进而改变社会。"越是认真、细致地制作 PPT，PPT 就越是精致。制作 PPT 时，要考虑其使用的场合、呈现的风格。如果是演讲场合，PPT 的背景颜色最好是深色系；如果受众是成人，那么 PPT 的格调就要沉稳大气，避免呈现过于活泼的风格。

科学研究发现，大脑是无法分神的，同一时间它只能"专心"于一项事物。上课时，学员或是看 PPT，或是听演讲。如果学员一边专心听课，一边看 PPT 上密密麻麻的文字，大脑就无法容忍同时开展繁重的思考任务。

PPT 为演讲服务，不能喧宾夺主。如何让 PPT 的展示不影响演讲的效果呢？研究表明，每页 PPT 里的讯息越少就越好传递信息，一个画面中仅放入一个概念或原理，最容易给受众传递信息。

在设计 PPT 时，如果同时使用照片和文字，远胜于单纯使用文字。PPT 以一个画面搭配一张照片为原则。当观众看到 PPT 的图片和内容与演讲内容的关联性不强时，可能注意力会被分散，发散思维。成功的 PPT 创作者要做到即使观众无意浏览到播放的 PPT，也能够一眼了解该页的全部内容。

制作 PPT 的目标，是要让观众看到后叹为观止，要有把自己的 PPT 做成 PPT 里的天花板的信心，然后用心去做。对于抽象的概念或原理，制作 PPT 时要尽量通过图画呈现。在 PPT 图片中，尽量不要插入文字，可"不著一字，尽得风流"。如果 PPT 里一定要有文字，最好只保留一则信息，使文字与图像一致。如果需要很多文字，那么使用一些简单语句或关键词即可，每页 PPT 尽量不要超过 50 个汉字，表现的主体对象不要超过 6 个。

3. 演讲和 PPT 展示要做到无缝对接，完美呈现

演讲的目的是让观众听完以后会有所感悟并采取行动，演讲的内容与 PPT 所呈现的内容应保持一致，让观众看 PPT 是作为一种体验而不是想象。如果观众一边看着 PPT，一边专注地听教师演讲，并且乐在其中，那么演讲就是成功的。演讲就是用最佳的语言、最好的 PPT 和最动人的想法，将自己的世界观和方法论、知识和技能传达出去，让观众听了为之触动，进而为之采取行动。

演讲要打动人心，人们才会采取行动。内心因共鸣而感动，只有演讲者讲出真心的想法，才可以打动人心。当演讲者真心的想法传达到对方的心中时，演讲者与对方的心就会产生共鸣。问题就在于演讲者自己有多大的决心让受众行动。有决心的人即便没有展示，其他人也会感受到。一个人只要坚持朝着梦想前进的姿态，人们就会对他充满期待。只要他执着认真地努力，人们肯定可以感受到他追逐梦想的决心和信心，人们自然也会乐意帮助他实现梦想。

在 PPT 的设计上，要牢记图片优先原则。一张纯文字的 PPT，如果为其加上图像，人们记住的内容将大幅增加。人类大脑处理视觉资讯的方式，与处理文字和声音有着天然的不同。图像的处理是通过多重管道进行的，让大脑得以对接收的讯息做更加深入和更有意义的记录。视觉与文字资讯分别储存在不同的大脑记忆区，通过图像学到的观念，会同时录入视觉区和语言区；但通过文字学到的思想只会登录在语言区。

教师在制作PPT时，要尽量将讲课的内容视觉化，比如为表格、图解、饼状图等添加影像资料或背景图。演讲时用到的PPT，每一页都要严格控制字数。这样能使教师充分发挥创意，聚焦在如何用最简洁的语言说出一个令人难忘的故事。当教师强迫自己淘汰PPT中过多的文字，努力把演讲和PPT展示完美结合时，就能体会到演讲和上课的乐趣了。这也是演讲成功的要诀之一。

很多人为什么爱看电影？因为电影结合了我们的视觉、听觉，有对话，有背景音乐，甚至有的影院还可以呈现立体音效或3D效果，让人有身临其境之感，再加上精彩的故事，比单纯在课堂上听教师讲课要有趣得多，所以电影比上课更能吸引人。在演讲或上课时需要注意的是，如果能够让观众或学员有多种感官体验，课程的精彩程度和吸引力就会增加。

教师要善于运用多重感官体验，因为人的大脑天生就渴望拥有多重感官体验。在上课时，教师应该加入能够触动多种感官的元素，包括视觉、听觉、触觉、味觉、嗅觉等，尽可能长时间地让学员有多重感官体验。

第三节　主持人的学习和成长

世界咖啡馆主持人应该坚持"干什么学什么、缺什么补什么"的原则学习相关的知识和技能，保持热情、专注、精进、自制的学习态度，向书本学习、向他人学习、向实践学习。在学习的过程中，要掌握有效的学习方法，刻意练习，日积月累，坚持实践，学以致用，不断提升自己的能力和素质；同时，要树立自己的专业形象，专业敬业，从而达到组织发展和个体成长的目的。

一、学习的内容和态度

世界咖啡馆主持人既是教师又是管理者，既是引导员又是催化师，既是教练又是顾问，需要学习的知识和技能综合而又复杂。

在理论知识层面，从事教育培训的工作者需要学习教育学、心理学、教育心理学。如果从事的是成人教育培训，特别是从事干部教育培训的工作者，还需要学习政治学、经济学、政治经济学、领导学、管理学、领导管理学，另外，依据环境和国情，还需要学习哲学、社会学、传统文化典籍等。如果是组织内的兼职教师做主持人，也要学习相应的专业知识，并且最好能精通主持人的专业技能。

在方法技能层面，主持人开展教育培训需要具备强大的思维能力和思维方法；需要掌握课程设计和课堂展现的能力；需要演讲与口才，不仅能讲授课程内容，而且能够高水平、高质量地对学员的观点进行评价；需要懂得制作PPT，当然，如果能够制作微课或视频更好；需要布置和设计课室；需要掌握课堂控场的技巧，让整个课堂活跃起来，并运用以上教学手段达成教学目标。在课堂上，主持人的引导技术和能力是整个教学效果成败的关键。那么，世界咖啡馆主持人在课堂上主要引导什么呢？

（一）主持人的学习内容

主持人也是引导员，需要关注引导内容和方式。引导员是一个中立的角色，核心任务是帮助团队在解决问题的过程中，达到学习目标。虽然在一般情况下，引导员对学员讨论的内容和观点保持中立，但也必须通过整个研讨流程的设计和引导，促使学员提供充分的相关研讨内容，从而达到研讨目的，并实现深度学习。作为引导员，关注的焦点应该始终在流程设计、过程引导、促进学习三个方面。那么如何让焦点聚焦在这三个方面上呢？我们可以从教育心理学的角度加以阐述。

研讨式教学主要包括四个要素，分别是引导、提问、对话、控场。教师的引导有四种手段，分别是讲解、提问、对话、点评。讲解是一元的单维度传授，而提问、对话和点评则是双向的师生之间或生生之间的互动。从教育心理学的角度看，教师需要引导学员的感性和理性认识，要引导学员的思维、思考和思想。学员当下发生的认知以及认知后产生的思想，可以概括为学员的意识。

教师要引导学员的思维活动向教学目标靠拢。教师想让学员知道什么、了解什么、想要达到什么教学目标。这些都是需要教师细心耐心地引导的。从心理学层面而言，一言以蔽之，引导主要是引导学员的意识，而意识在心理学上又被划分为四个方面的内容：感知、联想、评判、决策。

没有一个话题比意识更接近心理学的核心部分，接下来，我们从心理学的角度来分析教师应该引导学员学习以及自身需要学习的内容。

1. 感知

心理学上所说的感知就是感觉和知觉。我们要在头脑中表征这个世界，就必须识别环境中的物理能量，并且将其编码为神经信号，这个过程通常被称为感觉。同时，我们必须选择、组织并解释我们的感觉，而这个过程通常被称为知觉。在日常经验中，感觉和知觉是相互融合的过程，很难分离。知觉既有来自"自下而上"到达大脑的感觉，也有来自被心理学家称为"自上而下"加工的经验和期望。当我们看到一幅图像时，我们的大脑解读图像的信息是"自下而上"的加工过程，能让感觉系统探测到线条、棱角和颜色等。运用"自上而下"的加工方式时，我们会考虑图像的主题及其所要表达的详细含义，以及这幅图像带给我们的意义，等等。"自上而下"加工和"自下而上"加工过程类似于思维方式中的"下切"和"上推"。

感觉系统可以通过以下渠道进行感知，包括视觉、听觉、嗅觉、味觉、触觉，即常说的五官感受，都是可以感知到的。在教学中，教师要引导学员的感知，也就是要引导他们的五官感受。教师能够调动学员的感官去感知是引导的首要条件。尽可能多地引导学员的各类感官参与感知，就能最大限度地激活学员的脑区，让学员持续集中注意力。对教师自身来说，要注意自己的形象、言行和讲课的声音，要制作精美的课件，尽力做到完美，将能量用心用情地传递给学员，引导也就变得更加容易。听觉中的声音也包括周围环境的声音，例如课程使用的音乐、教室讨论的声音以及教室外嘈杂的声音等。触觉体现在学员的动手能力上，很多课程需要教师演示、学员练习。学员能够积极动手练习，这样会让课程更加有效，因为这是需要学员动手实操的课程，可以带动学员的多重感官。

2. 联想

学习在联想中产生，联想往往通过师生和生生对话引发，所以我们也可以说学习是在对话中产生的。对话包括师生对话、生生对话和学员与自己的对话。学习和对话之间的媒介就是联想。在对话过程中，在听对方谈论时，自己的头脑会高速运转，把自己固有的经验和想法与对方的观点和想法连接起来，从而产生新的想法。这就是联想带来的学习。这是个"对话—联想—学习"的过程。学习本身就是认知，学习孕育着希望。作为教师或者教练，最令人振奋的事情就是，我们能够教会个体所能学会的一切，我们能通过新的学习改变或改进已经学到的知识。

200多年前，哲学家约翰·洛克（John Locke）和大卫·休谟（David Hume）认为，人们是通过联想进行学习的。人的心理会将相继出现的事件自然地联系起来，这就是联想过程，例如，人们看到和闻到刚出炉的烤面包后，忍不住尝了一下，然后觉得味道很棒，那么下次再看到和闻到刚出炉的面包时，先前的经验会使人们期待再次品尝面包的滋味；又如，如果把某种声音和令人恐惧的场景联系起来，那么恐惧感可能会因这种声音而产生。人们如何通过联想进行学习呢？当今的心理学认为，有三类基本学习：经典性条件作用、操作性条件作用和观察学习。什么是经典性条件作用？在心理学家伊万·彼得罗维奇·巴甫洛夫（Ivan Petrovich Pavlov）对狗的研究实验中发现，当听到声音，经过训练的狗就会分泌唾液，这种因反复出现刺激而发生的反应就是经典性条件作用。什么是操作性条件作用？把行为和结果联系起来，反复表现出被奖励和被强化的行为，被称为操作性条件作用。经典性条件作用是在刺激之间形成连接，而操作性条件作用则包含操作行为，行为作用于环境后，会出现某种奖励和惩罚的效果。什么是观察学习？通过观察和模仿其他人的行为来形成某种反应，叫作观察学习。儿童倾向于模仿人物的言谈举止，通过观察学习，他们可以获得亲社会行为，也可以获得反社会行为。

学习的过程包括联想和思维，联想和思维共同推动学习。思维其实是推理的过程。推理包括归纳、演绎、三段论等。当我们进行思维活动时，我们在不同元素之间进行连接，产生新想法或新思想，此时，大脑以为学到了新的知识，会分泌多巴胺。多巴胺会让人感到兴奋和快乐。当进行研讨式教学时，我们常说的一句话是："当我给你一个苹果，你给我一个梨时，你拥有一个苹果，我拥有一个梨；当我给你一种思想，你给我一种思想时，我们两个人都会有两种思想，这两种思想还会产生第三种、第四种、第 N 种思想。"这就是思想和思想之间的关联与连接产生新的思想而带来的快乐。

当然，开展世界咖啡馆研讨时，还常会进行小组讨论，当进行小组讨论时，大家共同研讨、质疑、反思，不同观点发生碰撞，就会产生更多、更新颖、更新鲜的观点和想法。学员在研讨中产生的思想会发生碰撞，会有"火花四溅"的效果，这就是头脑风暴或者研讨带来的"魔力"。当然，因为这些思想都是研讨中在学员的内心形成的，是学员自发产生的，所以会带给人快乐，容易使人遵从，会变成研讨后学员的自觉行动和实践行为。

3. 评判

评判是主体对客体的感知评价，包括是非对错、好坏真假、美丑爱恨等方面的道德评判。客体可以是一个事物，或发生的一个事件，或一个人的思想、观点以及推理等，还包括一幅图画、一首歌、一个文学作品等。评判过程是研讨教学中必须经过的过程。研讨过程一般经过感知、联想、评判、决策四个阶段。评判是从感知、联想到决策的重要的中间环节。评判常常是个人对其他人的观点、思想以及建议、意见、采取的措施等的评价。这种评价就是用自己心中的既有标准、准则及原则，对别人说出来的观点和思想做衡量。这种衡量会产生新的思想。问题的本质就是期待的状况和现状之间的差距。评判是用自己心中的标准去衡量对方说的观点，看看两者之间是否存在差距，由此产生评判。如果别人说的观点是自己赞同的，那么就认为对方的观点是正确的；如果对方的观点和自己原来的固有标准不同，甚至与自己的观点迥异，那么我们常常用否定词汇对其进行评价。

4. 决策

当评价产生后，或已经对某观点进行了评估，接下来就是做决策。做决策其实是一个下结论的过程。在进行世界咖啡馆的小组研讨或大组分享阶段，学员常常需要给研讨的问题下结论，进行小结或总结，或是制定一些措施来解决问题。这些结论、总结（小结）以及相应解决问题的措施，就是决策。一旦这些决策形成，就意味着大家觉得其他的结论或措施将不再重要，所以要慎重决策。研讨式教学就是如此，我们在日常的工作和生活中，因为决策联系到的是具体行为，涉及权力和利益，所以更为重要。我们常说"领导一句话顶一万句"，这是为什么呢？因为领导吩咐或交代下属的每一句话，都是在做决策。倘若决策失误，就意味着下属要做很多的无用功。有时开会结束时，领导会说一句："这事就这么定了！"下属就要为"这事"忙上很长一段时间。从这个角度来说，领导的一句话就顶一万句，而领导的决策有时又是非理性的，所以做决策要慎重。

展现世界咖啡馆主持人的综合素质和技能水平主要通过想象力、逻辑思维、语言来体现。想象力和逻辑推理常常发生冲突，但常常又可以很好地融合。而逻辑思维和语言是相辅相成的，因为逻辑思维能力就是推理能力，在大脑中和语言属于同一功能区。学员常常以为教师的决策就是标准答案。如果教师的决策（讲解或解惑）是一个不切实际的答案，那可能不提供答案会更好。答案是发散思维的杀手，一旦有了答案，思维就将停止。有了结论，就限制了思维和推理。"提出一个好问题比答案更重要"，"提出一个好问题，这个问题就已经解决了一大半"。这些说法主要是提醒主持人要重视提问而不要轻易地给出答案。

在讨论时，学员其实一直在做评判和决策。评判是选择的过程，选择 A 项意味着淘汰了 B 项和 C 项；选择 B 项就意味着放弃了 A 项和 C 项。选择是会消耗能量的。对于研讨时产生的诸多观点，学员也存在选择困难。一个成熟的人，一般对每个事物至少有三种不同的看法。所以，任何事物最好提供三种以上的选择。如果只为人们提供一样东西，他们就会认为这是对他们的不尊重；但如果提供太多的选择，又会消耗他们大量的脑力。所以，现在很多商家把握了这样一种消费心理：只给消费者准备两三种同一类型的产品，这些产品既让消费者可以选择，又让消费者可选择的样式不显得太多太杂，如此，消费者的购物和销售的效率会大幅度提高。

研讨时，主持人要让学员自主选择想加入的小组。这也是做选择的过程，每个人都喜欢做自己的主人，工作如此，生活也如此，要有得选择，并且要自己去做选择。世界咖啡馆就是让学员通过研讨和思考，得出几种答案，然后自己再进行选择。此时，选择的结果一般就会转化为学员自己的行为。如果让学员自己去感知、联想、评判、决策，其实就是让他们不断地对研讨得出的结论做选择，最后形成个人结论的过程，这样采用研讨式教学法上课的效果会比采用传统的讲授式教学法上课（直接给出答案）的效果要好得多。

（二）主持人的学习态度

主持人应该具备热情、专注、精进和自制的学习态度。

1. 热情

教育就是点燃一团火，而教师想点燃一团火就需要自己先成为一团火。教师要做自燃型的人，而不要做助燃型的人或阻燃型的人。在人生和工作中充满燃烧般的热情，这样的人取得的成果，将遥遥领先于那些有能力的惰者。对于世界咖啡馆的主持人而言，需要具备的两项最基本的能力是教学设计和课堂展现的能力，如果没有热情、探索和创新的精神，以及付出不亚于任何人的努力，这两项能力提升的幅度就不会大。对职业的热情直接影响到教师的职业生涯。对于教师来说，没有热情，也讲不好课，意味着做教师也就失去了"教师"的应有之义。

作为世界咖啡馆主持人，唯有热情、热爱，才是正道，才是生命的呈现。世界咖啡馆主持人常是兼职，做与不做在于自身。没有热爱就不要去做主持人，否则就是浪费生命。热爱和热情就是教师的生命，热爱就是力量，是上进的力量源泉。热爱才会成功，才会燃起激情，热爱还会激发灵感、陶冶人格，使自身如获天助。

2. 专注

一个优秀的主持人的职业技能不是一朝一夕就能练就的。在从不会到会、从普通到优秀的道路上，专注能够为我们提供成功的砝码。专注是意志力的展现，是成大事的基础。主持人在课堂上常要求学员要集中注意力，同样地，主持人（教师）更要以身作则，"学高为师，身正为范"，无论在课上还是课下，做事和工作都需要专注。专注且努力是成功的保证。我们要在专业的基础上更加专注于工作，才能出成果。专注于工作的结果是职业技能得到提高，变得更加专业。

专注意味着要把注意力聚焦于目标，坚持要事第一的原则，专心且醉心于某一事物。专注于某事需要时间和精力，它和信念紧密联系。信念坚则容易专

注于目标，信念弱则易将时间和精力误投他处，容易偏离目标。要做自己所热
爱的事情，并且持续去爱。一个有人生使命感的人容易产生专注。专注需要点
滴进步和正向反馈的激励。专注一件事情需要有足够的耐心、耐性和毅力。专
注是为了做好一件事情，而做好一件事意味着先要把工作做到位。专注和其他
任何一项技能一样，也需要不断练习。专注是需要一个人具有吃苦耐劳的精
神，此外，还要有正确的应对挫折和失败的心理调节能力。逆境会促使人成
长，让人对自己要做的事更加坚定和专注。

3. 精进

学习和成长是人持续一生的过程。要学会终身学习、终身成长，就必须要
有精进的理念。无论是世界咖啡馆主持人还是教师，无论是拓宽属于自己专业
范畴内的知识，还是提升和自己专业相关的技能，都需要保持不断精进的心态
和行动。只有深耕自己感兴趣的领域，深入钻研下去，才能培养出属于自己的
真正兴趣。

精进首先是一种意识，需要树立人生的宏伟目标，树立与大我相关的、为
社会服务和奉献的目标。精进可以使人克服旧有的不良习惯，促使人在持续和
反复的过程中，选择一条有意识渐进的道路。精进是活在当下的状态，需要人
分解目标，划分子目标的优先级，有目标地一步步克服困难、解决问题，从而
达到学习和成长的目的。精进需要讲究方法，在理论上深入事物的底层，并探
究其本质规律，在技能上需要"知道做到"。"知之真切笃实处即是行，行之
明觉精察处即是知"，这个从知到行、知行合一的过程就是精进。精进意味着
日积月累、积少成多、集腋成裘。精进需要保持"苟日新、又日新、日日新"
的自律要求，保持做好事情的精力，在体能、情感、思维、意志等方面管理好
自己，从而不断地保持精进。

4. 自制

在越来越复杂的信息社会，人们越来越需要自制力。自制力就是自控力，
它是一种抑制冲动的能力，需要我们集中注意力。自制力在"意志力、坚忍
力、自制力"自塑三力中，处于基础地位，是意志力和坚忍力的最低要求和
保障。"意志力、坚忍力、自制力"三者有强有弱，但缺一不可。一个人的自
知之明需要以自制力作为基础，有自制力的人首先需要了解自己，了解自己通
过努力可以达到的目标。个人拥有自制力主要表现在知道自己的底线和原则，
知道能做和不能做的事情。

要想拥有自制力需要个人知道所做的事情、所从事工作的意义所在。人知
晓意义，方能忍耐。一个人有积极的人生目标就会有自制力，积极、正向的思
维和情绪产生自我要求和自制力。自制力和意志力、坚忍力密切相关。自制力

分别面对"我要做""我不要""我想要"三方面的挑战。如果驾驭住这些挑战，那么就有助于个人实现目标，表明其自制力强。自制力也有一个随着时间和精力从早到晚减弱的过程。养成强有力的自制力习惯，也需要保持专注和刻意练习，需要对内了解自我和接受自我，对外控制行动，并且选择自己相信什么、要做什么。

日本著名的管理学家、企业家稻盛和夫认为，人生的目的和意义在于提升心性、磨炼灵魂。人生和工作的成功需要努力和热情。对于世界咖啡馆主持人或教师来说，热情最为重要和宝贵。热情需要保持，没有热情，不可能干好工作，更不可能让工作深入开展下去。如何才能保持热情、不断精进、磨炼心智呢？这需要努力钻研自己所爱的工作或专业，锲而不舍，精益求精；需要养成每天反省的习惯，检点自己的思想和行为，有错即改。生活中不要有感性的烦恼，不要让忧愁支配自己的情绪。为了做到热情、专注、精进和自制，我们需要全力以赴、全神贯注地投入工作，需要用一点一滴的实践将它们融入工作和生活中的每天、每时、每刻。

二、学习的途径和方法

主持人的学习途径无外乎三条：向理论学习、向他人学习、在实践中学习。向理论学习就是向书本学习，即有意识地通过书籍、杂志、互联网等各种载体学习和掌握各类知识和信息。向他人学习就是在社会和关系中学习他人的先进经验和做法，有意识地向导师或专业人士请教进而学习提升自己等。在实践中学习是指在实际工作和生活中进行学习，是知行合一的过程，也是学习成长的最主要的途径。

学习的方法有很多种，包括学习金字塔原理、体验学习圈理论、高效阅读法、知识记忆术、行动学习法、费曼技巧、刻意练习、二八定律等。接下来，我们先谈谈学习的途径，再谈谈学习的方法。

（一）学习的途径

我们常说："读万卷书不如行万里路，行万里路不如阅人无数，阅人无数不如名师指路。"这里表达了四种最重要的、基本囊括了所有学习途径的观点。"读万卷书"是指向理论和书本学习，"行万里路"是指在实践中学习，"阅人无数"是指向其他人学习，"名师指路"是指在教师或其他人的指导下学习。

"万卷书"和"万里路"都是比喻。现在得到普遍认可的解释是："读万卷书"是指要努力读书，让自己的才识过人；"行万里路"是指让自己的所学能在工作和生活中得到体现，同时增长自己的见识，理论结合实际，学以致用。还有一种解释是，我们要读很多书、行很多路才行。读书和行路的关系，本来就是知与行、学与习的关系，强调的是知行合一、理论和实践相结合。"读万卷书"好比人们通过一个窗口看到了知识和能力的"金山"，但要想真正得到这个"金山"，还要靠走出门，去"行万里路"。两者都是同样重要的，在强调理论时，就要"读万卷书"；在强调实践时，就要"行万里路"。

"读万卷书不如行万里路，行万里路不如阅人无数。""万卷书"指理论学习，"万里路"虽有旅行的意思，但偏向于实践的含义，而"阅人无数"则是指与各色人等打交道的意思。"读万卷书"后，只有"行万里路"，走出去亲自看看，体验书中描述的情景，才会发现书中所说的不及体验的千分之一，同时行路的人也会把旅行（实践）时的感受，与自己以往积累的知识和感受加以比较，从而印证以往的知识，拓宽自己的层面和格局。这时读书的效果就容易体现出来。"阅人"就是社会交往、与人打交道。见的人多了，就会逐渐掌握人情世故，学到生存经验，有时"阅人"比读书还管用。书一般都是人经过逻辑构思等脑力劳动得来的产物，"纸上得来终觉浅，绝知此事要躬行"，理论与实际常常存在差距，理论和实践要相结合。

"读万卷书""行万里路""阅人无数"，三者之间存在"理论、实践、人际关系"三重关系。如果把"阅人无数"当成实践，这又回归到"理论和实践"的关系。若"名师指路"指的是高人指点、师从名师、贵人相助的意思，那么"名师指路"也可以纳入"阅人无数"的范畴，其本身也是一种实践。这四者关系最终也可以回归为"理论与实践"的两重关系。

"读万卷书""行万里路""阅人无数""名师指路"四者的关系是层层递进的，读起来押韵且朗朗上口，容易记住；但因为是顺口溜，所以一般人们不去深究其中的含义。

"读万卷书"指的是理论学习；"行万里路"指的是实践或旅行；"阅人无数"指的是人际关系的处理；"名师指路"侧重的是"名师"二字，"名师"又可称为大师之类的。这四者其实也是学习方式，且各自代表了一种典型的学习方式。

理论是必须要学习的，理论一经掌握，就能转变为推动发展的力量。实践是马克思主义哲学的本质范畴。实践出真知，实践是检验真理的唯一标准。人的本质是社会关系的总和，世界上的事情可以分为人和事两方面，把人的关系处理好，事情自然容易办好。

其实，在万物互联的时代，闭门造车，一个人关起门来做研究，终究是无法实现大众认可的目标的。我们要学会"联机学习"。现在是互联网时代，并非农业时代和工业时代，人各有所长，要学会和他人一起学习，一起合作。《礼记·学记》有言："独学而无友，则孤陋而寡闻"，"学莫便乎近其人"。"联机学习"的捷径是找大师或者名师学习，可以学习他们的著作，读书也是隔空与大师或名师对话。对话产生答案，学习在对话中产生。如果能认识在世的大师或名师是最好的，在这个快速变化的信息化时代，只要有心，认识并与在世的大师交往并不难。认识大师的目的是让大师指路！自身多年思考和实践未曾解决的疑惑，有可能大师一句话就能点醒或解决，从这个意义上来讲，"名师指路"是学习捷径。

"读万卷书不如行万里路，行万里路不如阅人无数，阅人无数不如名师指路"，所言不虚，确实应该为爱学习的人所知晓。

（二）学习的方法

"各花入各眼"，每个人的学习方式和学习方法都不尽相同。学习的方法从不同角度和维度来解读，会得到不同的解答或解释。"学会不如会学"，学习的方法多种多样，每个人也都有属于自己的学习方法。在此，笔者介绍三种大家都认可的、对每个人都大有裨益的学习方法：学习金字塔理论、反省反思的习惯以及通过刻意练习做到知行合一。

1. 熟练掌握和应用学习金字塔理论

学习金字塔理论是一种现代学习方法理论。美国教授埃德加·戴尔（Edgar Dale）于 1946 年首先提出了学习金字塔（cone of learning）教育理论，学习金字塔主要探讨的是不同的讲述法与学习法，是美国缅因州的国家训练实验室的研究成果。该实验以两周后学习者还能记住多少学习内容为标准（记忆留存率），把学习分成主动学习和被动学习。学习者如果只是听讲，那么 2 周后记住的内容只有 5%；如果只是通过"阅读"的方式学习，只会记得10% 的学习内容；如果只是通过"听声音"和"看图片"的方式来学习，只会记得 20%；如果只是通过"演示和示范"的方式来学习，只会记得 30%；如果采用"分组讨论"的方式来学习，会记得 50%；如果是采用"做中学"或"实际演练"的方式来学习，会记得 70%；如果是采用"教别人"或"马上应用所学知识"的方式来学习，会记得 90%。实验得出的结论是：学习效果（记忆留存率）在 30% 以下的都是采用听说、阅读、视听、演示的传统被动学习方式。学习效果在 50% 以上的则是使用讨论、实践、教授等引导他人主动学习的方式（见图 3 - 5）。

听说　阅读　视听　演示　｜　讨论　实践　教授

图3-5　学习金字塔

因此，有效的学习不应只是单纯地看和听，重要的是让学习者主动学习，即自己写、自己说、自己感觉、自己教、自己再创造。

学习金字塔理论带给我们很多的教学启示。教师要多应用研讨式教学，让学员多参与实践，让学员有机会、有能力将自己学习到的知识讲授给他人。学习时可以通过有效方法记住新知，有效学习方法主要包括讨论、实践和传授给他人三条途径。讨论包括多人对话和两人对话，而自我反思也是一个自己和自己对话的过程。实践就是把自己学到的知识应用到实践中去，无论是工作还是生活，都可以真正学会新知，还可以把学到的知识传授、讲授给他人。这三条学习途径其实也需要刻意学习，有意为之。

世界咖啡馆本身就是研讨式教学，并且是在所有结构化研讨教学中最为实用的教学方式之一。世界咖啡馆每次解决一个真正重要的、与工作相关的问题，其研讨内容及本身就是一种实践活动。麦肯锡公司认为，成年人学习的知识70%来自工作实践，20%来自人际关系和社会生活，10%来自教育培训。这种研究结果恰恰也佐证了学员参与实践活动的重要性——成年人的工作实践是学习的主体部分。让学习者将自己所学教授给其他人，在世界咖啡馆的小组研讨环节和大组分享环节，为每个学员提供了这样的机会。无论是自己原来学习过的知识，还是获得的启发，只要说出来就是在学习，并且是最有效的学习方式。"教授给他人"这种学习方式，其实就是"费曼技巧"，这种技巧强调以讲促懂，强调真正的"懂"。真正的"懂"就是将知识教授给他人，并且让他人听懂自己所讲授的内容。世界咖啡馆强调集体智慧，而集体智慧的形成需要大家的认可，把获得大家认可的内容在全体同学面前讲出来，意味着在学习中大家都真正地"懂"了其中的道理。

2. 坚持反省反思的习惯

反省和反思严格意义上是有区分的。反省是检查自己的思想的行为，特别是其中的错误部分。反思是反过来思考，指对自己的所作所为或人生经历进行思考和总结。反思包括成功的经验和失败的教训两方面。在现代语境中，反省和反思常常混合使用。

反省和反思可以让自己的经历变成经验，进而成为理论，从而更好地指导实践。反省和反思的过程是学习的过程，是为了更好地学习和进步。没有反省和反思，对于每天发生的事情容易转身就忘，生活也会陷入日复一日、年复一年的同样境地。如果每天过同样的毫无反思的生活，就容易陷入"驴拉磨"的生活模式，从而让自己感受不到生命的成长和生活的意义，所以我们需要每天对过往的经历，特别是自身的"大事件"进行反省反思，这样也常会让自己在思想上有收获，进而有行为上的改变。每天反思和反省一点点，日积月累，长此以往，自己的进步就会非常大。如果随时随地能够进行及时反思，那就是明朝心学大儒湛若水说的"随处体认天理"，如此就会随时心生欢喜，体验生活的美好和美妙。

反省和反思虽然是学习方法，但其本身也需要有方法和理论的支撑。我们常说"学而思"，反思后才能生成自己的思想。作为教师或主持人，要说出正确的思想，必须先有自己的思想，自己的思想产生后才能用于教学活动。教学的思想有两类：一是教授的内容，要专业，有自己的思想；二是教学的方法，要有技术含量，有教学方法理论层面的思考。用体验学习圈模型可以促成人的思想的产生，并检验人的思想成果是否正确。

美国社会心理学家、教育家大卫·库伯（David Kolb）经过多年的研究，创设了体验学习圈模型（见图3-6）。体验学习圈模型有四个基本环节：具体

图3-6　库伯体验学习圈

体验、反思观察、抽象概括、行动学习。这四个环节构成了一个完整的学习系统，整个循环是"具体体验—反思观察—抽象概括—行动学习"。根据大卫·库伯的研究，体验学习圈不是一个平面循环，而是一个螺旋式上升的过程，并且这样的学习可以从任何一个环节切入。教师要把体验学习圈用起来，不能仅停留在其中的一个环节。要做到"做中学，干中学"，也要做到"在反思和反馈中学习"。

理论是实践的升华，理论又为实践提供了指导。库伯的体验学习圈为反省和反思提供了理论依据。库伯认为，学习的起点和知识的获取，都来自人们的经验；有了经验，下一步就是反思，即对经验过程中的"知识碎片"进行回忆、整理、分类、加工等；接下来，是把反思的经验抽象概括为道理或理论；有了理论，下一步就是用理论指导行动，学以致用，同时检验理论是否符合实际。如果在行动阶段发现或碰到新的问题，那么就遵循这个经验学习圈，开始新一轮的学习。

曾子曰："吾日三省吾身，为人谋而不忠乎，与朋友交而不信乎，传不习乎。""为人谋而不忠乎，与朋友交而不信乎"关乎如何做人，做人要忠、信，这也是主持人或教师提升可信度的不二法门；"传不习乎"是说是否练习或复习当天学习的知识或学到的本领，以进一步熟悉相应的知识或技能，这里的"传习"指的是学习方法。"吾日三省吾身"指的是每天要反思。我国著名的教育家陶行知先生提出"每天四问"，要求学校员工每天问自己四个问题："第一问，我的身体有没有进步？第二问，我的学问有没有进步？第三问，我的工作有没有进步？第四问，我的道德有没有进步？"无论是一问、二问，还是三问、四问，反省一次容易，每天反省，坚持下去才是功夫。当然，我们每个人都可以养成天天反省和反思的习惯。谁有每天反思的习惯，谁就能取得长足的进步。

反思本身也有办法。反思能力决定着个人进步的速度快慢。反思是终身成长的工具和捷径。如果能够在自己的日记里或者备忘录上，把自己每天的经历或长或短地写上一段，并且坚持下去，经年累月，相信每个人都会活出一个更精彩的自己，甚至能活成自己想要的样子。

3. 通过刻意练习做到知行合一

2020年，我在扬州学习期间，学校宿舍毗邻瘦西湖公园，与公园里的"二十四桥"景点仅有一墙之隔。每天中午13:00—14:00，公园里就有人吹箫。我一开始以为是有人特意安排为之，因为"玉人何处教吹箫"的典故就发生在此地。但这个时间点正是我想午休的时候，这让我十分烦躁。特别是那箫声吹的实在是难听，"呕哑嘲哳难为听"。后来，我意识到好像这吹箫的人天天是在练习。因为曲不成调，我最初一段时间难以入睡。后来习惯了，也就能休息了。一个多月后，我无意中突然惊喜地发现，吹箫的声音开始变得悠扬连贯起来，也就是说，那个吹箫的人一直在刻意认真练习。

我不清楚那个练习吹箫的人有没有老师指导，但对技能技巧的熟悉和掌握都是需要老师指导或教导的，否则他的进步就可能较为缓慢。在大学时，我爱好打排球，体育老师给我们上了一年的排球课；工作后，我热衷于打篮球，训练时有篮球教练指导；之后，我陆陆续续学习了羽毛球、网球和乒乓球，也都有专业教练指导。再后来，我喜欢上了跑步，在全国参加了多场马拉松比赛，但这项运动也需要教练指导，更需要跑友之间的相互鼓励和学习，才能让自己的跑步技能和成绩得到不断的提高。无论哪种运动或技能，都必须花时间刻意练习，也必须有老师进行指导，这样才能有所长进，各行各业都是如此。

上面的事例说明了一个共同的道理，即任何技能都需要刻意练习。而刻意练习的前提是首先要有目标，其次要有导师，最后要有反馈。满足现状的人有意忽略差距，如果没有树立任何超越现状的目标，那么我们就不容易长进。做任何事情都要有目标，都要有一个超越现状的梦想。刻意练习需要有明确的目标，这个目标是能够让自己走出舒适区的，同时自己还需要专注于这个目标进行练习，并且通过反思和反馈来辨明自己的不足之处并适时加以改进。我们常说的"深耕"其实就是刻意练习。我们需要把练习变成日常工作和生活中的一部分，无论是面对自己每天的工作任务，还是坚持强身健体、业余爱好等，保持专注且进行刻意练习，最好有一个导师指导并及时反馈练习所得。如果没有导师，那就自己设计练习方法。确立目标后，先让自己产生兴趣，之后再认真投入学习，等达到相当的专业水准后，就需要开拓创新，争取在这一领域或专业做出属于自己的独特贡献。

现代心理学普遍认为，学习任何一门技能，本质上都属于大脑神经细胞之间重新建立起一个新的连接通道。通过大量重复的练习，可反复刺激神经元，使得原本各不相关的神经元之间产生新的连接，并且产生强关联。这就像原本的草地上没有小路，走的人多了，便形成了一条又宽又硬的小路。

在学习各类技能的过程中，仅靠认知和知识是无法解决问题的，必须经过大量练习，才能让大脑形成神经元的强关联，这样才算是掌握了这门技能，比如游泳、打球、书法、画画、弹琴等。

在认知学习时，人们常以为自己了解或记住了一个道理或理论，就是掌握了这个道理或理论。但事实上，如果只是记住了这个道理或理论而没有去应用、去实践，可能依然没有掌握这个道理或理论。

脑科学研究发现，当人学习并掌握新事物后，大脑会分泌一些多巴胺，奖励自己，给自己正向反馈和激励。当正向反馈完成闭环时，我们就以为自己完成了这项任务。比如嗑瓜子，人拿起一个瓜子，放到嘴里嗑开，吃到瓜子仁，此时大脑会分泌出多巴胺作为给自己的奖励，就形成了闭环。在知识的学习上，也会出现这种闭环现象，即认知完成，了解新知识或新信息后，大脑同样会分泌一些多巴胺奖励自己。但是，对于认知或了解新知，如果人只是获得了一次性的神经元刺激，虽有正向反馈，但并不等于自己真正掌握了相应的知识。"你以为你掌握了这些新知识，那只是你自己以为的。"如果随后没有及时进行大量的刻意的练习，没有把新的认知用到行为中，就不能说自己掌握了这个新知。新知对自己没有产生行为上的影响，就谈不上新知。只有对自身产生了影响，变成自己的东西，并应用到实践中去，这才叫作新知对自己产生了影响，让自己发生了改变，自己掌握了新知。

刻意练习的最终结果是达到知行合一。无论是学习理论知识还是具体技能，我们都需要进行刻意练习。"学 + 习 = 学习"，"习"就是练习、熟悉、实践的意思。知而不行等于未知，学而不习等于未学。学习和掌握任何事物，我们都必须沉下心来刻意练习。刻意练习，才有可能使知识发生转变，转化为自己的认知。在学习掌握新知方面，最重要的是主动学习，复习、复习、再复习，刻意练习，温故知新，强化记忆，强化大脑神经元之间的关联，使学习行为真正发生。

三、学习的实践和效果

学习需要实践。我们要学以致用，要将学到的知识和技能用于实践。

在工作和生活中，我们都需要有学习意识，并且要坚持"学思用"的意识和习惯，学习就是为了应用于实践。"工作学习化，学习日常化"，当我们对工作保持一种学习的心态，认为"工作就是学习，学习就是工作"时，那么学习将会从自发变成自觉，也必然能够促进学习行为的有意发生和长进。"学习的目的全在于运用，要发扬理论联系实际的马克思主义学风，带着问题学，拜人民为师，做到干中学、学中干，学以致用、用以促学、学用相长。"①"只干不学"就会出现"啃老本"的现象，在知识快速更新的时代就容易出现"本领恐慌"，被时代淘汰。"只学不干"就会出现"书呆子"的现象，纸上谈兵，理论脱离实际，无法做到知行合一，甚至会产生一系列的负面影响。

"干中学"就是要立足实干，在实践中不断提高"用心学习理论—总结反

---

① 习近平：《在全党大兴学习之风　依靠学习和实践走向未来》，载《人民日报》2013 年 3 月 2 日，第 1 版。

思经验—理论指导实践"的能力，提高在社会各个层面、各种形势下思考问题、发现问题、解决问题的能力。"干中学"是良性循环的科学过程，"学习、思考、实践、感悟是一个学而思、思而践、践而悟螺旋式上升、循环往复的过程，永无止境"①。"学中干"，就是要学到深处、发现规律、掌握技术、创新作为，把前人的经验、先进的做法、真理的指导通过发挥主观能动性，立足现实需要和实际情况，外化为踏踏实实的实干言行、真真切切的发展硕果。当把"干中学，学中干"变成习惯时，人就能在每时每刻的活动过程中学习到更多的知识，积累到更多的经验，学习内容也会更贴近实际情况，能应对瞬息变化。如果体现在思维方式上，就是以流动思考代替静止思考，突破自筑的樊笼，不断"换脑筋"，走出画地为牢的思维圈子，扩大思考范围。

"干中学"和"学中干"要求我们掌握学习之道。知是行之始，行是知之成，学和习是辩证统一的，要一以贯之。学习就是要有"练习的心态"，要进行刻意的练习，练习就是学习，所谓的天才都是通过不断的练习得到成长的。

学习是态度、方法和行动的统一体。仔细分解学习的内涵，就会发现要想学得好，需要将态度、方法、行动三者统一起来，缺一不可。

首先，要端正态度。我们可以把学习当成人生的哲学，通过学习，多掌握几种生存与创造的"武器"。学习也是人生，"读书"本身就比别人多一种享受，多一种人生体验。我们可以永远做一名"学生"，通过学习，不断提升自己的智慧和品德。要抱有"学以致用"的态度，不要为学习而学习，为读书而读书，为掌握知识而掌握知识。集中时间和精力去学习自己真正能够践行的东西是非常重要的。学习时，要有情怀，心中有大爱，才能有大作为。

其次，要坚持"学习、实践、反思"三位一体的螺旋式上升途径去学习。要通过不断的学习，让自己掌握相关的理论知识，用科学的理论指导实践，让理论成为实践的强有力的武器。可通过实践让自己有觉察，有体验，进而让自己有生活和工作中的感悟和经验。经验经过萃取，可以变成道理和规律，规律进而能够形成指导实践的理论。因此，一定要学以致用，要到实践中去，到工作和生活中去。

最后，要有学习的方法。对于教师和主持人来说，要学习专业知识和教学技术，还要学习与专业知识和教学技术相关的知识和技术，不断精进自己。学习不能"一曝十寒"，不能"三天打鱼两天晒网"，学习要坚持不懈。墨子有言，三种知识即"亲知、闻知、说知"，"亲知"是亲身得来的，从实践中得来的；

---

① 《王岐山在中央纪委委员学习贯彻党的十八大精神研讨班发言》，共产党网，2013 年 1 月 25 日，见 https://news. 12371. cn/2013/01/25/ARTI1359072874800448. shtml?from = singlemessage。

"闻知"是看书和听说得来的；"说知"就是反思和自己思考得出的。这三个"知"都很重要，在更多"闻知"的同时，需要切实注重"亲知"和"说知"。

反思是介于实践和理论中间的一个关键环节和工具。工作不反思，就谈不上学习；实践不反思，就难以上升到理论层面。反思也有学问和技巧，首先要养成习惯，固定每天晚上或早上抽出一定的时间进行反思，可以记在笔记本上或手机备忘录上，也可以运用现代先进的通信设备，通过录音、拍照或录像的方式，达到辅助反思或复盘的功效。反思是自己对过往的事件和经历的复盘，复盘是集体对过往的事件和经历的反思。人们的知识的获得和自身成长以及素质能力的提高，就是在有意地不断反省和反思中进行的。

实践就是身体力行，"绝知此事要躬行"，实践是最好的学问，生活即教育，实践即进步。实践讲究知行合一。陶行知先生说"行是知之始"，很多时候，只有行动才能获得新知，然后才发现"知是行之成"。要做到知行合一，就要调研、体验、试验、实践。对于教师来说，课前需求调研、课堂的教学互动、注重教学评估和反馈从而让课程迭代、让自己长进都是实践。实践中要注意刻意练习，不怕分解动作。每一项运动或复杂的工作，都必须分解出精细化的动作，掌握动作要领后，再刻意练习，自然而然最后就能顺利地完成整个连贯动作，效率自然会得到显著的提升，自己也能得到长进。所有的高超技能、动作或大学问，都是通过分目标、分步骤、分环节的刻意练习和学习，坚持不懈的反思和行动的结果。

【相关知识链接】

为主持人画像

主持人的形象和气质对教学有至关重要的影响。我们之所以关注主持人或教师的气质，目的是使主持人或教师注重自己的综合素质的提升。主持人也可以思考"如何使自己成为一名优秀的、卓越的、有气质的主持人"。培养气质是一个长远的命题，也是教师或培训师常常忽略的基础性问题。

培养个人的气质需要长时间的修炼。虽然好的气质并不是一时半刻就能练就的，但"腹有诗书气自华"，通过长期坚持读书和实践，可以让自身气质得以提升，成为形象好、气质佳、秀外慧中、身心和谐、内外一致的星级讲师或优秀主持人。

1. 有气质是专业的标志

气质对教师来说非常重要，有气质就会增加自身的影响力。

气质来自长时间沉浸于某一领域的专业体现。能够评上星级讲师，或被称为优秀培训师，一定因其非常专业。教师的专业包括两方面的内容：一是身为教师，在其所在的领域，懂得更多更深，所以很专业；二是教师掌握的教学技术高深，能够按需施教，教学效果好，所以就显得专业。就"专业"这一词来分析，我们发现新时代出现了新现象。

（1）各行各业的专业领域不断在细分和细化。每个专业都出现了二级、三级、四级领域的划分，领域的数量呈几何级数增长。相应地，分工也越来越细。由于互联网的作用，过去同一领域、不同地区的专家，现在已在全球范围内被整合。专业领域内的过细划分可能会使竞争更加激烈，但专业领域的规模不断在扩大，数量也极为庞大，使得人们有了更多的选择。

（2）每个人对自己的职业和工作还没有做到极致。日复一日地与别人干着同样的工作，但当你发现别人已经超越自己时，会感到非常惊讶。比如同样在政府机关，大家都从事着公文写作的工作，但经过 1～2 年后，就会发现从事这项工作的人与人之间的区别非常大。同样的工作环节，有的人由于长期致力于此环节的工作，既能广阅博览专业知识，又能结合实际不断潜心研究探索，几年后就能够成为这方面的专家，这就是专业。为此，在工作中永远不要忽视自己所在领域的专业性。

（3）使自己成为某个专业最优秀的人，如此才能使"赢者通吃"和"马太效应"帮到自己。这需要持续努力和不断学习，让自己术业有专攻。当前社会专业分工过细过深，给每个人都提供了机会。当认定方向后，就努力往深处走，让自己在这个专业变成高精尖的人士。要自己与自己相比，不要与别人比，要做好自己。由于分工越来越细，专业领域也越来越精细，没有必要到别人的专业领域去竞争，要充分发挥好自己的优势，让自己的长处更长、优处更优，"力出一孔"，聚焦时间和精力，不断逼近乃至实现目标，最后自然而然就会"利出一孔"。

荀子说："好一则博。"如果自己有一个专一的问题或主题做中心，深入研究，广阅博览、博采众长，自己的知识自然而然也就广博起来。同时，要钻得深，必须要掌握与自己专业相关的理论知识和技能。每个人自身的强大来自对某方面的专业，以及做到了极致的工作表现。每个人都可以竭尽所能地沿着使自己更加专业的道路前进。

2. 气质的定义及内涵

当讨论星级讲师或教师的气质时，我们首先假定星级讲师或教师的气质是好的。我们把气质从德才和过程与结果的维度来画一个四象限，形成品格、能力、态度、风格四个区域，每个区域包含的内容不同。

（1）品格：品德和性格。品德指的是高道德标准，意味着教师要以一种积极诚实的典范角色形象出现。性格是与生俱来的，但也可以通过行为和习惯的改变而改变。对于一个教师来说，在课堂上，其较好的个性可以转化为好的演讲技巧。好的个性还体现为一种敢于自嘲、保持积极的姿态，体现为具有感同身受的同理心和科学思维。

（2）能力：将工作做好的能力。教师要具备专业素质和教学技术。教师的专业素质越高，教学技能越深厚，能力就越强。除其自身能力以外，教师自身所拥有的与所讲主题相关的知识和经验、演讲与主持及课堂呈现的技能都属于其能力范围。教师的能力还包括通过学习让自己不断提高、不断成长的能力。

（3）态度：情感、动机和价值观。教师要有正确对待教师这个行业的职业态度。教师要从内心热爱这份工作，要有传道授业解惑的奉献精神。教育是点燃学生心中的"一团火"，教师应该是引燃点和引燃火线。教师要有正确的世界观和价值观，要有明确的目的性，用积极的动机做事。当然，态度也包括教师对培训的学员以及对自己的态度。教师在课堂上如何看待自己和学员，也是态度问题。

（4）风格：形象、魅力和活跃度。教师的品格、能力和态度都是通过教师上课时的言谈举止体现出来的。风格是与教师的个性有密切关系的、学员可以感受到的外在特征。风格是讲师自信和魅力的体现。教师的风格影响课堂的氛围和学员上课时的活跃度。风格常常体现为活跃与沉静、积极主动与内向冷静等方面的特征。风格也常指具有独特于其他人的表现，包括外在形象、打扮、行事作风等行为和观念。

品格、能力、态度、风格四者之间的关系是：品格是一个人不同于另一个人的角色定位、身心的基础特征。由品格出发，人的能力会在不同方面引起差异，并进而形成自己的长处和优势。能力和态度呈正相关，能力强的人一般表现得自信且勇敢。态度端正且积极向上。态度端正则行为不容易走偏，积极的态度更容易激发人的潜能，并形成积极向上的风格。风格是外在表现出来的、显而易见的教师的品格、态度和能力的印象和特征。风格进而影响品格。"注意你的思想，它会成为你的语言；注意你的语言，它会成为你的行动；注意你的行动，它会成为你的习惯；注意你的习惯，它会成为你的性格；注意你的性格，它会成为你的命运。"此段话是从另一个侧面诠释了品格、能力、态度和风格之间的内在联系。

品格、能力、态度和风格共同作用而形成的气质因人而异，世界上没有两片相同的叶子，也没有两个气质相同的人。有的人只是与某人气质相近，但他们的习惯和性格未必相同，所以才有了"性相近习相远"这样的古语。如果用大众公认的标准来衡量品格、能力、态度和风格，那么我们就会发现，这四者也是可以度量的，甚至可以像能量进度条一样进行度量。对于每个人来说，如果四者满分都是 10 分，都是从 1 分到 10 分进行计量，那么每个人的刻度都不尽相同，也都会有某些需要提升的方面和提升的空间（见图 3 - 7）。

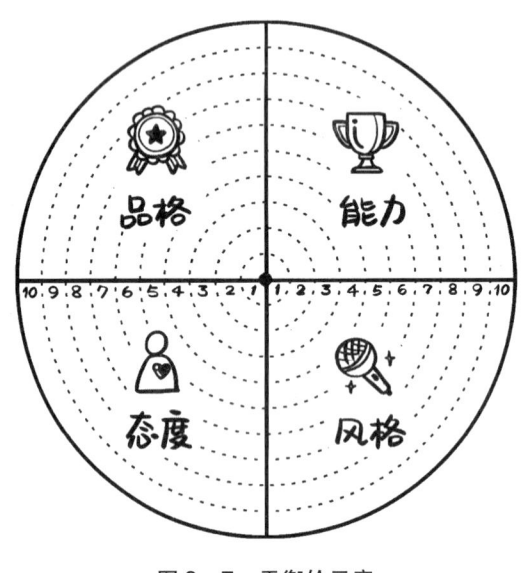

图 3 - 7　平衡轮示意

3. 为主持人的气质画像

气质是内在的，相貌是外在的，气质能够由内而外表现在相貌上，可以尝试通过测量教师或培训师的气质为其画像。

气质包括品格、能力、态度、风格 4 个象限，再对每个象限进行两两划分，又可以变成 8 个领域，可以把品格分为品德和性格，把能力分为专业知识和教学技术，把态度分为情感动机和目的性，把风格分为形象魅力和亲和度，共计 8 项内容。把 8 项内容按照 8 个维度，各自填充在平衡轮的 8 个区域，然后把 8 个区间画出 10 等分，1 分表示难以接受，3 分表示尚需努力，6 分表示比较满意，7 分表示满意，10 分表示完美。

接受平衡轮测量的教师或培训师（此时是学员身份），可以对自己的 8 个方面进行打分，他们对自己的现状和等级有正确的评价后，还可以让他们就自己未来的每个区域想要达到的等级再进行评价打分，可以在未来希望达到的分数值和现在的分数值之间的空白区域用不同的彩色笔涂上色彩。然后，就自己努力的方向和程度，各位教师或培训师静默思考，写出具体可行的措施和步骤，并且用行动落实到实践中去。之后，在课堂上也可以请他们和各自的交谈伙伴分享自己的努力方向和措施，分享画平衡轮的感受。

接下来，作为主持人（此时是教师身份）也可以追加以下几个问题，继续为教师或培训师（此时为学员身份）画像。主持人可以请一位自愿回答的学员接受采访，问题如下。

问题1：在平衡轮的八个方面中，哪个方面是你感到最值得骄傲的？

问题2：在平衡轮的八个方面中，你最想改善的是哪个方面？

问题3：为什么呢？

问题4：如果不做任何改变，对你的影响会是什么？

问题5：如果你想改善的全部实现了，你的感受会是什么？

问题6：在你想要改善的方面，你下一阶段想达到的目标分数是几分？

问题7：你可以做些什么，帮助自己从目前的分数提升到你的目标分数？

问题8：能否告诉我，你打算先从哪一项行动开始着手呢？

问题9：我怎么样知道你采取了行动呢？

之后，主持人可以总结对方的行动及时间节点，这个举措可以单独进行，也可以在课堂上进行。学员在课堂上被提问和回答的过程，自然会成为其他学员学习的范例，其问答结果也会成为被采访者的公开宣言，作为一个心锚促使其采取行动并实现目标。

第四节　主持人的思维和实践

在世界咖啡馆主题活动进行的过程中，主持人需要具备"听、讲、问、答、评"等语言表达能力，而使用这些能力都需要具备科学思维方法。主持人应具备系统思维、批判性思维、旁观者思维等思维能力和技巧。同时，当主持人主持世界咖啡馆主题活动时，学员需要具备主动学习意识及团队合作意识，师生之间要形成团队共创、教学相长的学习氛围，主持人要有意识地使学员在课堂上能发生认知、行为、情感等方面的改变。

一、主持人需要系统思维、批判性思维和旁观者思维

主持人需要熟知世界咖啡馆研讨教学的流程和程序，才能确保世界咖啡馆主题活动的顺利进行。此外，主持人还需要掌握三个方面的规则要点：①掌握世界咖啡馆的七项规则，以使主题活动顺利进行；②掌握系统论和控制论的规则，以确保流程不出问题；③掌握教学的基本原则，要做到以学员为中心，注意环境的作用。

世界咖啡馆的结构具备整体性、完整性和系统性。主持人在主持整个世界

咖啡馆的过程中，要按照世界咖啡馆的七项原则去把控流程，同时，主持人还要有系统论和控制论的规则和意识，还要遵循教学的基本规则，从而确保整个教学流畅地进行，进而达到世界咖啡馆教学应有的成效。

苏联教育学家赞科夫（Занков Леонид Владимирович）在其所著《教学与发展》（*Развитие учащихся в процессе обучения*）一书中说："教学的结构决定学生发展进程"，"教学过程的某一种结构决定着掌握知识的过程和学生的发展进程"。赞科夫以整体性观点来安排教学结构、组织教学过程。"教育作用的完整性是保证教育作用对发展有高效果的关键所在。"他认为，用整体性观点安排教学结构、组织教学过程时，必须有安排教学过程的原则。这些原则包括理论知识起主导作用的原则、使学生理解学习过程的原则、使全班学生都得到发展的原则以及以高难度和高速度进行教学的原则等。世界咖啡馆都符合这些原则的内在要求。同时，因为世界咖啡馆主题活动以学员为中心，调动了每个人的学习和参与的积极性，每个人都能够得到或多或少的发展。当然，这个前提就是要求主持人（教师）进行有明确目标的、系统的工作，从而使所有的学员都能够学有所获。

（一）世界咖啡馆系统内要素和关系分析

世界咖啡馆是一个系统，具备系统的所有要件，包括要素、关系、功能等。由于世界咖啡馆具有系统化特征，就需要世界咖啡馆主持人具备相应的思维方法和能力。

系统是由一组元素通过彼此之间的相互联系构成的有机整体。世界咖啡馆作为一个独立存在，有其自身功能；其作为人们参与的一个结构化研讨模式，有特定目标和目的。世界咖啡馆的要素主要包括主持人、学员、研讨主题和内容、环境等，其功能主要体现为世界咖啡馆的教学目标、流程活动和实践行为以及最后达到的效果。研讨主题和内容用于教学时，可以称为教材。世界咖啡馆的主持人通常是教师，因此可以把世界咖啡馆的要素简化为"教师、学员、教材、环境"四类要素。由这四类要素，两两一对要素的关系又可以延展为十对要素之间的关系。当然，如果要解析三个要素或四个要素之间的关系将会更加复杂。

世界咖啡馆对系统内各要素有相应的要求。世界咖啡馆的主持人（教师）要自信，具备专业化的教学技能和控场能力。学员要具备好学的精神和上进的态度，同时有学习能力和方法。教材要权威专业，研讨的问题是真正重要的、深刻且实用的问题。要求教学环境内场域的能量是流动的，尽量让参加的学员对课堂环境感到欣喜和满意。这就要求世界咖啡馆的主持人具有自我认知，且具有成长思维；学员是具有自己的内在学习动机的，且主动自觉学习。通过课程的学习，学员能够发生变化。这就要求研讨的问题或任务是要通过师生一起努力剖析而获得解答的，并通过结构化讨论或应用练习，使学员能够达到学习、掌握和运用新知的目的。对于课堂的氛围，教师也应该予以持续觉察和关注，使学员的注意力始终专注于课堂或活动流程，学员参与度高，课堂气氛好（见表3－1）。

表3－1　世界咖啡馆系统内的要素和关系

要素	教师	学员	教材	环境
教师				
学员				
教材				
环境				

如果将教师、学员、教材、环境四个要素形成一个矩阵图，就会发现两两要素之间能够形成十对关系。结合世界咖啡馆，我们将对这十对关系进行简要的概述和分析。

1. 教师和教师之间的关系

世界咖啡馆因为要求的道具和流程特别多，有时参与的学员也非常多，布置场地极其繁杂。世界咖啡馆的主持人常以双人的形式出现，也就是有两个主持人，分为主讲和助教。教学是一门技术活儿，教师的第一印象非常重要，双人教师的合作所带来的火花及和谐的磁场效应，为整个世界咖啡馆添光溢彩。

2. 教师和学员之间的关系

有些参加世界咖啡馆主题活动的学员，其能力和水平有时比主持人高，因此主持人更加不能有高高在上的姿态。"弟子不必不如师"，在世界咖啡馆教学中，要做到教学相长、师生相长。教师和学员之间的沟通表达都是平等和坦诚的，要在对话中找到答案，通过对话发现真知和智慧。当然，主持人要做到以学员为中心，按需施教，因材施教。

3. 教师和教材之间的关系

教学是专业技能，教师必须具备专业能力，把教学当成专业而不是职业，要爱岗、敬业、乐业。要精心设计教材内容，即使研讨的是问题，也要做到

"专精尖"，在设计教学内容时，要站在学员和培训单位的立场想问题，了解他们的真实需求，并且认真考虑如何才能满足他们的需求。

4．教师和环境之间的关系

世界咖啡馆的教学环境不同于其他的传统课堂，世界咖啡馆的环境布置与真实的咖啡馆类似。要尽量让教室充满大自然的气息。至于教学道具和教具，虽然数量多，但必须围绕课程需求，做到一个不多一个不少，否则道具会占地方，影响教学活动的流畅性。提前准备好教学的音响视听设备，不求最好，但必须好用。

5．学员和学员之间的关系

在世界咖啡馆中，学员是主角，教师是引导员。学员的学习成果主要是通过学员之间的小组研讨汇谈而得出的。在世界咖啡馆教学中，"生生相长"比"教学相长"更加重要。学员也需要清楚认识自己的角色，明确知道自己是来世界咖啡馆学习并且希望有所收获的，所以也需要付出时间和精力。同时，每个学员都需要秉持真诚为本的原则进行沟通交流。真诚是沟通的良药，也是建立信任的前提，只有信任，才能让汇谈和对话可以深入进行。当然，在沟通的过程中，我们要尊重差异，每个人都各不相同，交谈时要尊重他人的品格和思想的独特性。

6．学员和教材之间的关系

在进行课堂学习时，学员首先要主动学习，要有学习的动机，这种动机是内在的，而不是外在压力带来的；同时，学习的时候要有方法，方法对了，事半功倍。另外，每个人的学习能力不同，都有着自己的学习经验和学习优势。比如，有些人擅长技能类学习，有些人擅长认知类学习，有些人擅长态度类学习。因此，学员和知识之间，就有学习后知识掌握程度（学习效果）的问题。按照教育目标分类学，对学习效果的评价可以分为"记忆、理解、运用、分析、综合、评价"六大目标体系，从低到高分布，评价体系复杂。即使课堂上学员之间相互评价，也应做到"先赞美，后指正"，先肯定别人的观点，再提出自己的观点。

7．学员和环境之间的关系

世界咖啡馆要尽可能为学员创造舒适宜人的学习环境，让学员感受到不一样的环境氛围。学员有学习的新鲜感，能提升学习效率。关于学习资料，如果能够提前让学员学习有关课程的资料，将有利于教学的开展。提前给学员一份详细的资料将体现教师的良苦用心。同时，课堂上应该尽可能提供美观实用的教学用具和道具。利用彩色纸张装饰教室墙面，可以使得整个教室活泼而富有特色。

8．教材和教材之间的关系

教材的内容是建立在学员既有经验基础上的新知识，要做到准确、规范、通俗易懂，让学员能够看得懂、学得会。讲授教材要有一套科学规范的培训项目管理流程，要有相应的教学方法要求。教师应该先明确教学目标后，再依据教材进行课程开发。有些教材是指定的，而更多的教材需要教师提前张罗和准备。教师要尽可能地提前给学员提供必需的教材，让学员能够提前接触到所学的内容。

9．教材和环境之间的关系

教材可以提前发放给学员，也可以摆放在教室中。教材要做到美观实用。教师通过教材开发来制作课件，并在教室里为学员播放课件。课件要坚持美的原则，做到简洁、美观、实用。课件为教学辅助用品，应该以不影响教师的教学为前提。教师需要把提供给学员的教材和课件区分开来，教材内容可以更翔实一些。对于教学道具，教师要事先准备好，对于教学中需要用到的操作器具，应尽可能有备无患，同时建议教师都养成备份课件的好习惯。

10．自然环境和学习环境之间的关系

世界咖啡馆要求两个环境，分别是自然环境和学习环境。自然环境以能见到自然光线、通风、有绿色植物等条件为最佳。学习环境是教师和学员共同构建的活动场域。要在学习环境中尽量创建教室文化，形成热爱学习的氛围。教师要依据教学的需要精心、用心布置好教室。环境是可以学习的，环境也是教学资源。资源建设分成两个部分，分别是整合资源和生产资源。要充分利用环境布置使得世界咖啡馆别具一格，特别的氛围和环境能够取得绝佳的教学效果。

上面十种关系只是世界咖啡馆四个构成要素中两个要素的组合，在实际的教学课程中，还会有更多的元素交叉重叠在一起，上述关系会变得更加复杂。世界咖啡馆综合了人文社会科学的各种理论和方法，包含政治价值、经济价值、社会价值、伦理价值、心理价值和审美价值等，我们在实践中需要不断对世界咖啡馆的多重理论和多重价值进行探究和研究。

系统具有实用性、动态性和目的性，并可以进行自我组织、自我保护和自我演进。世界咖啡馆是一个系统，具有系统的功能和目标。同时，世界咖啡馆自带动力和能量，只要坚持既定的规则和流程，自然会产生相应的教学效果。

作为系统，世界咖啡馆也会接受外在的压力，进而进行相应的调整，包括边界的调整，以及相应的结构关系和要素的调整。在世界咖啡馆的运行过程中，主持人要在坚持世界咖啡馆七项原则的前提下，通过"教师、学员、教材、环境"各个要素之间的平衡，让学员的注意力始终聚焦于研讨问题或教学任务，确保学员能够按照流程行动。除了在每个环节把控时间进度，主持人还需要把

控子系统的目标和整体目标的一致性，同时要把控各个子系统目标之间的协同问题，以确保教学目标的完成。在世界咖啡馆研讨过程中，活跃度的呈现和学习氛围的营造也是需要主持人系统把控的对象，太热闹会影响研讨进程和效果，太冷清又失去了原有的味道和感觉。作为系统正在运行的参与者和调控者，世界咖啡馆主持人要认真观察系统的方向，并且愿意顺势而为，同时需要采取幅度小且稳妥的措施，持续地监控和引导，确保整个系统中机能的运行和发挥。这也就是说，主持人要通过系统思维，确保世界咖啡馆的成功举办（见图3-8）。

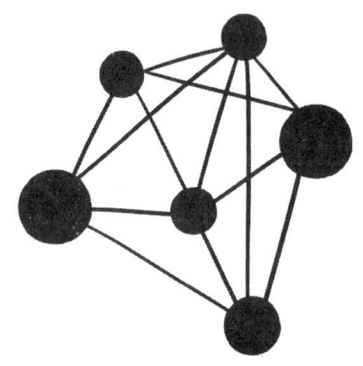

★ 教学是由学员、教师、教材及环境构成的系统

★ 教学过程是旨在引发和促进学习的系统

★ 教学设计需要坚持系统观

图3-8　教学的系统观

（二）主持人需要具备系统思维能力

系统思维是对世界进行观察和思考的方式。系统思维是指在考虑或解决问题时，不把事物看成一个孤立的、分割的问题来处理，而是当成一个有机系统来处理，也就是说，要对事物进行整体的系统的思考，而不是进行局部的、简单的因果效应的思考。系统思考有助于我们发现问题的根本原因，看到多种可能性，从而更好地适应复杂性的挑战，把握新的机会。

世界咖啡馆主持人应该具有系统性和整体性的思维，并且能够通过系统思维来把握世界咖啡馆的进度，确保目标达成和教学实效。苏联著名教育家、教学论专家巴班斯基（Юрий Константинович Бабанский）在其所著《教学过程最优化：一般教学论方面》（*Оптимизация процесса обучения: Общедидактический аспект*）一书中，提出并翔实地阐述了"教学过程最优化"理论。最优化指的是在尽可能地节约时间、精力和经费支出的同时，取得在可能范围内的最大成效。他认为，辩证的、系统的方法是教学过程最优化的方法论基础。教师应该用系统的观点和方法来评判对教学任务做出的各种可能决策，以确保在相应的条件下能选出最优方案。

所谓系统方法，就是把研究对象置于系统形式中加以考察研究的方法。从系统的观点出发，就是始终着眼于从整体与部分、部分与部分、整体与外部环境之间的相互关系、相互作用、相互制约中，综合、精确地考察对象，以期达到处理问题的最佳方法。用整体性的观点看教学过程，就是把教学看作一个系统。教学是系统性的活动，是师生在一定条件下在学习过程中的相互作用。教学有一定的目的和任务，通过师生共同活动的方法和形式（即教学过程），产生一定的结果，叫作教学效果。这种教学上相互作用、达到一定结果的过程是在控制和自我控制的情境下进行的。巴班斯基称之为"控制性的相互作用"。

从控制论的观点看，教学过程是控制和自我控制的活动过程。控制表现在教师对学员的学习活动有计划、组织、指挥、协调和检查等功能和作用，反映了教师对教学的主导作用。当然，教师控制得太严就会压抑学员的主动学习精神和积极性；教师控制得太松则会导致教师的责任感不足，对学生不理不睬，影响教学效果。因此，最优的方式是针对学员的现状、特点和需求，按需施教，因材施教，从直接控制转变为间接控制，更多地让学员自我控制学习活动。

世界咖啡馆主持人或教师的系统思维包括两个方面：一是要学会进行系统化教学设计；二是要学会在课堂实践活动中控场，随机应变、灵活处理各种情况，确保流程顺畅和绩效产出。

其实，成功的课程可以分成两个环节：一是课程设计环节，二是课堂呈现环节。这也是二次创造的过程，一次是在思维想象中，另一次是在现实实践中。世界咖啡馆的课程设计和课堂呈现，除了要坚持原有的世界咖啡馆七个原则以外，还可以更精细化和具体化，以使世界咖啡馆课程更趋于精美。

世界咖啡馆是系统化的课堂呈现。传统的讲授式课堂是从教师到学生自上而下的教学模式，强调以讲授和理解新知识、应用新知识为目的。世界咖啡馆的教学模式是为了解决实践问题，教材内容不是特定和严密的知识，而是需要综合多种理论，通过研讨力求获得多元性的认识，旨在对未知问题的解决。世界咖啡馆需要从多样化的视角探讨和深化对已知知识的理解，并需要对问题进行重新解释。世界咖啡馆还需要对多样化的理论进行取舍，对各类理论或观点进行综合选择或研判。这就要求世界咖啡馆主持人有多样化理论的综合分析和判定能力，并且能够进行系统化思维。

针对世界咖啡馆的系统性、整体性和需要教学过程最优化的特点，主持人（教师）要提前进行课程设计，调研了解学员的需求，教学过程要合乎规律，在教学过程中适时调整优化方案，让教学效果最优化。

首先，设计教学目标和教学任务阶段。主持人（教师）要和教育培训管理部门及施教机构商议，确定教学目标和教学任务，要考虑和评价教学条件和教学环境，调研学员的需求和学员的自身特点，根据调研情况设计教学目标和任务。

其次，选择解决教学任务的最优方案。主持人（教师）要针对确定的议题，准备相应的课件资料，熟悉相应议题涉及的相关业务，分析原本类似条件下的教学经验，并依据所面临的教学任务、学员特点和状况，比较评定各类初拟方案，从最优标准出发，对方案进行选择。

再次，依据具体实施方案进行教学阶段。要按照控制和自我控制的要求以及既定的规则和时间要求，严格执行教学流程。同时，也需要根据突发情况和现场变化情况调整实施方案的内容或教学方法，以保证整个教学流程向着教学目标完成的路径前进。

最后，分析教学结果和教学评估阶段。将所达到的结果和所耗时间、精力等既定标准进行比较评价，分析学员和第三方的教学评估表，以利于工作的改善，并且可分析原因和差距以便于下一步的改进工作。

这四个阶段都贯穿着系统化、整体性和最优化的原则要求。教学是可控的活动过程，主持人（教师）完全可以发挥创造作用让整个教学过程最优化。

（三）主持人需要具备批判性思维

在世界咖啡馆主题活动的学员发言环节，主持人要对学员的发言进行点评；对于学员遗漏的内容，主持人要对其进行补充完善，适时纠正学员的错误；对于学员表达不全面、不深刻的内容，主持人要将其拔高和上升到一定的理论高度来阐述和讲解。主持人在进行点评和评价时，必须坚持批判性思维，这是对主持人的基本要求。

在理查德·保罗（Richard Paul）所著的《思辨与立场：生活中无处不在的批判性思维工具》（*Critical Thinking*：*Tools for Taking Charge of Your Professional and Personal life*）一书中，理查德·保罗认为每个人都应养成批判性思维的习惯。思考是我们的本能，"没有任何东西比可靠的思维更有用"。但很多人的思维存在着偏差和扭曲，不管其自身是否觉察。理查德·保罗认为，人们的思维水平可以分为三个层次：第一，较低层次的思维，它的特点包括无反省，常常依赖直觉，具有很大程度上的自利特性以及自我蒙蔽性。第二，思维的高级层次。它的特点包括选择性的反应，不是一贯地具有公平合理性，可能在诡辩方面富有技巧等。第三，思维的最高层次。它的特点包括反省外显化、一贯的公平合理，能达到这一层次则是真正地具备批判性思维。

真正具有批判性思维的人，会注意到不同立场的合理性，会发现自己的思维受到不同力量的影响。思维影响信念系统，具有批判性思维的人力求做到公允，用一种道德和负责任的方式进行思考。当发现别人的观点具备更严密的推理基础时，他能改变自己的观点，而不是为了个人利益一味诡辩，甚至试图说服别人按自己的思维行动（见图3-9）。

图3-9　批判性思维

　　我们的意识从内到外有三个重叠的圆环，分别是自我意识、他人意识和系统意识。我们不应该仅彰显自我意识，否则就是自私自利。我们也不应该仅有他人意识，那是"舍己为人"的表现。我们需要的是系统意识，让自己可以全面、客观、公正并基于事物的整体性看问题。我们需要具备这三种意识，并且能够清醒地意识到自己当下属于何种意识。我们要能够系统思考，其前提就是要能够进行批判性思维。

　　在思维的过程中，我们要避免两种倾向：一是自我中心思维。我们生活在自己构建的故事中，却自信地认为已经从根本上弄清了事物的本来面目。自我中心思维以高度自动化、无意识和冲动的方式运作，自我意识难以识别，更难以克服。批判性思维是对抗自我中心主义的唯一工具。二是社会中心主义。我们处在群体之中，群体总是以集体利益为先，群体有着天然认同本群体的规则、观念，同时有着贬损其他群体的倾向和动力，所以我们也不应该以社会为中心；当然，更不应该以他人为中心，以他人的世界观和价值观来决定自己的行为。

　　我们应该以道德为中心进行思维。道德包括原则、良知和做人做事的基本准则等。批判性思维是以道德为中心进行思辨。这是主持人需要坚持的基本原则。当衡量自身思维的成效时，立足于内，可以考察自身是否更接近理想中的自己；立足于外，则可以反省自己对外部世界施加的影响是否符合道德。以道德为原则进行推理，是确保思维公正性的重要措施。真正的批判性思维者明白，如果要保持理性和公正的境界，就不能遵从自己的天性，而是要挑战它。人类虽有自私的倾向，但也有道德的潜能。人类在镜像神经元的作用下，天生就有换位思考的能力，能够体会到别人的痛苦，还可以通过道德标准来进行认知，进而获得知识的增长和素质的提升。

我们要想让自己逐步具备批判性思维能力，需要掌握批判性思维的"三步曲"，并加以不断地锻炼实践。第一步，任何事物发生后，先要保持怀疑的态度，要有批判和怀疑的精神，要想想此事物发生带给自己的信息是否可靠，真假对错如何，要进行辩证地判断；第二步，依据道德、原则或自己的良知对发生的事物进行评判和加以观念选择；第三步，评判选择方案后采取行动，对"对"的方案就予以肯定并采取行动，对"错"的方案就改正并采取相应行动。

我们要学会做自身思维的批判者，提升思维的品质和技巧。这是在这个日新月异的世界中的唯一出路。在培养批判性思维的原点上，无论从哪里开始都是向前的，当然我们每个人都会面临如何坚持的问题。这就需要制订一个计划，一个能让自己正常生活、不用占据太多精力的计划。我们必须采取稳扎稳打前进的步骤，这样才能行稳致远，最终形成良好的批判性思维习惯。

（四）主持人需要具备旁观者思维

经过长期的教学实践和经验总结，我们认为，主持人或教师具备旁观者思维非常重要。旁观者思维要求教师跳出自己或学员的立场，站在旁观者的角度去看待教学，去观察正在进行的教学活动。旁观者思维类似于教练技术中的"墙壁上的蝴蝶"，通过蝴蝶视角来观察教室里正在发生的一切。具备这种思维模式对于世界咖啡馆主持人来说尤其重要。

旁观者思维是一种科学的思维方式，有助于我们在解决问题的过程中客观、公正、理性地看待人和事物，从而达到高效以及实事求是的目的。通俗地讲，旁观者思维指的是能够跳出自己看自己，跳出固有的思维看思维的一种思维方式。旁观者思维在以下三个纬度发生作用。

1. 作为"旁观者清"的旁观者思维

我们提到旁观者思维，自然想到的是"当局者迷，旁观者清"。当局者和旁观者最早指的是下棋的人和看棋的人，意思是指看棋的人比下棋的人更清楚明白棋局的整体走向；后来常常比喻当事人由于对利害得失考虑得太多，认识不全面，反而不及旁观者看得清楚。这里的旁观者思维指的是一种客观公正、不计较切身利益的思维。旁观者因为旁观的是与自己无关的人和事，所以可以从全局、整体上或系统性地看问题，也可以换个角度看问题，以及辩证地看问题。因为当局者常常陷在自己固有的思维模式中，按照既有套路前进，因此，旁观者思考问题时就会比当局者看局势看得更加全面周详，也会更有章法可循。当然，正因为旁观者不是利益攸关的一方，其思维虽较为全面，但效用发挥得有限，只能给当局者起到参谋和参考的作用。

2. 作为"跳出自己看自己"的旁观者思维

我们常说"跳出自己看自己""我是我的观察者"。这是典型的旁观者思维。人类与动物本质的区别就是人类能够不断反思自己，总结经验，然后发展自己。每个人都能跳出自我，用心客观地审视自己，站在旁观者的角度观察自己。这是人类特有的精神活动，而动物则缺乏这种自我意识（self-awareness）能力。人的这种能力，让人成为万物之灵，且在不断演化中实现进步。自我意识能力也是我们能从自己和他人的经验中吸取教训，培养和改善习性的原因。因为人类可以思考，才有别于事物和动物。凭借自我意识，我们还可以客观地检讨我们是如何看待自己的，也就是我们的"自我思维"（self-paradigm）。所有正确有益的观念都必须以自我思维为基础，它影响人的行为态度以及看待他人的方式。如果我们不能客观地考虑和看待自己，就不能理解他人是如何感知他们自己的，并且在无意间就会把个人意愿强加在别人身上，内心却还觉得自己已经做到了客观看待事物。虽然人类具备这种审视自我的能力，但很多人常对自己不够客观，这样就会产生很多问题。有些人表现得极端自私自利，往往是不能正确客观地审视自己的结果。这样做也就不能客观地审视别人，从而会限制个人的潜力和与别人交往的能力。

能够客观地"跳出自己看自己"是一个人成熟的基础和标志。在心理治疗时，心理咨询师常常会让被实验者设想画面。比如心理治疗师会对被实验者说：假设"你"现在在看电影，电影的内容是"你"自己想象出来的；然后再假设你坐在看电影的"你"的后面，看着"你"在看电影……这里的你和"你"的关系，就是一种"跳出自己看自己"的想象和思维方式。在心理治疗师的引导下，被实验者可以产生多重"跳出自己看自己"的画面。"跳出自己看自己"的思维角度和作用不言而喻。

3. 作为"跳出思维看思维"的旁观者思维

思维意识会决定行为和态度。人们受自己既往经验和经历的影响，会形成既定的思维模式，也称为"思维定式"，也就是关于某种事物的理论、诠释或模型。思维定式反映个人的价值观。思维定式可以诠释所有发生的事物，我们从不怀疑它的正确性，甚至意识不到它的存在，我们理所当然地假定自己的所见所闻就是真实的世界。对事物的态度和看法决定着我们的思想和行为，我们的态度和行为源自这种思维定式带来的假定。正是因为有这种思维定式，让我们意识到思维有时候并没有反映客观实际，也不是现实情况。这就需要我们提醒自己要转换思维，即换一个角度去看问题，或者跳出自己的思维定式以及思维框架，站在更高处，或者站在旁观者的角度去客观看待、审视自己的思维，然后用新的思维或既有的行之有效的思维去思考。爱因斯坦说："重大问题发生时，依我们当时的思想水平往往无法解决。"那么如何解决呢？这就要换一个角度去思考，跳出既有的思维框架审视现有的思维或在此基础上开展新的思维。

在解决问题方面，麦肯锡公司提出了一种"站在更高层的角度去看问题，俯瞰全局，力求公正"的价值观。这种站在更高层去看问题的方式，其实就是"跳出思维看思维"的旁观者思维，偶尔跳出解决问题的过程，站在旁观者的角度客观公正地审视自己解决问题的方式和方法，然后继续深入解决问题。针对这种"跳出思维看思维"的思维方法，麦肯锡还建立了一套标准，如"面对问题寻求解决方法时，你是否能实事求是，而非根据猜测？""针对问题进行判断时，你能够接纳别人不同的意见或期望吗？""你能够采取自己并不喜欢，但却有事实根据的行动吗？"等，时时用这些标准检验自己解决问题的过程，就是一种旁观者思维。"跳出思维看思维"是一种更高层次的智慧，并不是学不会，通过长期的训练，"跳出思维看思维"就可以有力地成为我们深度思考和快速成长的工具。

旁观者思维包含三个纬度：作为"旁观者清"的旁观者思维；作为"跳出自己看自己"的旁观者思维；作为"跳出思维看思维"的旁观者思维。三种旁观者思维取向不同，方式方法也不同，但都是客观公正的深度思考方式，是科学的思维工具，是每个人都应该具备的思维能力和方法。

二、主持人需要引导学员具备团队合作意识

在世界咖啡馆教学活动中，对话可以创造有形成果，比如产生新的观点和计划，也可以创造无形成果，比如产生同学之间的相互信任、尊重的意识和对组织有归属感等。无论是有形成果还是无形成果，都需要学员之间的合作，需要学员具备团队合作意识。

团队合作意识包括两方面的含义：一是需要世界咖啡馆的学员树立双赢意识，放下思想包袱，坦诚地和其他学员合作；二是需要世界咖啡馆的学员有团队合作、共同解决问题的策略。大家有基本的、都认可的问题解决策略，这样容易形成共识，达成共赢的局面。

《高效能人士的七个习惯》（*The 7 Habits of Highly Effective People*）的作者史蒂芬·R. 柯维（Stephen R. Covey），在其晚年著述的《第 3 选择——解决所有难题的关键思维》（*The Third Alternative：Solving Life's Most Difficult*

Problems）中，详细解释了双赢的含义以及如何双赢，并且在书中给出了具体的办法。"第 3 选择思维"主要内容包括：面对任何问题，大家惯用的方式就是按照"第 1 选择"（按照"我"的方式）或"第 2 选择"（按照"你"的方式）来进行。冲突点往往在于，到底是对方的选择还是自己的选择比较好。因此，不论选择哪一方，都会有人觉得受伤或牺牲。每件事都存在"第 3 选择"，每个人都有"第 3 选择"的能力。要解决最棘手的问题，我们必须彻底改变思路，"第 3 选择"不是"听你的"或"听我的"，而是寻找"我们共同的方法"。"第 3 选择"适合任何领域，上至国际贸易，下至家庭矛盾，都可以并且都需要"第 3 选择思维"。"第 3 选择思维"也适用于参加世界咖啡馆主题活动的学员。在讨论问题特别是讨论双方有分歧、有争议的问题时，如果都能考虑到对方的立场，坚持双赢原则，知彼知己，找到共同的利益和价值取向，那么就可以发挥统合综效的作用，真正起到"1 + 1 > 2"的功效。当然，这也是"第 3 选择思维"的魅力。在现实中，我们发现，如果一个班的同构性比较强，大家都是从事着同样的工作，都是为了解决同一个现实中的问题，就不容易出现观点上的争执；如果不是来自同一岗位或部门，并且大家对研讨的问题的理解和立场差异大，就容易出现观点或看法上的争执，这就需要学员具备"第 3 选择思维"。"第 3 选择思维"是对世界咖啡馆学员所应具备的思维的基本要求（见图3 – 10）。

图 3 –10　第 3 选择思维

　　所有成功人士，无论身处什么领域，都有一个共同特点，就是善于解决问题。这些成功人士首先必须掌握解决问题所需的必要知识，同时，还要有善于辨识问题和选择解决问题的策略。心理学家罗伯特·韦斯伯格（Robert Weisberg）认为，天才只是一些优秀的问题解决者，他们身上具有一些特点，但这些特点是完全人性化的。韦斯伯格认为，真正的非凡创新并不是超人的才智，而是"广博的知识、高昂的积极性和某些人格特征"。最富于创新的个人，对于他们所在领域的基础知识有着非常深刻的理解。

　　解决问题首先要学会辨识问题。那么如何辨识问题呢？一个优秀的问题解决者不会轻易得出结论，而是会考虑到各种可能性。看清楚问题本质及各种可能性后，接下来就是选择合适的策略去解决问题。一些简单的问题的解决，重复使用以前的方法就非常有效；对于一些理工医学类的问题的解决可能需要用到专业的知识以及专门的公式和算法；对于一些更为复杂的问题，特别是上升到社会关系层面的领导和管理方面的问题，常需要更为复杂的策略来解决。一般而言，这些策略分为三类，这三类策略的共同点就是可以让问题解决者从不同的角度来应对问题。

　　（1）结果导向型策略。一些问题头绪太多，不知从何下手，解决这类问题的好办法就是从终点开始逆推，又称为结果导向，史蒂芬·柯维称此为"以终为始"。使用这种逆推方法，可以消除许多走入死胡同的可能性。对于那些终结状态或目标非常清晰的问题，逆推是一种非常有效的方法。这种方法对于那些初始条件非常模糊的问题来说特别有效。

　　（2）经验类比型策略。如果一个新问题与以前经历过的问题相似，就可以利用以前掌握的方法来解决这个问题。使用这种方法的要点是，找到新问题和旧问题之间的相似之处。这一技巧的掌握需要大量的练习。我们思考解决问题的策略时，常常会依赖以前的经验，用社会学科中的专业术语形容这个现象，可称为"路径依赖"。丹尼尔·康纳曼在其所著《快思慢想》一书中，重点提到了人类思考的模式问题：人看到一个事物或现象时，第一时间往往凭直觉下判断；接下来经过思考后，就依靠既往的经验做判断；再接下来才会进行综合思考，做出全面客观的判断。

　　（3）分解问题型策略。分解问题并不是"大事化小、小事化了"，而是大问题在被分解成小问题后，看起来也更容易解决。一个优秀的问题解决者，常常把大问题分解成许多小问题，解决了一个个小问题，大问题就会迎刃而解。把大问题分解成较小的、更容易应付的小问题，这些小问题通常叫作子目标。任何大型的复杂问题，从写论文到制造飞机，用这一策略加以解决都会取得较好的成效。

以上三种策略对于成功解决问题至关重要，不过，人们总是固守一些无效的策略，这样就容易陷入困境。当碰到需要用新方法才能解决问题时，人们必须学会认识到自己解决问题的思维定式和障碍，并且将其清除，这样才能更好地前进。这些障碍有三种：一是心理定式，人们都有运用以前解决相似问题的方式来解决问题的倾向，当用已有的唯一的策略"设定"了自己的头脑，就有可能在解决新问题时陷入困境；二是功能固着，自己熟悉的物体的功能在头脑中被过度强化，以至于无法看见它的新功能；三是自己对头脑施加的限制，使得自己成为自己的敌人。综上所述，我们常常无意识中会因循老路，会给自己施加不必要的限制，因此，人的思维需要跳出自己设定的框架。当然，还有其他解决问题的思维障碍，如缺乏解决问题的必要知识、身体状况、激励因素等，正确认识这些思维障碍有助于我们快速准确地解决问题。

三、主持人需要构建能让学员发生改变的课堂氛围

任何培训都应该以让学员发生改变为目的，任何培训项目都应该产生结果。学员在参加完培训后，相较于培训前，其工作应该更有成效，能力和素质要有提高。培训后，学员在了解了更多的内容，掌握了新的技能后，工作态度应有所转变。如果没有这些让组织和个人受益的变化，那么培训就缺乏必要性和实际意义。

柯氏四级评估理论把学员培训前后的转变分为四个层次：一是学员对教师讲授内容的理解和接受程度；二是学员对所授内容的心理认可程度；三是学员因为接受新知识或新技能而带来的行为或思想上的变化；四是学员因为新变化带来的工作成效。传统成人教育培训的评估标准主要停留在第一和第二个层次，现实情况是，第三和第四个层次缺少统一的测量和评估标准，且难以测量和评估（见图3－11）。

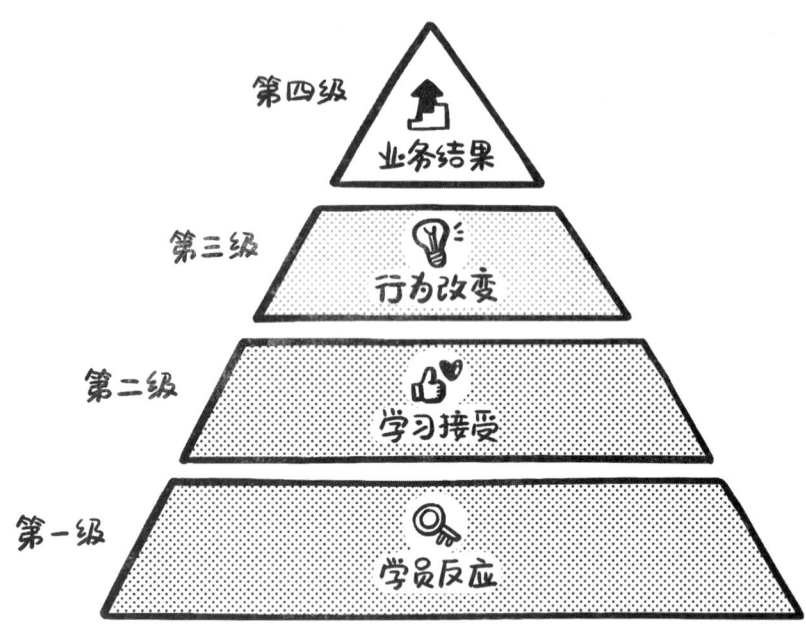

图 3－11　柯氏四级评估

　　能否让学员发生改变是世界咖啡馆主持人的核心能力。主持人要树立让学员发生改变的教学目标。学员能否有所改变，是考验主持人（教师）的核心能力标准，主持人应着重增强让学员发生改变的教学能力。

　　参加了一堂世界咖啡馆主题活动后，学员最好能够在以下三方面发生改变：一是认知，学员获得了新知识、理论或技能；二是情感，学员认识到这种新知识和技能的价值，在情感上乐意接受并愿意在思想上发生改变；三是行为，学员学到知识技能后能用到课堂体验上，也能应用于以后的实践。引导式教学模式还认为，以学员为中心，学员采用小组讨论式的教学还可以促成人际关系的改变。通过小组讨论，学员彼此会迅速熟悉和了解起来，这会促进人际关系的和谐与融洽，学员也可以学会更好地与他人相处。

　　学员能否发生改变，与教师的讲授内容和讲授方式有关。在干部教育培训领域，教学方法分为五种：讲授式、研讨式、案例式、情景式、模拟式。教师讲授的内容固然重要，但现在的成人教育培训更注重与五种教学方法相结合，内容和形式的完美结合才能达到更好的培训效果。

　　更进一层的意思是，在讲授过程中，如果教师能够很好地利用各种讲课的形式，建构好课堂氛围，就容易让学员发生改变。现在的培训界也基本达成了这种共识：课堂氛围比讲授内容更加重要。根据脑科学研究可知，人的大脑处理系统像电脑的 CPU（中央处理器）一样，CPU 内部一部分负责处理当前的内容，另一部分负责处理缓存。人的大脑也是如此，一边负责处理内容，另一边负责观察和把控氛围。举个例子，父母在与自己的孩子谈话时，如果孩子存在问题，父母只关注问题本身，而不注重谈话氛围，那么孩子有可能抗拒谈话，或谈话效果不佳。上课当然也如此，教师应该一边传授内容，一边注意课堂氛围。

教师上课时，课堂氛围可用"控场"或"共创"两种手段去营造。如果教师采用传统讲授式模式上课，就要学会控场，否则学员都低头看手机，或心思已经跑到千里之外，而教师还在讲台上使劲讲，就不利于提升教学效果。如果是其他的教学方式，如研讨式、案例式、模拟式、情景式教学，教师就要侧重于课堂学习氛围的共创，也就是师生要通力合作，自始至终共同营造好课堂学习氛围。

世界咖啡馆主题活动如何形成师生相长、团队共创的学习氛围，以下一些团队共创的原则和要求可供参考。

1. 教师要满足学员的培训需求

教师上课应该以满足学员的需求为目的。人们总是在不断地问自己："做这件事对我有什么好处？"教师在每一个培训项目开始之时，一定要利用一些时间说明参加这个培训对学员有何意义，为何需要这些培训，以及他们将如何从中获益，如何在实际工作和现实生活中运用它。

2. 教师要培养学员的责任感

培养责任感的基本原则是：在你无法激励他人时，只能创建让他们自我激励的氛围或环境。每个学员都要为自己的学习负责，教师的责任则是为学员的学习活动创造最佳的氛围和环境。要实现上述目标，有效方法就是在课程开始时，就给学员发言的机会，让他们表明：他们有什么期望，他们期待的结果是什么，以及为实现以上的期待和结果，他们愿意做什么。

3. 教师要激发并保持学员的兴趣

为了激发学员的学习兴趣并让他们保持下去，可以自始至终鼓励学员提出问题。因为问题可以激发兴趣，也可以让人保持注意力的集中。还有另一种方式可以激发并保持学员的兴趣，那就是学习方式的多样化。教师不需要一味地依赖游戏或角色扮演，而是要综合利用各种方法来吸引学员的注意力，并使他们参与到学习中去。

4. 学员要运用经验将所学的内容应用于实践

学员都想通过上课将所学内容运用到实际中。理论固然重要，但人们更想看到理论是如何被运用于实践当中，使工作做起来更快、更简单、更好的。为此，教师要将精挑细选的一些理论和实践相结合的案例用于教学，给学员以启发和思考。

5. 教师要给予学员赞美、认可、鼓励和支持

人类最大的需求就是对赞赏的需求。我们大多数人就像干瘪的海绵一样，期待着与赞赏的水滴相遇。教师要意识到"认可学员"对培训效果的重要性，实现它的最佳方式就是不断地重复学员分享出来的想法。值得一提的是，赞赏要随机、间歇、多变，可以起到不断强化的效果。

6. 教师自己要兴奋起来

教师在传授知识时，要充满活力，要展现出对所授知识抱有发自内心的兴趣。这样才能对学员产生正面的积极的影响，帮助学员在未来取得更大的成就。教师不要期望学员对课程比自己对课程还要兴奋，要让学员看到你对自己的课程怀有真正的热情。因此，这些都要求教师要提前到场，在课堂上要不断和学员进行眼神交流。

7. 教师要设立长远目标

成人喜欢看清楚整个画面，然后才会专注于其中的个体部分。教师在完成组织培训目标的同时，也需要使学员拥有的个性化的动机和目标得到满足。教师需要让学员意识到，学员在课堂上通过研讨、演示或者演讲，就能够提升自己的能力和信心；让学员意识到，通过世界咖啡馆的学习，从长远来看，他们将获益良多，这样学员会对学习更加投入。

8. 学员要加强人际联系

学员需要有相互认识并交流的机会，也需要有与教师交往的机会。教师和学员进行一对一的沟通是很有价值的行为。每个人都喜欢"生活尽在自己掌握之中"的感觉，所以教师要给学员多出选择题，多出一些讨论题目或案例，包括活动项目，让学员自己去挑选，这样他们就有掌控生活的感觉。

开展教学活动时，师生相长、团队共创需要真正做到"以学员为中心"。教师作为引导员，要最大限度地利用学员已有的知识和经验，让学员在学习中由听从教师命令的位置变为自己做决定的位置，让学员从"别人让我学习"变成"我自己要学"。在上课的过程中，教师只是为学员学习准备了资源，但真正的学习发生在学员运用自己的知识和经验来分析讲授内容的过程中，在此基础上，学员自己进行重新建构，学习行为才会真正发生。只有做到了这一点，学员才能真正理解教师传递的知识和信息，才能真正认可教师的观点，并且产生相应的正向行为，进而转化为改变的动力和坚定向前的步伐。

教师要将学习的主动权交给学员。2000多年前，荀子说："不闻不若闻之，闻之不若见之，见之不若知之，知之不若行之。学至于行而止矣。行之，明也……"简而言之，即"听到的忘记了，看到的记住了，做过的理解了"。

这就是教育培训的目的，不仅要让学员听教师的讲授，更要让学员能够理解知识后再去应用知识。

传统的讲授方式确实能够快速传递信息，但它不能保证学员吸收和应用所讲授的内容。成人培训不只是为了让学员应对考试，更多的是为了让学员会应用知识。一场培训，教育培训者常常关注的是有没有完成这次培训任务，但领导关注的是学员是否因此发生了改变，这些改变是否能促进工作效率。传统的讲授方式通常假设学员一无所知，但以学员为中心的方式，假设学员有很多实践经验可作为课堂案例使用，这样做其实会缩短培训时间。

学员往往一开始就倾向于把课堂的控制权交给教师。如果是这样，培训就无法顺利进行下去。教师不应该一直紧紧攥着学员自愿交出的控制权，并在整个培训课程中，时刻展示自己在掌控一切。聪明的讲师要能够把握好火候，知道如何把控制权还给学员，而且越快越彻底就越好。当然，学员一开始并不知道有选择的权力，也就意味着个人责任缺失的问题随之而来。对于那些期望学员能够对自己的学习负责的教师来讲，为学员提供多项选择至关重要。

当教师把控制权限开放给小组成员，让他们对自己的学习过程负责时，其实是教师在更好地控制整个课堂。以传统的讲授式方法上课时，我们常碰到的情况是：教师在讲课，学生没在听。采用讲授式教学上课，不能保证学员都在听、可以理解并应用，但如果是换成由几个学员形成一个小组，并要求他们共同完成某个任务的方式时，他们就无法一边完成自己的任务，一边还神游于课堂外。以学员为中心，意味着学习的主要责任落在学员身上，并且学员需要相互帮助，用合作的方式共同获得学习的成果。当一名学员可以教授或辅导他人的时候，他自己会更好地掌握内容，并且这种流程可以让学员在课堂上有多次机会复习关键内容。学员复习时，有助于把所学内容收入大脑的长期记忆中。大部分时间里，学员的知识积累比教师对学员的认知还要多。学员分享与交流各自的经验，可以成为课堂内容的补充，让教师讲授的内容更接地气。而且，当学员所已知的内容得到众人认可的时候，他们更容易接受新的内容。反之，如果让他们觉得自己一无所知，需要教师告诉一切的时候，他们对教师讲授的新内容会持有消极的态度。

如果是传统讲授式教学，课堂中心是教师，控场是教师的关键技术环节。因此，教师必须学会控场。但如果是以学员为中心的教学，那么教师和学员共创课堂氛围就是关键，此时，教师需要掌握专业的引导和共创技术。若将控场和共创两种手段相比较，现在的培训界更倾向于共创。师生要共同营造良好的学习互动氛围，以学员为中心，从"要我学"变成"我要学"，学员的学习效果会更好。

【相关知识链接】

师生之间的推拉关系

上课时，把教师和学员的关系处理好是教学成功的保证。每个教师都应该深信自己在课堂上能够处理好自己和学员的关系。处理好师生关系比讲课内容更重要。

在上课时，教师的大脑都应该开启"双核处理系统"，一个大脑系统处理授课内容，另一个大脑系统处理课堂氛围。课堂氛围包括教师和学员的情绪、状态等。如果教师在讲课时，学员对上课内容没有兴趣，在台下看手机，并且是很多学员都在看手机，就需要教师调整上课内容和方法，吸引学员的注意力，使学员能够回到学习状态中来。如果学员对教师的授课内容有意见，表现出强烈的抵触情绪或漠不关心时，就需要教师立马觉察到学员的情绪变化，立即调整自己的上课内容和方法。

如何处理好教和学的关系？我们借用"推拉"的概念来说明教师和学生之间应有的关系状态。"推拉"的关系就是教师对于上课的内容"该推就推"，让学员自己去学习相关内容；对于学员的学习情绪和状态"该拉就拉"，让学员始终保持注意力，一心投入到学习中。中华传统武术"太极推手"中，推手双方必须保持手臂粘连，在互相黏随的运转中动摇对方的重心。在上课时，教师如果能够做到像太极推手一样，自始至终使学员的注意力追随着他，就达到了上课时教与学高度融合的境界。

"推拉"的"推"主要是指教师如何推送学习的内容给学员。在学习内容上，教师在课堂上要做到"少拉多推"。"推"就是推送内容，教师要有太极推手的功夫，把学习内容尽量推送给学员，让他们自己主动学。

"推拉"的"拉"主要是指上课时教师要让学员保持对学习的投入。在课堂上，教师要少关注内容多关注氛围。教师要明白，什么会让学员投入，什么事情会让学员走神，从而及时把学员拉回到学习状态中。

从教学方法上说，传统的讲授式教学表现为教师和学员之间的关系是说和听的关系，教师说的时候，学员容易走神，难以持续处于投入的学习状态。其他的非传统讲授式教学，例如研讨式、案例式、体验式、模拟式教学，要求学员积极主动参与，容易使学员投入到学习状态。这种"拉"不费力，甚至能够起到四两拨千斤的作用。优秀的教师，在内容和氛围的关注比例上，对学习氛围的关注要大于对讲授内容的关注。这些教师往往能够通过观察当下的氛围，而适时调整教学的内容和方法，从而取得更好的教学效果。

对于学员来说，"推和拉"则是指教师上课的内容和氛围给自己带来的感觉。在课堂上，教师要支持学员，顺着学员自己的方向或想投入的方向发力。上课时，学员"推的感觉"包括教师的指令、过多内容的灌输、严格的课堂纪律、复杂的学习材料和课件、事先安排的学习任务等；而学员"拉的感觉"包括开放式问题、讲故事、开放的小组讨论、活动和游戏的参与、简单的图像或视频、不确定性等。

教师的推拉力度要努力达到平衡。在师生关系上，教师应该"少推多拉"。对于一堆绳子，"推"只是把它推向一边，挪动了位置；只有"拉"，才能理出这堆绳子的脉络和头绪。通过"拉"，让学员积极投入到课堂中去，让学员积极参与到学习中，收获会更大。

在研讨式教学课堂上，教师要尽量少说多做。教师和学员之间的关系应该是相互接纳和包容的关系，学员应该接纳教师的传道授业解惑。学员能否接纳和吸收更多的知识，主要靠教师的教学本领和方法。教师应该给予学员更多的接纳和包容。在采取研讨式或案例式教学，特别是体验式教学及模拟式教学时，教师要侧重于引导和指导，让学员自己体悟出知识和道理。这样才能使学员记得更加牢固，课堂的知识转化效果才会更好。西方有句谚语："学生有提问的权力，教师没有直接给答案的权利。"教师在自己所授的专业知识领域，可能比学员懂得更多，但也不能因此喋喋不休，不理会学员对知识的接受程度以及对课堂的反应。在世界咖啡馆研讨式教学中，教师更应该把更多的时间留给学员。

在课堂上，特别是在干部教育培训的课堂上，教师需要记住，学员是学习的主体，教师只是发挥着主导或引导作用。要记住一个学习原理：自己争取到的才容易珍惜，才容易记得牢，才容易感觉有用；别人给予的自己往往不会珍惜，会认为理所当然。主动付出者比获得者的收获更大，主动输出者比输入者的收获更大。在课堂上，教师比学员的收获大，而对于学员来说，参与式学习比灌输式学习收获更大。所以，教师确实需要再三思索，学会并用好师生之间的"推拉"关系。

第四章　世界咖啡馆的实践经验

●在世界咖啡馆中解决工作疑难问题
●报纸报道世界咖啡馆案例摘编
●杂志刊载世界咖啡馆文章选编
●世界咖啡馆课程学员的体验感受

　　通过学习，学员的身上能够看得到的改变才表明其真正发生了改变。世界咖啡馆作为一种研讨式教学模式，其研讨过程轻松愉快，教学效果深得师生的好评，研讨成果可以通过公开发表的文章或实践得以检验。本章就世界咖啡馆专题在公开刊物上发表的一小部分文章进行了摘录。所有摘录的文章都是实践案例的经验总结，目的是为读者提供一些实战案例，以便于大家对世界咖啡馆有更加深入的理解。

第一节　在世界咖啡馆中解决工作疑难问题

一、实践案例背景

本章所有的案例都是在报纸或杂志上公开发表过的新闻信息或文章。

看得到的改变才是真正的改变。每场世界咖啡馆主题活动都能给学员带来显著的改变。在世界咖啡馆的作业布置环节中，主持人（教师）常常鼓励学员将自己在研讨过程中所形成的思想成果采用新闻信息、文章短文、感想体会等形式公开发表。有的文章发表在报纸或杂志上，有的发表在内部刊物或信息简报上，有的发表在微信公众号等媒体上。公开发表成果的做法有助于研讨成果的后期应用和实践，同时也使得世界咖啡馆的研讨方式得以宣传和推广。

世界咖啡馆主要是为了解决现实工作中的疑难问题，因此，其课程题目常常确定为"在世界咖啡馆中解决工作疑难问题"。

世界咖啡馆是一种工作坊的课程形式。工作坊是一种为解决实际工作问题而创设的行动学习研讨课程。在世界咖啡馆，必须设置一个和实际工作相关联的极其重要且迫切需要解决的问题或难题。该问题必须与参加世界咖啡馆的学员息息相关，问题的解决应对学员有实际帮助和指导意义。世界咖啡馆研讨方式不仅能引导学员解决现实中的难题，也能使学员学会解决问题的方法和思路，以及学会与其他人合作，科学合理且按规则和流程与人进行研究和讨论等。

设置一套规范的流程有助于结果的产出。在世界咖啡馆中结合实际工作所进行的研讨，有助于形成集体智慧，形成大家都认可的结论。在研讨的过程中，我们发现，只要提问按照既有的模式和步骤进行，就会形成答案和思考成果，否则就容易引起大家思维上的困惑甚至混乱。世界咖啡馆一般采用"发现问题—分析问题—解决问题"的解决问题的步骤来运行，教师在引导学员进行提问时，必须沿着这一固定步骤按顺序进行，按照思维既有的规律和逻辑进行，否则大家难以将问题深入探讨下去。

课程筹备工作的好坏决定着世界咖啡馆的成效。世界咖啡馆研讨问题的设定和提问的顺序由主持人主导。而主持人主导的前提是要了解学员、了解问题背景、了解组织和岗位需求，为此，要做好课前调研和学员研究的工作。事前准备得越充分，世界咖啡馆取得成功的可能性就越大。

良好的开端是成功的一半。没有与实际相结合的世界咖啡馆课程的成效一定会大打折扣。在世界咖啡馆的开始环节，主持人往往要求学员带着问题去听课和研讨，并且要求学员在听课和研讨的过程中，把问题与实际工作强行关联起来。带着问题听课，就容易满足"学员需求"，主持人（教师）也做到了按需施教；学员把问题和现实强行关联，可以促进问题的解决，使得设置的问题的解决方案更接地气、更加实用，也更容易将研讨的结果运用到实践中去。

一场成功的世界咖啡馆，有赖于主持人的充分准备和深入思考，也需要主持人依据现状和现实，创新课程设计和课堂布置。有时流程和规则根据实际情况需要事先进行相应的调整；在课程中或是在现场时，主持人还需要依据当下发生的情况，适时调整进度和时间、调整研讨的内容和规则。世界咖啡馆是一场流动的思想盛宴，需要主持人随机应变以及具备高超的引导技能，以便于集体智慧的产出。

二、成功举办世界咖啡馆的筹备工作要求

世界咖啡馆是一种适用于成人教育培训的学习研讨方法。成人教育培训应该"以学习者为中心，以实效为基础"。世界咖啡馆以学员集体研讨为主，整个讨论围绕着工作中真正重要的、学员本人关心的问题进行，学员学习思考讨论的成果由自己得出，学员更容易自觉地将学习成果运用到实践中去，其学习成效便于获得检验。

税务干部教育培训属于成人教育培训，需要运用成人教育培训的新方法。世界咖啡馆无疑提供了新的教学模式和方法，满足了成人学习的"自愿、经验、自主、行动、实用"五个关键原则。在世界咖啡馆中，问题是课程大纲，学员是教师，教师是引导员，学员自发地进行自主学习，学员的学习思考讨论建立在自己以往的经验基础之上，学员本身就在相互学习，而且由于思想成果是集体讨论得出的，也更容易成为学员自觉行动的指南。

2014 年 1 月，在全国税务系统校长培训班上，世界咖啡馆在税务系统中第一次被引进并应用。之后，世界咖啡馆首先在广东税务系统得到了全面铺开和推广。截至 2014 年上半年，广东税务系统已经举办了 20 多场世界咖啡馆主题活动，参与培训者将近 2000 人次。2014 年 7 月，世界咖啡馆还在全国税务系统教育培训管理创新研讨班上进行举办和推广，全国部分省市税务部门也开始推广世界咖啡馆的学习方法。世界咖啡馆能够解决工作中的各种疑难问题，能够将大家的思维和智慧集中起来解决问题。实践证明，世界咖啡馆强调平等而公开的对话，是解决工作难题和共性问题的最有效方法之一。世界咖啡馆课程深受学员的欢迎和喜爱，通过精心设计的提问以及严谨的对话流程，通过对话中的催化和引导，学员每次获得的学习研讨成果都非常丰盛。

正如中国台湾译者高子梅翻译的《世界咖啡馆》一书中所述：世界咖啡

馆让我们重新认识了那个我们早已遗忘的世界；在那个世界里，我们知道只要共同交谈，就能找到必要的智慧来解决问题。世界咖啡馆是一种扎实的、好用的、可以变通的方法，容易释放集体智慧，可以用来处理棘手但重要的问题，能创造出众人认同的、较有可能付诸行动的结论。

广东税务系统的世界咖啡馆课程，由广东省税务干部学校进行开发和推广。依据推广世界咖啡馆课程所积累的经验，我们认为，世界咖啡馆坚持以下三项要求，教学的针对性和实效性就能得到切实的保证。

一要认真准备世界咖啡馆的课程。世界咖啡馆有别于传统会议或授课形式，改变了单纯讲授或讲授加问答的教学模式。世界咖啡馆只有主持人和会员，所有的会员既是教师又是学员，大家平等交流、真诚对话、畅所欲言。这样的课程需要营造一个宜人轻松的空间，需要模拟真实的咖啡馆场景，需要圆桌、桌布、纸张、彩笔等道具，以及咖啡和茶等饮料，目的是让大家一进入咖啡馆，就能放松神经、敞开心扉、阐述思想。前期大量的课程准备工作需要细致和一丝不苟，并且要尽力使世界咖啡馆简洁美观，让人耳目一新，这种先入为主的场景需要主持人精心筹划和布置。除了世界咖啡馆的布置，更需要主持人精心准备的是讨论内容。每次世界咖啡馆主题活动的形式大体一致，但每次汇谈的主题和内容并不相同。对于汇谈主题，主持人需要翻阅大量的书籍或文件，深入了解主题，同时在主持时保持中立和包容的态度，引导和催化讨论主题使研讨内容不断深化。

二要严格遵循世界咖啡馆的流程。世界咖啡馆要求把与会者分成若干组，每个小组 4 ～ 5 人，并设立一位组长，之后展开 3 ～ 4 轮对话。小组对话完成后，进行全体学员汇谈并研讨总结的步骤，每轮小组对话大约持续 20 ～ 45 分钟。汇谈要求与会者把注意力集中在真正重要的问题上。每一轮结束时，一个人留在原来的桌子上作为组长，其他人员分别到其他不同的桌子上继续进行讨论。在新的一轮研讨中，桌子的组长对新参与者表示欢迎，并和他们共享此前的讨论成果，新参与者叙述他们带来的原来桌子上的汇谈成果。这个流程已经经过税务系统教育培训的实践检验，需要严格遵循。我们也发现，一个讨论小组如果超过 6 个人，那么就可能有人不说话或发言不积极；如果少于 3 个人，谈话常常不能深入，为此，最好每组人数设定为 4 ～ 5 人。这样，每个人都会动起来，会积极回应一个共同的问题。另外，咖啡馆流程中的关键环节之一就是换桌，这需要小组其他成员分别到其他不同的桌子上去，就像蜜蜂采蜜一样，可以把不同的思想带回原来的小组。

三要勇于创新世界咖啡馆的形式。世界咖啡馆于 1995 年创立并获得推广，传到中国已是 2004 年。世界咖啡馆传到中国后，十多年来，全国各地用更潮流的做法，为它增添了光彩，将它的团队学习功效又放大了若干倍。到了税务系统后，通过实践，我们认为世界咖啡馆需要在遵循原有规矩和流程的基础上实施创新。例如国外咖啡馆的布置强调花瓶和鲜花的放置，但我们的实践结果证明无须放置鲜花和花瓶。我们的教室不仅要提供咖啡，而且需要放置茶水和白开水。在实践中，我们尝试在桌子上放置三种便笺纸，在第一轮对话开始时，给组员一段静默思考的时间。这个阶段，主持人一般提出三个问题让组员独立写在便笺纸上，开始对话时，让大家轮流发言，谈谈自己刚才的所思所想所写，这样更容易打开话题。在研讨总结阶段，又需要激发组员将汇谈成果写成文章的热情，鼓励与会人员把讨论成果带回去应用于实践，推动世界咖啡馆这种团队研讨学习形式的生根发芽，希望借此催生一批对话式领导，创造一种汇谈文化。

世界咖啡馆能够将大家的思维和智慧集中起来解决问题，研讨思考并发现问题的共性，同时可以引导问题的解决。世界咖啡馆强调提问的重要性，认为真正重要的提问是处理世界咖啡馆汇谈的关键因素。对于每次世界咖啡馆要讨论的主题或问题，我们都会提前进行调研，与会议主办方或会议的组织领导，特别是一把手进行沟通，询问他们关心和思考的问题。每场世界咖啡馆主题活动都有各种不同的问题，如"我们该怎么做，才能打造出一流的执行力？""如何提高教育培训的针对性和实效性？""如何破解纳税评估工作中的难题？""如何提高兼职教师的授课水平，使教育培训更有吸引力？"等。开始进行每场对话时，主持人会提前依据会员的不同背景、不同的会议内容，相应设计不一样的提问。我们发现，问题和行动息息相关，问题会激发出思想的火花，左右注意力、观念、能量和努力的成果。真正的提问会召唤出前所未见的构思与见地，可以激发出众人的能量以及朝未来前进的学习力，而提问的成功预设也直接促成了每次咖啡馆汇谈的成功。

世界咖啡馆强调对话的意义，认为平等而公开的对话是解决共同问题的最有效方法。在世界咖啡馆，我们每次都强调坦诚对话的重要性，希望组员通过对话发掘自我所学，与同事分享所学，并在分享过程中为组织和集体创造新知。对话可以创造有形成果（比如新的点子），也可以创造无形成果（比如信任、尊重和归属感）。我们强调不分领导和职级，大家平等对话，产生的思想是大家共同认可的集体智慧，大家都应该遵守，并且相信这种对话催生的思想会自然而然地影响大家以后的行动和实践。

通过精心设计提问以及强调对话的意义，通过严格的咖啡馆对话流程以及对话中的催化和引导，我们发现，世界咖啡馆改变了以往很多的偏见。大家从开始对话的拘谨中迅速熟络了起来，讨论的氛围是热情而又有节制的，每次咖啡馆对话中出现的数次热烈掌声，体现了大家对这种新颖教学模式的认可；每次世界咖啡馆主题活动都会超出原先计划的时间；每次研讨的思想成果都丰富深刻，每次大家忘我的投入都让我们感到举办世界咖啡馆主题活动是一件多么有意义的事情！

世界咖啡馆的旅程已经开始，让我们精彩继续！

第二节 报纸报道世界咖啡馆案例摘编

一、实践案例背景

好东西就应该分享。世界咖啡馆的研讨成果可以被写成新闻报道，世界咖啡馆的学习模式也值得人们广泛宣传、推广。

世界咖啡馆是一种研讨教学课程，属于研讨式教学法。相较于传统的讲授式课程，世界咖啡馆是一个"新生事物"，正处于蓬勃发展之中，需要被人们"呵护"的同时，也需要人们大力宣传和普及其作用。

世界咖啡馆的筹备工作过程相较于传统讲授式课程而言，需要工作者花费好几倍的时间和精力，但世界咖啡馆的教学效果也远超传统的讲授式课程。

在中国内地，世界咖啡馆率先由广东省税务干部学校开发和推广。世界咖啡馆改变了传统的讲授模式。在世界咖啡馆里，大家平等交流、真诚对话、畅所欲言。这样的课程需要营造一个宜人、友好的空间，需要模拟真实的咖啡馆场景，目的是创造一种大家一进入咖啡馆就能放松心情、敞开心扉侃侃而谈的氛围。每次世界咖啡馆的形式大体一致，但每次的主题和内容并不相同。因此，主持人需要深入了解主题，同时在主持时保持中立，引导和催化讨论主题向纵深方向发展。

世界咖啡馆是一个系统化的教学项目。办好一场世界咖啡馆主题活动，需要达到软硬件兼备的条件，统一教学双方的思想共识，满足组织需求、岗位需求和个人需求，同时需要教师在上课时因势利导、因应变化。依据过往的世界咖啡馆课程积累的经验可知，世界咖啡馆要取得实效，教师要注意以下三点：①认真进行课程设计和课堂呈现的准备工作；②遵循世界咖啡馆的七个原则和流程规范；③教师在现场随机应变，依据形势对学员进行引导和催化。世界咖啡馆教学是一门技术，更是一门上课的艺术。

在世界咖啡馆课程的开设和推广的过程中，很多媒体对世界咖啡馆进行了报道，大部分内容是关于世界咖啡馆研讨成果的。但因为研讨成果常常伴随着研讨模式，在研讨成果的宣传报道中，媒体也会顺带介绍和推广世界咖啡馆这种研讨式教学模式。

有时，世界咖啡馆主题活动会特邀新闻记者到场，为世界咖啡馆进行专题报道和宣传。以下摘编的世界咖啡馆的专题新闻发表在《中国税务报》上，是对世界咖啡馆的由来、产生、过程、结果和影响做的一个深入浅出的报道，《中国税务报》的三位记者王祺元、李传翠、况淑敏专程在广东进行了现场跟踪采访。

该报道案例以及本章所有文章都得到了原文作者的授权同意，在摘录到本书时，我们相应进行了简单的编辑修改，不涉及任何版权问题。

二、案例摘编

当纳税服务遇上"世界咖啡馆"①

世界咖啡馆是一种国际流行的团队学习和培训方法。在 2014 年 1 月全国税务系统校长培训班上，世界咖啡馆在税务系统被第一次引进并使用。随后，世界咖啡馆在广东税务系统得到了全面推广，并逐渐从教育培训领域扩大到纳税服务领域。

当纳税服务遇上世界咖啡馆，会给纳税人带来怎样的体验？会产生什么样的效应？会引发怎样的思考？日前，本报记者走进了广东税务系统，为您一一寻找答案。

（一）纳税人：体验新形式，问题解决更高效

2016 年 9 月 13 日 15：00，广东省 B 市纳税人学堂七楼教室正在举行一场"税企有约"互动活动。

推门而入，A 公司的财务经理黄经理有些惊讶："我没有走错地方吧？一组一组，围坐一桌，喝着咖啡，聊着天互动，和以前参加的活动完全不一样啊。"

事实上，有这种感觉的人，并不止黄经理一人。当天的活动，共有来自 B 市的 40 家新三板上市企业、高新技术企业的 40 位纳税人代表参加，他们中的大多数人是第一次参加这样的税企互动。

"这种形式，正是采用了'世界咖啡馆'的模式。"广东省税务干部学校的校长，也是当天活动的主持人王永民介绍。

"活动开始前，我们把纳税人分成了 10 个小组，每个小组安排 1 名税收业

---

① 参见王祺元、李传翠、况淑敏等《当纳税服务遇上"世界咖啡馆"》，载《中国税务报》2016年9月30日，第5版，有修改。

务骨干任组长。小组不是固定的，每进行一轮讨论，纳税人就要变换一次所在小组，这样做，是为了集思广益，通过深度对话，不断激发集体智慧，进而找到问题的答案。"王永民说。

围绕"日常工作中有什么税收疑难问题"这一主题，第一轮讨论中，被分到 10 号桌的 B 公司的财务经理肖经理首先提问："最近，公司有员工离职，按照合同约定，离职时需要对其持有的股份进行处理，这种情况如何缴税？""具体情况你能说的再详细些吗？"邓组长问道。"是啊，我们也遇到了类似的问题，你们员工处理股份时有额外收益产生吗？"同桌的 C 公司的财务经理汤经理应和道。

就这样，10 号桌的 5 个人，就这个上市公司都会遇到的问题展开了讨论，20 分钟后，第一轮讨论结束，肖经理的问题尽管没有找到最终答案，但是转让方式、是否有收益等几种情况都被罗列了出来，问题本身有了更完整的描述。"通过讨论，我自己对问题有了更深刻的认识，特别是这种实际操作的问题，情况千差万别，只有把问题尽量表述清楚，答案才可能更准确、更有针对性。"肖艳说。

相比较而言，在 8 号桌的 D 公司的财务主管林经理显然更"幸运"，他的问题是："我们老板另外有一家房地产企业，是营改增前成立的，但是公司有部分房屋要营改增后才能建完，我们现在是被认定为一般纳税人，还是小规模纳税人更受益？"这一问题一提出，同桌的其他房地产企业的财务主管就告诉他："这个问题前段时间我们刚刚经历过，还是被认定为一般纳税人税负轻，因为可以进项抵扣……"

这让林经理很是高兴。"喝着咖啡，聊着天，在轻松的氛围中，问题就解决了，效率非常高。"林经理说。

当天，像林经理一样，许多纳税人提出的问题都在 3 轮讨论中得到了即时的解答。还没有解决的 35 个问题，最终被一一写了出来，10 位税收业务骨干以及在场的 B 市税务局业务专家又选择了其中有代表性的问题进行了作答。其中，就有黄经理提出的有关股权转让的问题，这让她很是惊喜。"我的问题非常个性化也比较复杂，转战了 5 号桌、9 号桌和 1 号桌，经过了三轮讨论，都没有找到答案，我还以为今天就没有希望了呢！"黄经理说。

"实践证明，世界咖啡馆强调平等而公开的对话，是解决工作难题和共性问题的最有效方法之一。"王永民说。

也正是基于世界咖啡馆的特点，自 2016 年 4 月 1 日起，B 市税务局已经举行了多场类似的税企互动活动。

B 市税务局的主要负责人表示："把世界咖啡馆模式运用到纳税服务工作

中，改变了以往聆听式、灌输式的政策推送方式，让税收政策培训更富有吸引力。同时，在轻松、休闲的氛围下，企业与税务专家一起探讨经济财税政策、法规，激发思想灵感火花，也有利于企业理解、消化财税政策，满足企业共性和个性化需求。"

（二）税务人：借助新方法，了解需求有抓手

前不久，午饭后正在园区散步的 B 市税务局××区分局何局长，突然被一位男士拦了下来，他说："何局长，你什么时候有时间？我要请你吃饭。"

何局长听后一头雾水："咱们不认识啊，为什么要请我吃饭？""你可能不认识我，但我认识你，前段时间我参加过你们的世界咖啡馆，那次活动帮我节省了 10 多万元的税款。"这位男士笑着说。

原来，拦住何局长的男士是 E 公司的王经理。2016 年年初，王经理参加了 B 市税务局××区分局打造的"高新税荟世界咖啡馆"。"那次政策分享会，让我深入地了解了非居民享受税收协定优惠的政策。没想到，没过多久我就遇到了相关业务问题，从而节省了 15 万元的个人所得税。非常感谢你们，以后世界咖啡馆再有活动我一定还参加。"王经理说。

听了王经理的一番话，何局长一下子觉得心里暖暖的。"一方面是因为帮企业解决了实际问题，另一方面也是因为世界咖啡馆的服务模式获得了纳税人的认可。"何局长说。

其实，当时之所以尝试世界咖啡馆的服务模式，也是因为纳税人的一次提问。

2015 年，F 公司董事长史女士找到何局长，她说："何局啊，现在通过微信、微博等互联网平台，你们的政策推送变得很及时，但是政策太多了，不要说我，我们的财务也看不过来，究竟哪一条对我们有用，我们很难及时发现，有时就错过了一些好政策，你们能不能把企业分分类，推送一些对我们有用的政策？"

把企业分类容易，可是如何全面、深入地了解不同类型企业的共性和个性化需求，并采取有效措施应对呢？思来想去，何局长想到了王永民曾经介绍过的世界咖啡馆。

很快，通过与王永民的沟通，理念变成了现实。2016 年 1 月 25 日，"高新税荟世界咖啡馆"正式开馆。

"当天的活动效果非常好，企业普遍反映世界咖啡馆的形式有助于自己更深入地理解和消化税收政策，同时，也非常明确地提出了自己的服务需求。"何洁璐说。

与此同时，借助世界咖啡馆的模式，税务人员也觉得与纳税人的沟通更加顺畅了。"聊天过程中，纳税人会说出许多心里话，反映的问题非常全面，这让我们的工作变得更有针对性。"税务人员普遍反映。

"如今，世界咖啡馆已经成为我们服务纳税人的一种常规工作方法。"何局长表示。据了解，截至目前，"高新税荟世界咖啡馆"活动已先后开展了6次，有近300户纳税人受益。

在线下采用世界咖啡馆模式解答纳税人疑问、了解纳税人需求的同时，B市税务局××区分局还在线上推出了税务专业大数据平台——"高新税荟"问政平台，将政策分为创新创业、高新技术、小微企业、后备上市、非居民企业、营改增和高收入人群七大类别，通过政策分类推送、在线答疑和智能搜索等功能，为纳税人提供线上线下同步精准的政策宣传辅导。

现在，尝到世界咖啡馆甜头的税务人员遇到其他方面的问题，也愿意通过世界咖啡馆的方式讨论解决。

钟某是B市税务局××区分局的一位年轻税务人员，负责单位团委的工作，"以前，我们团委经常开会，向大家征求意见，但是开会时要么没人发言，要么就是每人随便说两句，总是没有实质性的效果。"钟某说。

前段时间，他们尝试着用了一次世界咖啡馆模式，讨论如何做好团委工作。"效果真的很不错，因为氛围很轻松，大家都抢着发言，在讨论的过程中还碰撞出了不少火花。讨论结束后，我们梳理出了好多条可行性建议，现在，按照大家的建议，我们已经建立起了舞蹈队、篮球队等各种兴趣小组，团委工作有了抓手，大家的业余生活也变得更加丰富起来。"钟某说。

（三）管理者：借鉴新理念，纳税服务有创新

2014年1月，在全国税务系统校长培训班上，世界咖啡馆模式在税务系统被第一次引进并应用。之后，世界咖啡馆模式首先在广东税务系统得到了推广，仅2014年上半年，广东税务系统就举办了20多场世界咖啡馆；参与的培训者将近2000人次。

2015年3月，广东省茂名市税务局世界咖啡馆正式建成启用。

2016年4月12日，广东省肇庆市税务局首次引入了世界咖啡馆模式，进行团队学习的创新和探索。

2016年上半年，广东税务举办了全省第一期绩效管理师资培训班，首次引用世界咖啡馆集体讨论模式……

如今，世界咖啡馆模式在广东税务系统被运用得越来越广泛。据不完全统计，全省已有12个地市开设了世界咖啡馆。讨论主题涉及"办税服务厅管理""营改增后如何提高办税效率""如何破解纳税评估工作中的难题""如何提高教育培训的针对性和实效性"等方面。

王永民表示，问题和行动息息相关，确定讨论主题是每场世界咖啡馆的关键。"因此，每次世界咖啡馆之前，我们都会事先调研，和会议的主办方或者会议的组织领导特别是一把手进行沟通，问问他们关心和思考的问题，进而确定每场世界咖啡馆的讨论主题。"王永民说。

正是通过精心设计的提问、强调对话的意义、严格的对话流程、对话中的催化和引导，世界咖啡馆活动取得了看得见的成效，国家税务总局教育中心××处的马处长评价说："在世界咖啡馆解决工作疑难问题，抓住了世界咖啡馆的真谛，是一种有效的团队学习和集体对话方式。"

同时，世界咖啡馆给管理者不断带来了启发。中山市工会、肇庆市直机关工委和茂名市团委等系统外单位也慕名前来学习。

广东省税务局纳税服务处的主要负责人表示："世界咖啡馆模式的应用，为税务机关转变理念、畅通税企沟通渠道、创新服务做出了有益的尝试，也为税务人员在互动中激发集体智慧、提升服务能力提供了良好的平台。下一步，税务机关将继续推广这种方式，使其成为税企沟通的新手段、新方法，实实在在地为纳税人解决实际问题，进一步优化纳税服务。"

第三节　杂志刊载世界咖啡馆文章选编

一、实践案例背景

如今人们身处的是一个不确定性高、不稳定性强、复杂而模糊的互联互通时代，是一个信息社会，也是一个知识经济社会。随着信息技术的日新月异，网络早已成为教育培训的重要工具和阵地，线上培训和线下培训相融合的趋势更加凸显，数字化已经成为教育培训的必然发展趋势。

新时代有新形势和新发展，教育培训也在变革和创新。教育培训工作需要新的思维方式和教学方法；教师需要把握数字化学习规律，充分了解和应用层出不穷的新技术。

当前，教师不再只是信息的提供者、知识的传授者，更多的是扮演着学习的激发者、引导者的角色。教师的主要任务是教会学生自己寻找、处理、掌握、应用信息和知识。

世界咖啡馆主持人需要掌握现代信息技术。在进行世界咖啡馆课程设计时，一些课程需要学员事先了解基础性、普遍性的知识和问题，可以提前让学员在线上进行自学。世界咖啡馆也可以做到线上和线下培训的有机结合，实现共建共享，共同为课程服务。线上可以强化学习资源保障，让学员提前预习和准备课程的研讨内容；线下可以认真研讨相关问题或者课题。课程结束后，研讨成果可以继续在线上发布和学习，此举措丰富了线上的学习资源。线上学习和线下集训相结合、线上自学和线下培训相结合是推动教育培训向日常化、数字化、实战化转型的有力举措和关键路径。

世界咖啡馆主持人不仅需要具备讲授内容的能力，更需要具备研讨时的引导技能和课堂学习组织能力。相较于传统的讲授式授课，世界咖啡馆更注重上课的形式和氛围。

推广世界咖啡馆需要大批能够主持世界咖啡馆课程的教师。世界咖啡馆的主持人应该是勇于改革、敢于创新、热情洋溢、专业奉献的教师，他们思想活跃、思维敏捷、观念新颖、探索未知劲头足、接受新生事物快。为此，我们在推广世界咖啡馆的过程中，专题开设了"如何主持世界咖啡馆"研讨课程，用世界咖啡馆课程讲授如何主持世界咖啡馆，在全国培养了一大批能够讲授世界咖啡馆课程的教师。我们发现，教师在作为学员时，在学习如何主持世界咖啡馆的过程中都能够做到全情投入、勤奋学习，展现了努力掌握科学知识和教学规律的信心与如饥似渴、孜孜不倦的上进精神，同时也展示了赤子之心、坚定的信念、办好世界咖啡馆的品格和能力。

在世界咖啡馆研讨总结阶段，主持人常常需要激发学员就汇谈成果写成文章的动力，鼓励学员把研讨成果带回去用于实践，让世界咖啡馆这种团队研讨学习形式能够在各地生根发芽、开花结果。除此之外，主持人还需要有意加强世界咖啡馆的宣传报道力度，让世界咖啡馆尽可能被更多的人所知晓。

世界咖啡馆的主持人常常是兼职教师，兼职教师专业能力都比较强。当兼职教师懂得世界咖啡馆研讨法并且懂得如何主持世界咖啡馆时，加上自身的专业能力，无疑是如虎添翼，常常能够立即提升自己的教学质量和水平。

以下三篇文章是广东税务兼职教师在参加世界咖啡馆主题活动后，就"如何成为一名优秀的兼职教师"写的课程作业，已发表在公开的刊物上。选编的文章已获得了作者本人的授权，同意在本书再次进行刊发。希望这些文章内容对读者思考"如何成为一名优秀的兼职教师，特别是成为一名优秀的世界咖啡馆主持人"的问题时有所助益。

二、世界咖啡馆课程作业选编

（一）案例一

一名优秀兼职教师是如何炼成的[①]

在广东税务兼职教师培训班举办的"世界咖啡馆"课堂上，我们围绕"如何提高兼职教师的授课水平，使教学更有吸引力"这个话题开展了三轮探讨，共同归纳出一个结论：兼职教师要在知识储备、授课技巧和教学态度三个方面长期自觉地进行修炼，才可能提高自身的授课水平，增强课堂的吸引力。

首先，要加强知识储备。

一是要在知识的广度上下功夫。成人培训具有旨在更新知识、开阔眼界、启发思路、引导发展的特点，兼职教师要理论功底系统、扎实、全面，具有丰富的知识和开阔的视野，才能让学员对知识触类旁通、举一反三，及时解答现场的提问，甚至能游刃有余地应对听众的当堂质疑；才能运用多种方法并关联多个知识点去提高某一项具体工作技能，或解决某一个具体问题；才能及时地指出事物或理论的发展方向，引导学员课后进行更加深入的自发性学习行为。在当今瞬息万变的时代背景下，建议兼职教师平时不断加强相关的知识储备，保持定期阅读的习惯，克服只按照个人喜好选择读物的不足，经常关注其他学科的信息，力求博览群书，博闻强识，博古通今。

二是要在专业的深度上用狠劲。俗话说，没有金刚钻，不揽瓷器活。兼职教师所面对的学员已经有一定的知识储备和工作经验，对培训的期望值较高，所面对的问题较具体，目的性较强，更关心针对性和实践性。如果兼职教师对所要讲授的课程缺乏对业务的钻研和对经验的积累，就很难成为课堂上的引领者，不能在有限的时间内讲清问题的重点、疑点和难点，满足学员的胃口；也很难成为课堂上的解惑者，将先进的理论与实际进行结合，找到有普遍性的问题，提供有针对性的解决方法和有操作性的指引；同样很难成为课堂上的评判者，引导学员寻找到最优方案和帕累托改进的空间。建议兼职教师养成长期订阅和定期阅读对应的专业报刊的习惯，重视和参与专业课题的研究，增加与领导同事和服务对象的沟通交流，及时汲取有用的信息，经常更新培训课件和讲义，丰富和深化课堂的内容。

[①] 邓博：《一名优秀兼职教师是如何炼成的》，载《广东地方税务》（内部刊物），2014年第10期，第55页，有删改。

　　三是要在内容的针对性上出巧力。对于一个兼职教师来说，最怕的就是拼尽全力讲得声嘶力竭，学员还是不爱听，老走神，不感兴趣，不愿参与，不明所以，无动于衷。这样的困境，实际上还是因为兼职教师没有根据学员的特点对授课内容进行有针对性的筛选所导致的。比如说，同样是讲授刚上线的工作平台的新功能，新招录的公务员因为年纪轻，多是前台实操性岗位，他们更喜欢使用时髦、活泼的网络语言和活跃的课堂气氛，更需要详细具体的操作指引和自己动手的实际操作机会；业务骨干已经有了一定的工作经验，接受新知识的能力强，更容易接纳系统性和专业性的理论讲解，课程进度可以稍快，适合把重点和难点给他们讲深讲透；而已经处于领导岗位的中层干部则处事谨慎稳重，可能更关心新系统的稳定性、安全性和风险的不确定性等管理性问题，探讨交流式的教学可能更有效果。建议兼职教师尽量避免一个课件走天下的习惯，可删减课件中老生常谈或者面面俱到的内容，灵活地根据学员的特点增加知识点或梳理出记忆线索，通过加强知识点的整合与联系达到融会贯通的目的。此外，兼职教师还应该有针对性地掌握一些教育心理学的知识，才能在事前没有太多时间、机会了解培训对象的情况下，根据不同年龄、性别、岗位的特点做到因材施教，提高讲解的针对性。

　　其次，要提高授课技巧。

　　一是要有丰富的案例素材。课堂里仅有枯燥的理论知识和观点看法是不够的，还需要通过数据、图表、故事、情景、案例、游戏来对学员进行说明和启发，还可以借助符号、照片、图画、视频、音乐、道具等对授课内容进行填充和丰富。建议兼职教师建立起自己的素材库，随时收集工作中、生活中碰上的简单素材，积少成多，在需要时派上用场。

　　二是要有生动的语言表达。对生动的案例素材，需要兼职教师通过语言进行串联和引导。平铺直叙、啰唆拖沓、颠三倒四的语言表达很难把一个故事讲得生动有趣，也很难吸引听众并启发思考。建议兼职教师多争取机会去旁听优秀教师的课，多模仿借鉴优秀教师生动的语言表达方式，从复述练习中找到个人的差距和不足，从而做有针对性的训练。

　　三是要有灵活的控场能力。课堂上不同个体间的交流总会有意想不到的变化和冲突，对相同的素材不同的学员也总会有不同的看法，非常需要兼职教师有灵活的控场能力。建议兼职教师多争取机会上课，"百闻不如一见，百想不如一试"，多上课才能得到宝贵的锻炼与试错的机会，通过实践才能掌握如何适时吸引注意力，如何缓和情绪，如何化解矛盾，如何求同存异，如何达成共识的技巧和能力。

　　最后，要端正教学态度。

一是强化责任心。一方面，兼职教师可能需要长时间上同一门基础课程；另一方面，随着形势的发展，兼职教师往往还会接到开发新课程的工作安排。建议兼职教师不仅要克服惰性和厌倦心理，对自己十分熟悉的课程仍要认真耐心备课，还要有迎难而上的勇气和智慧，努力克服新课程开发的条件不足和资料信息欠缺等困难，先行一步，以个人的责任心和使命感，认真完成好每一次交办的授课任务。

二是提高自信心。兼职教师需要经常向不固定、不熟悉的授课对象讲授知识，如果对课程不够熟悉，很容易因个别小的差错而导致出现慌乱、怯场或者忘词等情况，这样会让课堂质量大打折扣。建议兼职教师在上课前一定要备课，尽量熟悉上课内容，要提前试讲新课程，要提前做好案例、素材和道具的准备，做到胸有成竹，才能提高自信心，在面对陌生的学员时才会有得体流畅的表现。

三是保持好奇心。好奇心是促进教师和学员自发学习、主动学习、坚持学习的原生动力。如果兼职教师对自己的课程不能保持高度的好奇心，长期陷入习惯性思维，不愿意与学员一同进行新的思考、探索和尝试，那会使整个课堂变得索然无味，常年使用没有变化的授课内容也会很快被大环境淘汰。建议兼职教师要保持如初学者般的好奇心，与学员一同参与课堂的学习讨论，"温故而知新"，共同在思想的碰撞中启发新的思考。同时，兼职教师还要自我勉励，不仅为课件增添新的内容、案例、素材等，而且要积极开拓创新，用新的授课方式、新的课程与学员共同分享探索新领域、领会新知识的快乐。

（二）案例二

浅谈兼职教师的义术与仁道①

"古之学者必有师。师者，传道授业解惑也。"师之尊严，道先行。讲到兼职教师的队伍建设，我们要思考的基点、重点和难点是以人为本，以术为纲，以道为魂，也就是首先从人本出发，找准"点"；其次攻于术，连成面；最后成于道，融通万物，找到宇宙的规律和生命的意义。这也就是为师的境界和使命！这样的描述好像有点生僻，简单地说，也就是学会拉开距离，转换视觉的角度和思维的维度。

现在，让我们回到世界咖啡馆主题活动中，聊聊我们最在乎的事情："我

---

① 温美丹：《浅谈兼职教师的义术与仁道》，载《广东地方税务》（内部刊物），2014年第10期，第55页，有删改。

们是谁？从哪里来？到哪里去?"回到当前，其实也就是说，作为税务系统的兼职教师，我们应该明确应有的担当、存在的问题，以及未来前行的方向和愿景。

首先是要找准"点"：专业到点，对象到点，供需对点。这主要是从课件的内容和定位来说的。在这方面，目前普遍存在的问题是焦点不集中，亮点不突出，太"泛"，太"杂"，泛泛而谈，针对性不强，因而穿透力也就不够。这样就会出现讲者唾沫横飞，听者毫无感觉的情况。兼职教师和普通的师资其中一个很重要的区别就是前者的专业性更强，实用性要求更高，应该对着很具体的业务做出更具体的解读和分析，然后产生更具体的操作模式和方法，解决很具体的实际问题。如果选题太宽，内容太泛，什么现象都提到了，给听者留下一大片模糊的虚白，最后什么问题也没解决，不专、不精、不到点，教学效果自然大打折扣。另外，兼职教师要考虑的是，是否找到了授课的对象及其具体需求的契合点，充分了解和掌握授课对象的个体特征和群体性特点，对每一次的培训需求提前做好分析归类，然后对接，这样有的放矢，才能以点对点，直通其心，晓其理。这样的教与学才有共鸣，有火花，有意犹未尽的智慧的集结和延伸。

其次是要连成"面"：联系、格局、视野。点找准了，就很清晰了，要做一个好的教师，就得有技巧地施"术"了，找到这些点的内在逻辑和关系，对接成线，布好格局，把线放进来，从不同的角度去取舍、去整合，雕砌成墙成面，这样我们原来零星的知识点就有归类了，有层次了，有它的硬度和力量了，一块砖墙砸下去，就落地有声了！如果没有以点成线成面的智慧，如果不懂得推敲取舍，如果不屑于边角和缝隙的细节加工和加固，这样出来的产品也是禁不起任何的推敲和考验的，是没有持久的生命力的。这也是我们目前的师资队伍中要重点培养的能力，就是这个"面"一定要"实"，不能吊儿郎当，走马观花。说得更实在点，就是要懂得教与学、术与道的关系，要知道我们作为系统内的兼职教师，与普通的教师是有相同和不同的要求以及与其相适应的术和道的，也要了解各个不同的岗位的课程之间的横向关联以及自己的课件和经验的纵向积累和提升，要胸怀格局，有宽广的视野，才能更接近真实的存在和规律，这样才能以术求义，以道成仁。

最后是揉成"体"：动，融，通。"动"是生命的灵魂所在，心动、神动、形动，也就是在教学过程中通过把握节奏和速度，通过主客体的互动与交流，以"动"产生热情、激情和能量，也就是产生智慧的光和热，博古论今，旁征博引，把所有知识的点、线、面收放自如地揉成一体，融会贯通，形成可以穿越和流动的时空。在这个立体多维的时空里，没有固定的程序和死板的角色，教与学可以自由地来来去去，各种不同的思想和智慧可以驰骋翱翔，寻找激情的对碰和完美的结晶。教师要能达到信手拈来、游刃有余的境界，可以从一个点辐射出去万里翱翔，又能随时回来聚焦教学的重点和亮点，可以用有声的讲授随时引领无声的思考，使其延伸，两者碰撞出让人惊艳的智慧。就像我们的世界咖啡馆的宗旨一样：体验集体创造力，找到新的共生、共存方法。这是教学更高的境界和目标，实现这样的境界和目标，要求教师要有更高、更广的视野和大爱的情怀，在日常的教学实践中不断积累和思考，实现从量到质的飞跃和升华，同时也要敢破敢立，有创造精神，不拘泥于某种固有的模式和形态，因势利导，因材施教，与时俱进，与道同行。

从"点"到"面"到"体"，通过"动"到"融"到"通"，这样的教与学就感觉到"灵魂在高处了"，那就是仁与义相通，术与道相融，天理与人心相合！

（三）案例三

兼职教师的"德·勤·术"①

从来没有想到过课堂讨论也可以如此惊艳。平淡无奇的讨论题目穿上"世界咖啡馆"这身华丽的衣裳，立即产生了神奇的化学反应。在咖啡的氤氲香气中，我们的思想在交流，观点在碰撞。随着研讨的深入，教室里看到的是热情洋溢的交谈，很多同学更是激情四射、思想火花四溅。在电光石火中，分析矩阵列出来了，决策树画出来了，解决方案产生了，再加以流利的口才、散文诗般的演说、理性的分析、感性的语言，我们全班同学为自己奉上了一桌饕餮大餐、思想盛宴。世界咖啡馆让我们领略了研讨式教学的奇妙！

在世界咖啡馆，我们热烈讨论了"兼职教师授课中存在的问题及其原因和对策"这个话题，高屋建瓴，提纲挈领，就如何当好兼职教师提出了三点意见：一是德，二是勤，三是术。

一是德。兼职教师应爱岗敬业，积极主动地开展教学工作，仅靠教育培训部门的安排是不够的。有些兼职教师提出省局应加强对兼职教师的培训，但这种培训班的学习时间有限，虽学到了知识，但还需要刻意练习。所以，主要靠兼职教师在日常工作中主动学习专业知识，主动与教育培训管理部门沟通，主动开发新课程，主动改进教学方法。

---

① 宁华强：《兼职教师的"德·勤·术"》，载《广东地方税务》（内部刊物），2014 年第 10 期，第 54 页，有删改。

二是勤。教育培训工作的管理者应该为兼职教师提供更多的上台讲课机会，以锻炼他们的授课能力，使他们在实践中不断提高授课水平。作为实践者，兼职教师应该努力争取上台讲课的机会，不断提高自己的教学水平。

三是术。首先是知识储备，兼职教师应该通过自学，成为自己所讲授领域里的专家，而且要拓宽知识面，不仅要熟悉所讲课题的知识，还要熟悉相关课题的知识。课上讲授 1 小时，课前应该准备 2 小时甚至 3 小时的素材或教学内容。这样就不至于出现因时间没控制好而导致提前讲完课，剩下的时间不知道讲什么好，或者被学员问得哑口无言的情况发生。其次是语言能力，兼职教师应不断提高语言表达能力、演讲口才能力，善于把枯燥的理论用生动活泼的语言表达出来。再次是创新能力，兼职教师应不断引入新的教学方法，例如行动学习、世界咖啡馆法等，要学习并运用新的教学技术，例如新媒体、云直播、大数据分析等，紧跟前沿的教学方法和教学技术可以更好地传授知识。最后是课件制作，兼职教师除了会讲课，还应提高课件制作水平，避免通篇文字形式的 PPT。兼职教师要学会运用灵活多变的、图文并茂的展示形式吸引学员的注意力，以便于达到更好的教学效果。

第四节　世界咖啡馆课程学员的体验感受

一、实践案例背景

"好不好，看成效。"世界咖啡馆引发的改变是当场发生的，同时能延续到结束后。世界咖啡馆能够引起学员自己感觉得到的改变，改变的成效也能够通过作业等形式得以呈现和巩固。

能够引起学员改变的课程才是好课程。现在通行的柯氏教学质量评估标准有四级：第一级是学员的反应程度，第二级是学员的接受程度，第三级是学员的行为改变程度，第四级是因学员的行为改变而促使实际结果发生的程度。第一级和第二级的教学质量评估标准为大家所通用，第三级和第四级的标准的确定和测量是教学质量评估领域普遍面临的一个难题。

人们相信自己创造的东西。世界咖啡馆的学习结果是学员自己参与研讨的成果，学员自然更乐意相信和接受它。在世界咖啡馆，柯氏四级教学质量评估标准都可以得到反应和测量。在课堂上，在热火朝天、热情洋溢的对话氛围中，我们就可以切实感受到学员的反应程度。在世界咖啡馆，教师是引导员，学员是上课的主体，学习的内容就是学员参与研讨的内容，学员对于课程内容当然会更容易接受，并且乐意接受，因此，世界咖啡馆能够引起学员行为的改变。一般主持人会要求学员将世界咖啡馆主题活动形成的研讨成果在课堂上的大组分享环节进行当场宣讲。学员自己思考和研讨后的结果以及公开发表的宣言，当然会指导自己以后的实践行为。至于对实际工作结果的促进作用，在很多学员参加世界咖啡馆课程后所讲的故事中也能够获得证明——世界咖啡馆课程有效地促进了问题的解决和工作的开展。当然，世界咖啡馆的教学质量也可以通过科学的问卷调查得以评估和评价。从多维度来衡量世界咖啡馆，我们会发现其教学质量远远高于传统的讲授式教学模式。

在课堂上，学员是评估教学质量的主体。世界咖啡馆主题活动的教学效果好与不好，参加过的学员才有发言权。"金杯银杯不如口碑。"就我们多年了解的情况，以及参加每场世界咖啡馆主题活动的学员的现场反应来看，就每次主题活动结束后的教学质量评估表或反馈表来看，世界咖啡馆主题活动得到了大家的一致认可和高度赞誉。在所有的教学方式中，在教学质量的评估排名中，世界咖啡馆主题活动往往排在最前列。可以说，每次世界咖啡馆主题活动都是好评如潮，学员的赞美之情溢于言表。世界咖啡馆已成为学员内心向往、渴望参加的课程。

本节选了部分学员的感想和心得体会。参加世界咖啡馆的学员来自全国各地，每次世界咖啡馆的主题内容各不相同，但感想和评价趋于一致，都给予了世界咖啡馆赞美和肯定，都谈到了参加世界咖啡馆课程的收获，表达了对参加世界咖啡馆主题活动的感谢。

下列学员的感想和心得体会都已刊载在公开刊物上。所节选的学员体验感受，在选编到本书时，我又稍做删改和简化。将部分学员的感想和体会编入此书，更多的是为了让读者有带入感，能身临其境地感受世界咖啡馆课程的现场氛围和神奇魅力。

二、世界咖啡馆课程学员的体验感受选编

（一）案例一

耳目一新的世界咖啡馆[①]

有幸聆听了王校长的世界咖啡馆研讨课，他给我留下了深刻的印象。作为同期参加总局校长培训班的一员，我非常欣赏和敬佩王校长的敬业和他对干部

---

① 刘中伟：《耳目一新的世界咖啡馆》，载《广东地方税务》（内部刊物），2014 年第 10 期，第 56 页，有删改。

培训工作的热情执着，他把学到的世界咖啡馆教学法迅速在税务系统推广，而且效果特别的好，令参与者耳目一新。

大家在温馨的环境、轻松的氛围中讨论和分享，参与人员具有多样性，有多轮汇谈、心灵碰撞……最后，王校长将大家的观点进行了提炼、总结，升华了大家的智慧。通过小组成员的流动，分享彼此的思维贡献，促进头脑风暴，激发心灵的碰撞，世界咖啡馆达成了创造集体智慧的最终目标。

通过教学实践，我认为世界咖啡馆这种方法，有助于更有针对性地解决工作中存在的实际问题，特别是对解决困扰基层的一些深层次矛盾和问题具有实际操作意义。

（二）案例二

品味香醇咖啡　交流创新智慧①

萧伯纳说："你有一个苹果，我有一个苹果，我们彼此交换，每人还是一个苹果；你有一种思想，我有一种思想，我们彼此交换，每人可拥有两种思想。"新疆税务风险管理培训班的 50 名学员走进了世界咖啡馆，学员们在思想的交流中碰撞出智慧的火花。

世界咖啡馆是指围绕一个相关问题，有意识地建造一个实时的研讨会议，该研讨会议能够将大家的思维和智慧集中起来解决问题、发现共识。可以说，世界咖啡馆研讨会议是一个创造的过程，它引导协作对话，分享知识，并创造行动的可能性。

王永民校长针对新疆税务风险管理培训班精心设计了三个主题，即"找出税收风险管理工作的难点""为什么""如何破解这个难点"。下午 2：30，在轻松的氛围中，伴着香浓的咖啡和轻柔的音乐，世界咖啡馆拉开了序幕。各小组围坐在圆桌旁，展开了交流与讨论，有争辩，有阐述，有记录，热烈而不失严谨。而在第二轮的各桌组员轮换中，各组的组长欢迎新参与进来的学员，与他们分享此前的精华，共同探讨新的观点。在第三轮小组研讨中，各小组组员回到第一轮研讨所在的桌子，各小组一起将本组所讨论的各类观点梳理归拢，并形成共同的大家都认可的思路或者解决问题的答案。最后，在大组分享阶段，各小组组长在全班学员面前展示本小组经过三轮研讨后形成的集体智慧。

---

① 参见易寒冰《品味香醇咖啡　交流创新智慧》，载《广东地方税务》（内部刊物），2014 年第 10 期，第 56 页，有删改。

在世界咖啡馆研讨时，我深切感受到，每一种思想、每一个观点都是学员们工作的体验，学习的感悟和反思都是智慧的展示，都是心声的传递。最后，世界咖啡馆馆长王校长对各小组的发言进行了点评，充分肯定了世界咖啡馆研讨活动的成功。

这真是一个不同寻常的研讨会议，少了平时的严肃和紧张，多了一份轻松和自在；少了平时的上下级之分，多了平等和平和；少了平时的被动参与，多了主动对话和反思，在咖啡的香浓里达到了"聚智、分享、共赢"的目的。

（三）案例三

我爱这浓郁的学习氛围①

已经习惯了参加培训就是坐在课桌前静静地听教师讲课；已经体会了参加培训上了若干节课后，收获了一点点启示和提高，就自觉很有成果；已经经历了参加培训后的一个月，还记得某位教师上课时讲的几句名言就觉得自己很了不起……

经过 9 天的培训略感疲惫的时候，走进课堂忽然眼前一亮，课室的整体布置一改以往严肃的摆设。我们带着惊奇步入一家温馨的咖啡馆，在享受着浓郁清香咖啡的同时，我们在馆长王永民校长的引导下开展了完全不同于以往上课模式的世界咖啡馆主题活动。这里是一种开放式无拘束的氛围，大家不用静静地坐在那里聆听，而是进行充分讨论和发言；这里是一种每个人都是主角的模式，没有人限制你发表自己的见解；这里是一种集体和民主的高度体现，大家在有限的时间内讨论时，还要归集主题，推荐组长，代表全组做发言……

世界咖啡馆是什么？它是新颖、生动、快乐、互动、高效、高论的地方！来一杯咖啡吧，我爱这浓浓的咖啡，我爱这浓浓的氛围……

（四）案例四

如火的季节　沸腾的咖啡②

如火的六月，在广东省税务干部学校精心布置的世界咖啡馆里，我和科级

---

① 林浩：《我爱这浓郁的学习氛围》，载《广东地方税务》（内部刊物），2014 年第 10 期，第 57 页，有删改。

② 陈珠丽：《如火的季节 沸腾的咖啡》，载《广东地方税务》（内部刊物），2014 年第 10 期，第 57 页，有删改。

干部任职培训班的全体同学一起参加培训。我们分成若干个小组围坐在咖啡桌前，在王永民校长的带领下，品尝着咖啡，讨论着关于税收工作中的困难、风险和困惑。我们通过问题的种子，开启对税收领域的探索。在世界咖啡馆中，同学间展开对话与合作，分享集体的智慧，创造出许多解决问题的新思维、新方法。通过世界咖啡馆集中主题的汇谈，我们学会从不同的角度思考问题，集百家所长，共同推进对税收问题的探索。这种全新的研讨式教学让我们耳目一新又兴趣盎然，我们享受了一场新思维的盛宴。

（五）案例五

创造集体智慧的捷径①

我有幸参加了兼职师资第三期培训，其中"世界咖啡馆"这门课让我眼前一亮，这是一门创造集体智慧的全新课程。参加完该课程，个人感受主要有两点。

感受一：课程以学员讨论为主，教师引导为辅。世界咖啡馆不同于往常"教师台上讲，学员下面听"的授课方式，而是设定情景让学员分组讨论，每个学员都必须提出个人观点，聆听他人想法。然后每桌交换组员继续讨论，直至创造出集体智慧。教师在整个教学过程中只是起到了引导和催化作用。

感受二：营造世界咖啡馆文化氛围非常重要。各小组成员围坐圆桌，边喝咖啡边讨论，气氛浓郁如卡布奇诺发泡咖啡之香甜润滑。学员之间没有地位尊卑，没有发言先后，观点理由既有契合也有相左，却不影响问题的挖掘及智慧的集中。世界咖啡馆带来的"营造友好空间、鼓励个体参与、共同倾听见解、交流连接观点"等方法触动了兼职教师的神经，这一模式值得在教学乃至工作生活中予以借鉴和使用。

（六）案例六

一堂回味香浓的好课②

一走进世界咖啡馆，温馨的感觉扑面而来，好香啊！真的有咖啡耶！好奇

---

① 叶晖：《创造集体智慧的捷径》，载《广东地方税务》（内部刊物），2014 年第 10 期，第 57 页，有删改。

② 桂萍：《一堂回味香浓的好课》，载《广东地方税务》（内部刊物），2014 年第 10 期，第 54 页，有删改。

的心态接踵而至，还有其他的"咖啡"吗？怎么"喝"呀？一段发人深省、引起共鸣的视频后，馆长为大家揭开了"咖啡"的神秘面纱：解决一个难题，一个我们其实每天都在想，却总也想不够、想不透的问题——"如何讲好一堂课"。

一堂不成功的课有哪些表现呢？内容枯燥、废话连篇，学员中，手机党、瞌睡党、聊天党的状态不断切换，这是为什么呀？从成因着手，我们开始对现象进行剖析。经过三轮的交谈、聆听，多元的个人想法在舒适宜人的空间内碰撞，大家就像品味一杯香浓的咖啡一样，体味着团队学习中思想的碰撞和能量的流动。就这样，我们小组的集体智慧出炉了。

"我认为，授课技巧很重要……"肚子里有再多的"墨水"，不会"倒"有什么用呀？多听、多看、多练，博取众家之长，拓宽视野，这样才能掌握好语言、感情、沟通方式等授课技巧，创新教学方法，活跃课堂气氛。

"我觉得，知识储备跟不上不行……"再怎么会说，也不能言之无物。俗话说得好："巧妇难为无米之炊。"要多学，做个博学之人，多点轮岗的机会，做个会积累经验的人。

"我理解，课程内容最关键……""你说的好是好，可我用不上呀"，这个可以说是教师最怕听到的评价。一堂好课，从备课到上课，必须做到因材施教、贴近实际。教师要深入了解教学对象的实际情况和培训需求，只有对症下药，才能药到病除。要注重平时的知识积累，问题和案例经分类整理，就是很好的培训素材，将其融入教学内容中，培训效果自然增色不少；要善于运用对比以加深学员的记忆，重点关键部分要详细讲解，如实际工作中经常遇到的问题、纳税人容易出现的政策理解误区等，这些都要在不同的地方反复强调，通过实践来烘托重点，这样才能让学员学以致用。

"我感觉，敬业精神可不能少……"思想决定行动，教师没有一颗热爱讲台的心，又怎么能讲好一堂课呢？从内在的激情到外在的激励，由内而外，教师有了决心和信念，才会源远流长。

威廉·亚瑟·瓦尔德（William Arthur Wald）曾说过："平庸的教师只是叙述，好的教师讲解，优异的教师示范，伟大的教师启发。"在温馨惬意的世界咖啡馆里，大家敞开心扉，畅所欲言，细细品尝那香味浓郁的咖啡，恋恋不舍，余味无穷。

（七）案例七

教与学的盛宴①

为了一个百年树人的愿景，伫立江门碉楼下，拓视野，启思维，悟教法，开先河，惊喜，分享完美演绎的讲座。

为了一个关注热议的话题，融入世界咖啡馆，品咖啡，诚相处，通彼此，广言路，碰撞，闪现激情共鸣的风暴。

为了一个传道授业的成果，相聚课堂小圆桌，心对话，碰火花，呈亮点，集群策，汇谈，成就团体智慧的伟大。

（八）案例八

一杯浓浓的世界咖啡②

人类需要对话，尤其是在全球一体化的今天，不同的文化和利益主体的相互碰撞和冲突日益加剧，更需要建立一种稳定有效的对话机制来促进沟通，消除歧见，达成谅解，建立共识。而缘于自我保护的需要，在与陌生人握手时，更多的人同时也握紧了拳头，彻底地敞开心扉、交出自己、接纳对方是十分困难的。作为一种有效的团队学习和集体对话方式，世界咖啡馆成功的关键在于搭建了一个平等、开放的对话平台，营造出了宽松、温馨、愉悦的氛围，让人们放松情绪、摆脱束缚、抛开成见、畅所欲言。

在这里，没有专家，没有权威，不分你高我低，无论是非对错，每个人都热心投入，积极发表个人看法，仔细聆听他人意见，共同探究解决问题的不同可能，一起寻找改进工作的最佳方案，激情在燃烧，观点在碰撞，智慧在结晶。"寒夜客来茶当酒"，喝不喝咖啡并不重要，橘子汁、柠檬水、柚子茶应该都是可以的，看你喜欢。国家税务总局局长提出用大爱育英才，我理解，爱就是尊重、平等和自由，缺此三者，爱无从谈起，爱也是假爱。只有以爱为基，我们才能营造出那种犹如"陌上花开，可缓缓归矣"的从容境界，我们的心胸才能够真正地打开、释放、接纳、对流，彼此尊重，平等对话，自由创造。

---

① 许少明：《教与学的盛宴》，载《广东地方税务》（内部刊物），2014年第10期，第57页，有删改。

② 马青华：《一杯浓浓的世界咖啡》，载《广东地方税务》（内部刊物），2014年第10期，第58页，有删改。

广东人素来思想解放、开拓进取、敢为天下先，这种精神在敢闯敢试的广东税务同仁们身上也得到了最好的体现。在西安，我和王校长都是第一次喝"世界咖啡"，同座者还有很多，我喝完了叫声"好"了事，而他却是真正地理解了、消化了，并运用到了培训教学之中。广东人重实际、办实事、讲实效的务实作风，可能也是世界咖啡馆这种以发现问题、研究问题、解决问题为根本导向的学习工具得以在此生根发芽的原因所在。众人拾柴火焰高，有什么问题群众最清楚。在世界咖啡馆解决工作疑难问题，抓住了世界咖啡馆的真谛。请永民、美龙两位教师来全国税务系统干部教育培训创新研讨班上课，他们是有困难的，但他们还是来了，不仅带着友谊，带着经验，而且带着彩笔、宣传画和沉甸甸的十几张台布。他们这种勤勉敬业、求真务实、真抓实干、精益求精的精神，让大家感动、敬佩。仅就这一点而言，他们是符合习总书记倡导的好干部的"勤政务实"标准的。有了这种精神，没有什么事情是做不好、干不成的。近几年，广东税务干部教育培训工作的创新发展也证明了这一点。

我为"吾道不孤，事业有人"而备感欣慰，为有这样的同事而感到骄傲，我更期待有更多的人才加入干部教育培训队伍。

与君同行，善莫大焉。

【相关知识链接】

世界咖啡馆是体验集体创造力的好办法

世界咖啡馆是近年来流行于国际社会的团队学习研讨方法，是学习型组织最重要的学习研讨工具。世界咖啡馆是分享知识和催生集体智慧的最好方法之一，能够创造出众人认同的结论，因此，该结论比较有可能被学员付诸行动。

世界咖啡馆是由美国人华妮塔·布朗和她的伴侣大卫·伊萨克于 1995 年共同发起的，之后风靡全世界。2004 年，世界咖啡馆在昆明第一届企业高级主管论坛上被正式引进并使用。世界咖啡馆刚被引进中国内地时，译为世界咖啡或世界咖啡屋，在港澳台地区则称为世界咖啡馆。

华妮塔·布朗和大卫·伊萨克在他们所著的 *The World Café: Shaping Our Futures Through Conversations That Matter* 一书中率先提出了世界咖啡馆的概念。世界咖啡馆是指围绕一个相关问题有意识地设计一个研讨会议，这个会议能够将大家的思维和智慧集中起来解决问题，研讨思考并发现问题的共性，同时可以引导问题的解决。世界咖啡馆是一个创造的过程，它引导协作对话、分享知识并创造行动的可能性，适用于各种大小型组织。

华妮塔·布朗和大卫·伊萨克在书中详细阐述了世界咖啡馆的定义、内容、原则、规矩、流程等。他们认为世界咖啡馆有七个原则：一是为背景定调，二是营造出宜人好客的环境空间，三是探索真正重要的问题，四是鼓励大家踊跃贡献己见，五是交流与连接不同的观点，六是共同聆听其中的模式、观点及更深层的问题，七是集体心得的收集与分享。

世界咖啡馆一般要求把课室或会议室布置成真正咖啡馆的样子，把与会者分成若干个小组，每个小组 4～5 人，并设置一名组长，每次会议展开 3～4 轮讨论，每轮讨论除组长原地不动以外，其他组员可以互换。小组讨论结束后，进行大组汇谈的研讨总结阶段，所有小组集合在一起分享并探究研讨的成果。至此，会议可以结束，也可以开始新一轮的问题探究或质询。

世界咖啡馆旨在邀请我们找出真正的问题，这些问题可以帮助我们打开大门，共创未来，迎接全新的集体思维，找到新的共生、共存的方法。世界咖啡馆能够将大家的思维和智慧集中起来解决问题，研讨思考并发现问题的共性，同时可以引导问题的解决。

《第五项修炼：学习型组织的艺术与实践》（*The Fifth Discipline：The Art and Practice of Learning Organization*）的作者、学习型组织系统理论创始人彼得·圣吉在传播学习型组织理论时主要运用的就是世界咖啡馆的学习讨论方法。他说："咖啡馆对话是最能帮助我们体验集体创造力的一种方法；我很少能够找到像世界咖啡馆这样如此可靠、实用、能激发共同思考的方式。"

世界咖啡馆到了中国后，这十多年来，我们又用更潮流的做法为它增添了光彩，将它的团队学习功效又放大了若干倍。我们了解了世界咖啡馆，现在更需要的是行动。

来吧，让我们一起体验世界咖啡馆的魅力。

结语：保持知行合一的学习状态

这世界上最远的距离就是知和行的距离……

人类迈入了一个新时代。如果用一个字来概括新时代，那就是"变"，一切都在变，并且变得特别快。

新和变是一体两面。新是外在表现，变是新的本质和动力，所以新时代也可以称为"变时代"。在变时代唯一不变的就是"变"。

在这个快速变化的时代，如何适应，如何找到一个不变的策略去应对发生的变化，甚至尽自己最大的努力去主动寻求改变，是每个人需要思考的问题。

在变时代，"变"有无规律可循？如果能找到规律，那么我们就找到了驾驭"变"的工具。可惜的是，现在是一个"不稳定、不确定、复杂和模糊"的时代。在日新月异的变化中，我们面对的是与以往完全不同的世界、群体和技术。我们不得不由衷感叹，这个年代的变化实在太大，甚至与以往完全不同，难以寻找和遵循任何模式和规律。

一、应对变化的唯一不变的策略就是学习

温水煮青蛙是一个连续变化的过程，要想避免温水煮青蛙的命运，我们就必须学会主动去适应变化、拥抱变化。我们需要在新的规则下学会玩新的游戏。经过种种努力和尝试，我们发现自己面对变化能做到的就是学习。学习就是我们的未来旅程，这段旅程充满了问题与实践，充满了思索与困惑，也充满了光明与希望。

时代在变化，我们每个人也必须随之变化。变化是学习的另一种说法，变化就是学习，学习就是变化。那些学无止境的人，在不断变化的世界中看到的是机遇，而不是茫然。想改变就要尝试学习；想顺应变化，就得严肃认真地对待学习。

学习也可能会改变我们的生活方式。"行动学习法之父"雷格·瑞文斯（Reg Revans）说："最佳的学习方式是在现实生活中和实实在在的人们一起处理真实的问题。"学习是一个发现的过程，我们必须成为自己的发现者，这是任何人无法代劳的。

二、学习是为了用理论指导实践

马克思说："理论一经掌握群众，也会变成物质力量。""社会心理学之父"库尔特·勒温（Kurt Lewin）教授说："没有任何东西比高明的理论更适于应用。"这里有三层意思：第一，理论指导实践；第二，实践教会了我们更多的东西；第三，如果想更有效地实践，那么除了在实践中勇于尝试新理论，还要勇于总结经验，形成自己的理论和观点。

学习是为了让自己掌握知识、理论和技术，为了让自己成为一个专业人士，并且更好地适应这个社会。在现代社会，任何工作都应该以理论为基础，任何工作也都可以上升到理论的高度，无论承认与否，我们的工作都是建立在设想、假设以及归纳的逻辑基础之上。没有假设就无法预测，无法实现既定目标。顺应这一事实，我们要通过学习和掌握更多的知识，用科学的知识和理论指导实践。

在实践中，我们发现，指导自己实践的是学到的理论知识，或形成的个体经验。理论和经验之间有时会发生矛盾，甚至有时会产生对抗，我们不用担心这种矛盾和对抗。事实上，理论和经验之间的矛盾和对抗是学习的动力之一。自己的直接经验和学过的理论之间的差异使人产生想一探究竟的冲动，想知道哪个更正确。这种探索的过程将有助于形成极富生命力和创造力的学习精神，秉持着这样的学习精神就容易让学习走向深入。

三、在实践中，学习就是知行合一

实践的观点是辩证唯物主义认识论的首要观点和基本观点。毛泽东在《实践论》中指出："从感性认识而能动地发展到理性认识，又从理性认识而能动地指导革命实践。"认识论就是"实践、认识、再实践、再认识，这种形式，循环往复以至无穷"。这就是辩证唯物论的知行统一观。这种认识和实践的关系其实就是知和行的关系。

"知是行之始、行是知之成。"学而不习等于未学，知而不行等于未知。如果认为自己已经学到新知，但自己没有改变，那其实是无效学习，是在浪费自己的时间。但是，我们一旦知道学习是为了学以致用，为了实践，为了让自己的认知和行为与以往不同时，宁可少学一点东西，也要让自己聚焦于最重要的目标，要事第一，以终为始，让自己每天进步一点点，积少成多，长此以往，便会有质的飞跃。

王阳明说，要知行合一，"真知即所以为行，不行不足谓之知"。人们要不断提高自己的认知水平，形成真知，真知的最高境界就是知行合一。知道就要行动，行动是最好的心动。对于个体来说，要切实做到知行合一，从小事做起，通过行动的改变带来习惯的改变，进而带来性格的改变，最终实现命运的改变。不断地主动改变就是一个不断进步的知行合一的过程。

我们要做到"学思用贯通，知信行统一"。"一分部署，九分落实"，就是要求做到知行合一。要坚持辩证唯物主义和历史唯物主义的实践观，立身行道，知行合一，终身学习，终身成长。学习时，唯精唯一，专注投入，把每次实践当成学习的机会，把每次学习当作为了以后更好地实践，坚持这个学习观，就真正做到了认识和实践的统一、知和行的统一。

四、掌握学习规律，从而更好地学习

掌握规律是为了顺应规律。我们可能很难掌握现代社会快速变化的规律，但学习的规律和方法可以向他人借鉴和自我探索。在认识和实践中，人真正的学习常表现为如何解决问题和如何回答问题。学习是不断循环的，即"提出问题—及时回答—检验答案—进行反思"，然后又是一个新的问题。学习的过程就是发现问题、分析问题、解决问题的过程。

学习的过程和提升适应能力的过程是一致的。我们是学习的物种，生存能力取决于我们的适应能力。我们不仅要顺应自然规律和社会规律，而且还要对创造和改变这个世界做出积极回应。

通过学习，我们创造了自己的命运。新时代，学习越来越重要，学习已经成为每个人生活中的重中之重。无论对于个体，还是对于组织而言，学习适应新的规则都非常重要。现代社会越来越强调人的终身学习，只有终身学习，才能避免被时代潮流淘汰的命运。

"工作学习化、学习日常化。"学习甚至比工作更重要。在工作中，我们可以学习，我们也可以把工作和学习合二为一，但学习不仅限于工作，在生活中也可以学习。"生活即教育"，教育和学习密不可分。有心之人会将工作、生活和学习相融合，使得个人得到更好的成长和发展。

五、让学习成为人生的一种状态

学习态是一种生命的状态，是一种积极向上的成长状态。保持学习态，需要我们始终保持学习的信念，专注于愿景和目标，将学习和实践融为一体，努力提升自身素质、精神境界，实现人生意义。

"客观现实世界的变化运动永远没有完结，人们在实践中对于真理的认识也永远没有完结。"要想加深对真理的认识，继续改造客观世界，首先需要我们努力学习新知识。应对变化也需要我们不断加强学习的力度。我们需要保持

感性和理性、理论和实践、知和行合一的学习状态。

在变化的时代，我们有时会无所适从，受困于外在的物质世界和内在的精神世界。那是因为无论是外在的世界，还是内在的世界，都在时时刻刻发生着变化。跟着变化会受困，跟不上变化更会受困。而出路就是认识变化的规律，主动拥抱变化，走在变化的前列，甚至超越变化去看待变化，这样才能不至于被变化湮没。

内在的强大可以应对外在的变化。内心保持淡定从容，则一切云淡风轻。要通过学习让自己内心更加强大，认清外在，也认清自己的内在，让自己的心静下来，丰富起来，厚实起来，最终让自己的心笃定起来。"知止而后有定"，"静安虑得"，在未来的道路上，我们需要坚定目标，认真投入地学习，执着于自我成长的道路，做自己的主宰者。在前进的道路上，唯一的竞争对手就是更好的自己。

在一个变化的时代，天更高，海更阔，而人的心灵可以比天更高，比海更阔。这是一个充满想象力的年代，我们大可不必留恋过去的事物。既然变化已经发生，我们完全可以自信地面对一个改变了的世界。既然必须往前走，那么让我们一起携手，目向远方，脚踏实地，勇敢笃定地前行！

身处一个变化的年代，让我们保持永远不变的学习状态！

参 考 文 献

[1] 阿吉里斯. 组织学习 [M]. 张莉, 李萍, 译. 北京: 中国人民大学出版社, 2004.

[2] 阿特金森. 高级隐喻: 故事转化生命 [M]. 吴佳, 王丽娟, 杨兰, 译. 北京: 华夏出版社, 2018.

[3] 埃利诺, 杰勒德. 对话: 变革之道 [M]. 郭少文, 译. 北京: 教育科学出版社, 2006.

[4] 艾利克森, 普尔. 刻意练习: 如何从新手到大师 [M]. 王正林, 译. 北京: 机械工业出版社, 2016.

[5] 安德森. 认知心理学及其启示: 第 7 版: 中译本 [M]. 秦裕林, 程瑶, 周海燕, 等译. 北京: 人民邮电出版社, 2012.

[6] 奥克利. 学习之道 [M]. 教育无边界字幕组, 译. 北京: 机械工业出版社, 2016.

[7] 巴班斯基. 教学过程最优化: 一般教学论方面 [M]. 张定璋, 等译. 北京: 人民教育出版社, 2007.

[8] 博克赛尔. 欣赏式探询团队协作案例集: 21 个优势工作坊 [M]. 张树金, 译. 北京: 华夏出版社, 2019.

[9] 博斯, 拉尔默. 项目式教学: 为学生创造沉浸式学习体验 [M]. 周华杰, 陆颖, 唐玥, 译. 北京: 中国人民大学出版社, 2020.

[10] 布兰佳, 梅耶, 卢赫. 知道做到 [M]. 刘祥亚, 宋云鹏, 译. 广州: 广东经济出版社, 2015.

[11] 布朗, 基利. 学会提问: 原书第 10 版 [M]. 吴礼敬, 译. 北京: 机械工业出版社, 2013.

[12] 布朗, 伊萨克. 世界咖啡: 创造集体智慧的会谈方法 [M]. 郝耀伟, 译. 北京: 机械工业出版社, 2010.

[13] 布卢姆, 克拉斯沃尔, 等. 教育目标分类学: 第二分册: 情感领域 [M]. 施良方, 张云高, 译. 上海: 华东师范大学出版社, 1989.

[14] 布卢姆. 教育目标分类学: 第一分册: 认知领域 [M]. 罗黎辉, 丁证霖, 石伟平, 等译. 上海: 华东师范大学出版社, 1986.

[15] 稻盛和夫. 干法 [M]. 曹岫云, 译. 北京: 机械工业出版社, 2015.

[16] 稻盛和夫. 活法 [M]. 曹岫云, 译. 上海: 东方出版社, 2012.

[17] 德鲁克. 管理的实践 [M]. 齐若兰, 译. 北京: 机械工业出版社, 2009.

[18] 德鲁克. 卓有成效的管理者: 中英文双语珍藏版 [M]. 许是祥, 译. 北京: 机械工业出版社, 2009.

[19] 迪尔茨. 语言的魔力 [M]. 谭洪岗, 译. 长春: 北方妇女儿童出版社, 2016.

[20] 迪尔茨. 卓越元素 [M]. 伍立恒, 译. 北京: 北京联合出版公司, 2018.

[21] 迪克 W, 凯瑞 L, 凯瑞 J. 系统化教学设计: 第六版 [M]. 庞维国, 等译. 上海: 华东师范大学出版社, 2007.

[22] 迪绍夫. 元认知: 改变大脑的顽固思维 [M]. 陈舒, 译. 北京: 机械工业出版社, 2014.

[23] 杜威. 我们怎样思维·经验与教育 [M]. 姜文闵, 译. 北京: 人民教育出版社, 2005.

[24] 冯俊. 干部教育培训教学方式创新 [M]. 北京: 人民出版社, 2011.

[25] 盖洛. 跟 TED 学说故事, 感动全世界: 好故事是你最强大的人生资产 [M]. 许恬宁, 译. 台北: 先觉出版股份有限公司, 2016.

[26] 高杉尚孝. 麦肯锡问题分析与解决技巧 [M]. 郑舜珑, 译. 北京: 北京时代华文书局, 2014.

[27] 古典. 拆掉思维里的墙: 白金升级版 [M]. 北京: 中信出版社, 2021.

[28] 哈罗, 辛普森. 教育目标分类学: 第三分册: 动作技能领域 [M]. 施良方, 唐晓杰, 译. 上海: 华东师范大学出版社, 1989.

[29] 汉尼斯. 要领 [M]. 杨斌, 等译. 杭州: 浙江教育出版社, 2020.

[30] 胡雅茹. 九宫格思考法 [M]. 北京: 北京时代华文书局, 2021.

[31] 怀特海. 教育的目的 [M]. 庄莲平, 王立中, 译. 上海: 文汇出版社, 2012.

[32] 黄秀兰. 维果茨基心理学思想精要 [M]. 广州: 广东教育出版社, 2014.

[33] 惠特尼. 欣赏式探询的威力: 正向改变的实践技能指导 [M]. 高静, 译. 北京: 华夏出版社, 2019.

[34] 加涅, 韦杰, 戈勒斯, 等. 教学设计原理: 第五版 [M]. 王小明, 庞维国, 陈保华, 等译. 上海: 华东师范大学出版社, 2007.

［35］金才兵，陈敬. 好课程是设计出来的［M］. 北京：机械工业出版社，2015.

［36］津巴多，约翰逊，韦伯. 津巴多普通心理学：原书第5版［M］. 王佳艺，译. 北京：中国人民大学出版社，2008.

［37］康德. 论教育学·系科之争［M］. 杨云飞，邓晓芒，译. 北京：中国轻工业出版社，2019.

［38］康恩，麦克林. 所有问题，七步解决：解决复杂问题的简单方法［M］. 杨清波，译. 北京：中信出版集团，2021.

［39］柯克帕特里克 J D，柯克帕特里克 W K. 柯氏评估的过去和现在：未来的坚实基础［M］. 崔连斌，胡丽，译. 南京：江苏人民出版社，2012.

［40］柯维. 第3选择：解决所有难题的关键思维［M］. 李莉，石继志，译. 北京：中信出版社，2013.

［41］柯维. 高效能人士的第八个习惯［M］. 陈允明，王亦兵，梁有昶，译. 北京：中国青年出版社，2010.

［42］柯维. 高效能人士的七个习惯：25周年纪念版［M］. 高新勇，王亦兵，葛雪蕾，译. 北京：中国青年出版社，2015.

［43］可汗. 翻转课堂的可汗学院：互联时代的教育革命［M］. 刘婧，译. 杭州：浙江人民出版社，2014.

［44］克伯屈. 教学方法原理：第2版［M］. 王建新，等译. 北京：人民教育出版社，2016.

［45］孔子. 论语全鉴［M］. 北京：中国纺织出版社，2010.

［46］库伯. 体验学习：让体验成为学习和发展的源泉［M］. 王灿明，朱水萍，等译. 上海：华东师范大学出版社，2008.

［47］库珀里德，惠特尼. 欣赏式探询［M］. 邱昭良，译. 北京：中国人民大学出版社，2007.

［48］夸美纽斯. 大教学论［M］. 傅任敢，译. 北京：教育科学出版社，2014.

［49］老子. 道德经［M］. 李若水，译评. 北京：中国华侨出版社，2014.

［50］梁庆寅. 辩证逻辑学［M］. 广州：中山大学出版社，2020.

［51］林士然. 基于引导技术的工作坊设计［M］. 北京：电子工业出版社，2017.

［52］卢森堡. 非暴力沟通［M］. 阮胤华，译. 北京：华夏出版社，2016.

［53］马奎特，伦纳德，弗里德曼，等. 行动学习：原理、技巧与案例［M］. 郝君帅，刘俊勇，译. 北京：中国人民大学出版社，2013.

［54］马奎特. 行动学习实务操作：设计、实施与评估：第二版［M］. 郝君帅，唐长军，曹慧青，译. 北京：中国人民大学出版社，2013.

［55］马扎诺，肯德尔. 教育目标的新分类学：第2版［M］. 高凌飚，吴有昌，苏峻，译. 北京：教育科学出版社，2012.

［56］毛泽东. 矛盾论［M］. 北京：人民出版社，1975.

［57］毛泽东. 实践论［M］. 北京：人民出版社，1975.

［58］梅里尔. 首要教学原理［M］. 盛群力，钟丽佳，等译. 福州：福建教育出版社，2016.

［59］明茨伯格. 管理工作的本质［M］. 方海萍，译. 杭州：浙江人民出版社，2017.

［60］明托. 金字塔原理：思考、表达和解决问题的逻辑［M］. 汪洱，高愉，译. 海口：南海出版社，2013.

［61］派克. 重构学习体验：以学员为中心的创新性培训技术［M］. 孙波，庞涛，胡智丰，译. 南京：江苏人民出版社，2015.

［62］赛斯诺. 提问的力量［M］. 江宜芬，译. 北京：中国友谊出版公司，2017.

［63］圣吉. 第五项修炼：学习型组织的艺术与实践［M］. 张成林，译. 北京：中信出版社，2009.

［64］盛群力，魏戈. 聚焦五星教学［M］. 福州：福建教育出版社，2015.

［65］史密斯，雷根. 教学设计：第三版［M］. 庞维国，屈程，韩桂宁，等译. 上海：华东师范大学出版社，2008.

［66］斯滕伯格，威廉姆斯. 斯滕伯格教育心理学：原书第2版［M］. 姚梅林，张厚粲，等译. 北京：机械工业出版社，2012.

［67］斯托洛维奇，吉普斯. 交互式培训：让学习过程变得积极愉悦的成人培训新方法：第2版［M］. 屈云波，王玉婷，译. 北京：企业管理出版社，2011.

［68］泰勒. 课程与教学的基本原理：英汉对照版［M］. 罗康，张阅，译. 北京：中国轻工业出版社，2014.

［69］唐长军. 行动学习画布：团队互助学习实操指南［M］. 北京：电子工业出版社，2019.

［70］陶行知. 中国教育改造［M］. 上海：商务印书馆，2014.

［71］田俊国. 讲法：从说教到赋能［M］. 北京：电子工业出版社，2018.

［72］田俊国. 精品课程是怎样炼成的［M］. 北京：电子工业出版社，2014.

［73］田俊国. 上接战略 下接绩效：培训落地新方法［M］. 北京：北京联合

出版公司，2020.

［74］田俊国. 上接战略 下接绩效：组织学习新范式 ［M］. 北京：北京联合出版公司，2020.

［75］王琳，朱文浩. 结构性思维：让思考和表达像搭积木一样有序省力 ［M］. 北京：中信出版社，2016.

［76］王阳明. 传习录 ［M］. 南昌：江西人民出版社，2016.

［77］沃斯，德莱顿. 学习的革命：通向 21 世纪的个人护照：修订版 ［M］. 顾瑞荣，陈标，许静，译. 上海：上海三联书店，1998.

［78］伍尔福克. 教育心理学：第十版 ［M］. 何先友，等译. 北京：中国轻工业出版社，2008.

［79］西奈克. 先问，为什么？ ［M］. 姜雪影，译. 台湾：天下杂志股份有限公司，2012.

［80］习近平. 习近平总书记系列重要讲话读本 ［M］. 北京：学习出版社；人民出版社，2016.

［81］晓山. 干部教育培训工作二十六讲 ［M］. 北京：人民出版社，2014.

［82］野中郁次郎，纻野登. 创造知识的方法论 ［M］. 马奈，译. 北京：人民邮电出版社，2019.

［83］伊利奇. 去学校化社会：汉英双语版 ［M］. 吴康宁，译. 北京：中国轻工业出版社，2017.

［84］赞科夫. 教学与发展 ［M］. 杜殿坤，张世臣，俞翔辉，等译. 北京：人民教育出版社，2008.

［85］詹森. 基于脑的学习：教学与训练的新科学：修订版 ［M］. 梁平，译. 上海：华东师范大学出版社，2008.

［86］中共中央组织部干部教育局. 干部教育工作学习读本 ［M］. 北京：党建读物出版社，2012.

［87］朱诗柱. 干部教育培训之道 ［M］. 北京：中共中央党校出版社，2011.

［88］朱诗柱. 税务干部培训课程建设论 ［M］. 北京：中国税务出版社，2018.

［89］佐藤学. 教育方法学 ［M］. 于莉莉，译. 北京：教育科学出版社，2016.

［90］BROWN J, LSAACS D. The world café：shaping our futures through conversations that matter ［M］. San Francisco, CA：Berrett-Koehler Publishers, 2005.

后　记

　　在写这本书之前，我一直在思考这个问题："写这本书的初心是什么？为什么要写这本书？"当我意识到在从事教育培训工作的十多年里我一直是在坚持为教育培训工作者和老师服务时，当我每次上课看到学员那种兴奋的表情和燃烧的状态时，当我想到世界咖啡馆本身就要求对每次的研讨成果进行反思总结时，我就想，无论如何，一定要写出一本书，通过文字将一些在实践中被无数次检验且行之有效的教学经验记录下来。

　　我周围的领导和同事都鼓励我写作，说要写就写一本有用的书。我觉得这本书对热爱学习和教育的读者是有用的。我尽我所能让这本书通俗易懂，但写完后，还是觉得不够通俗，一些专业术语的存在可能会影响阅读的流畅性，但没有专业术语只是讲故事，又偏离了我写书的初衷。所以，我觉得自己在写作的通俗性和语言文字方面，还需要继续努力。

　　写这本书是有基础和积淀的，我已开办并讲授了世界咖啡馆课程9年有余，担任干部教育培训学校的校长11年有余。从我开始讲授世界咖啡馆，我就创办了"世界咖啡馆"公众号，并坚持写作9年多。过去的两年，由于写书的需要，在整理"世界咖啡馆"公众号中发表的相关文章时，我才发现有关"世界咖啡馆"的专题文章就有60多万字，这让我有点沾沾自喜，感觉到过去的时光没有"虚度"。写一本书只要20万字足矣，在责任编辑第一次统稿并给出修改意见后，我删掉了一半文字，电子文档剩下30万字；在责任编辑第二次统稿并给出修改意见后，我又删掉了8万字，电子文档里还剩下22万字；在责任编辑第三次统稿并给出修改意见后，我在删文字的时候，发现写书其实并不是简单地把相关的一些文章通过逻辑结构凑合在一起，这最多算是物理合并反应，而一本完整的书需要化学合成反应。为此，书稿中的某些部分还得重写，通篇还得统一语言风格和写作风格，还需要经过多次编写和修改，所有文稿才能最终融为一体。写一本书也像盖一栋房子，只有现成的砖还不行，还要把砖砌成房子，用心进行装修，最后才能住进房子。写书是个辛苦活儿，为此，我又使出浑身解数，用大量的时间和精力对整本书进行了认真撰写、修订、编辑和审核。就这样，我从2020年秋天在美丽的扬州瘦西湖畔开始，一直到了2022年秋天，在南国侨乡江门才最终完成了这本书。

　　这本书我是写给教育培训工作者和老师的，而热爱学习和教育的读者阅读本书也会有所收益。教育培训事业的生命线永远是教育培训的质量。我们每一个教育培训工作者和老师都应该像爱惜生命那样去关注教学质量。世界咖啡馆研讨教学法的应用和实践是一条可以提升教学质量的捷径。世界咖啡馆是一看就懂、一学就会、会了马上就能用的教学方法，完全可以应用到各种教学和会议中去，希望大家能够喜欢世界咖啡馆并且用于实践。

　　这本书是我献给我曾经工作过的两个税务学校的爱的礼物。从 2012 年 2 月到 2018 年 6 月，我一直担任广东省地税干部进修学校校长的职务；国税地税合并后，广东省地税干部进修学校和广东省税务干部学校随之合并，从 2018 年 6 月到 2023 年，我继续任广东省税务干部学校的校长。至今我担任税务学校校长 11 年有余，我热爱干部教育培训工作，我也深爱这两所我工作过的学校，爱着在这两所学校上过课的所有老师和学员，以及一直在为学校倾情付出、无私奉献且勤恳敬业的所有员工。我深信，爱是教育的根本力量。

　　在写书的过程中，回想 9 年多开办世界咖啡馆的旅程，需要感谢的人实在太多了。

　　首先要感谢世界咖啡馆的创始人华妮塔·布朗博士和大卫·伊萨克老师，感谢他们的创新以及对本书的贡献！

　　感谢我的恩师梁庆寅教授，自从成为梁老师的学生，梁老师就一直在关注着我的成长，让我丝毫不敢懈怠人生。

　　感谢田俊国老师，是田俊国老师一直持续激发着我对教育培训理论的热爱和兴趣。

　　感谢杨美龙老师，从开办世界咖啡馆之始，杨美龙老师就是我教学主持的最佳搭档。

　　感谢 VISDOM 绘视界视觉团队的专业设计和精美插图，是他们的创意工作使得本书更加美观和耐看。

　　感谢王钺老师，他让我第一次对世界咖啡馆有了感性的认识。

　　感谢国家税务总局教育中心的领导，感谢广东省税务局的领导，是领导们的信任和支持，才有了世界咖啡馆施展身手的宽广舞台。

　　感谢我的同事和朋友马青华、高永清、孙春林、朱诗柱、周开君、龚育军、陈巍珊、毕晓红、王祺元、宋爱勤、朱汉锋、梁世桃、傅宏中、温丽萍、梁若莲、黄杰、周斌、郑南愿、吴七逸、邓健菁、宁华强、叶晖、林伟青、陈朗、邓博、隗红艺、罗力鹏、任国卫、陈宛婷、曾群盛、吴慧敏、付琬麟等，是他们激励我将世界咖啡馆坚持到现在，并且越做越好。

　　感谢玛丽莲·W. 阿特金森（Marilyn W. Atkinson）老师，感谢罗伯特·

迪尔茨（Robert Dilts）老师，感谢樊登、古典、Dolly、王玉、鲁华章、杨兰、李忻静、万雪丽等老师，从他们那里我汲取了太多的智慧和力量。

感谢我的家人。我的父母给了我生命，让我将爱继续传承下去；我的爱人和孩子，给了我陪伴和支持，让我能够专心投入到教育培训工作中去。

感谢中山大学的马骏、陈瑞莲、徐文俊、李桦、郝亿春等教授；感谢中山大学出版社所有参与此书策划和编辑的老师，他们让我受益良多。此书能在中山大学出版社出版，得益于恩师益友多年的培养和扶掖后学。

最后，要特别感谢所有参与世界咖啡馆的老师和同学。教学相长，和你们在一起，总是让我想起"大爱"这个词，我们大家一起行动学习，相互研讨，通力合作，共同成长，一起感受世界咖啡馆的魅力和神奇，一起分享集体智慧带来的丰硕成果。因为你们，我醉心于教育培训工作且乐在其中，谢谢你们！

世界咖啡馆因为我们大家而彰显影响力，我们也因世界咖啡馆而结缘。9年多的时间，世界咖啡馆已然从一颗种子变成一棵参天大树。这棵大树，扎根大地，在山川中获得滋养；拥抱阳光，向着天空蓬勃生长；在蓝天下，自在地结着它的果子；在岁月中，成为路人汲汲向往的风景！